개혁교회 종교개혁 500주년
츠빙글리 시리즈 ①

한 권으로 읽는 츠빙글리의 신학

세움북스 는 기독교 가치관으로 교회와 성도를 건강하게 세우는 바른 책을 만들어 갑니다.

개혁교회 종교개혁 500주년
츠빙글리 시리즈 ①

한 권으로 읽는 츠빙글리의 신학

초판 1쇄 인쇄 2019년 1월 20일
초판 1쇄 발행 2019년 1월 25일

펴낸이 | 개혁교회종교개혁 500주년 기념대회
지은이 | 강경림 김재성 김지훈 박찬호 안인섭 이승구
         이신열 이은선 조용석 주도홍 황대우 공저

발행인 | 강인구
발행처 | 세움북스
등 록 | 제2014-000144호
주 소 | 서울시 마포구 양화로 78, 502호(서교동, 서교빌딩)
전 화 | 02-3144-3500
팩 스 | 02-6008-5712
이메일 | cdgn@daum.net

교 정 | 김태윤
디자인 | 참디자인

ISBN 979-11-87025-37-5 (03230)

* 이 책은 신저작권법에 의하여 국내에서 보호를 받는 저작물입니다.
  출판사의 협의 없는 무단 전재와 무단 복제를 엄격히 금합니다.
* 책 값은 뒷표지에 있습니다.
* 잘못된 책은 교환하여 드립니다.

개혁교회 종교개혁 500주년
츠빙글리 시리즈 ①

한 권으로 읽는
츠빙글리의 신학

강경림 김재성 김지훈 박찬호 안인섭 이승구
이신열 이은선 조용석 주도홍 황대우 공저

Huldrich Zwingli

세움북스

머리말

　2017년 루터 종교개혁 500주년을 맞이하여 연구차 독일을 경유하여 스위스 종교개혁의 현장을 방문하였다. 츠빙글리의 역사적 현장 취리히 대학교 신학대학을 방문하여 그곳에서 교회사를 가르치는 학장 오피츠(Prof. Dr. Peter Opitz)를 연구실에서 만났다. 개혁교회 전통의 출발지에서 신학을 가르치는 교수에게서 루터 종교개혁 500주년에 대해 권위 있는 한 말씀을 듣기 위해서였다. 그러나 그에게서 들려오는 말은 냉담했고 뜻밖이었다. 자신들은 루터 종교개혁 500주년을 기념하지 않고, 2년 후 2019년에 스위스 종교개혁 500주년을 따로 기념할 것이라는 말이었다. 그러면서 그는 한 마디를 덧붙였다. "당신은 개혁신학을 따르는 교수인데, 어떻게 루터 종교개혁 500주년을 위해서 여기까지 왔느냐"는 것이었다. 그래도 역사적 종교개혁의 출발점은 루터이기에 의미가 있지 않느냐고 반문했다. 순간 루터와 츠빙글리의 역사적 논쟁이 머리에 떠올랐다. 그렇지만, 솔직히 내가 이런 사정을 모르고 개혁교회의 본산지에서 실례를 범하지 않았는지 부끄럽기까지 했다.
　오피츠 교수는 비록 개혁교회는 소수일지라도 츠빙글리의 종교개혁 500주년을 기념하기 위해 흩어진 교회들과 준비를 할 것이라고 했다. 스위스개혁교회가 역사적 사실에 근거해서 종교개혁 500주년을 기념하는 일에 동의할 수 있었고, 나도 2019년을 개혁교회종교개혁 500주년으로 준비하기로 마음먹었다.

2018년 6월 몇몇 뜻을 같이하는 동료교수들과 함께 개혁교회종교개혁 500주년 기념대회 발기인 모임을 가졌다. 약 40여명의 신학자와 목사들이 함께 하였다. 한국교회 현장을 섬기는 기념대회를 하고자 뜻을 모았다. 현장교회를 찾아가는 기념대회를 하자는 것이었다. 그러기 위해 글을 쓰되 일반교인들을 대상으로 하는 보다 쉬운 글을 쓰기로 하였다. 세계 학회는 츠빙글리를 잊힌 종교개혁자라고 부른다. 그런 맥락에서 개혁교회의 아버지인 츠빙글리를 한국교회에 소개하는 자세로 글을 쓰기로 했다. 잊지 않아야 할 점은 츠빙글리의 글을 먼저 이해하고 소개하는 것이었다. 츠빙글리의 생애와 사상을 알려 개혁신학의 역사적 출발점이 어떠한지를 한국교회에 알림에 목적을 두었다. 뜻을 같이한 학자들은 함께 다른 성격의 글들을 쓰기 시작하였다. 지금까지와는 차별화된 방법으로 현장 교회를 섬기는 글을 신학자들이 써야만 했다. 어떤 의미에서 참으로 의미 있는 일이었다. 신학은 교회를 섬기는 학문이 아닌가! 학자들은 여러 번 글들을 수정해야 했다. 어떤 글은 너무 학문적이어서 교회의 성도들에게 소개하기에는 적절하지 않았다. 학회에서 발표하는 형식과 수준의 글은 본래의 취지에 어긋나기 때문이다.

이 책은 츠빙글리를 기념하기 위한 것으로 먼저 츠빙글리를 있는 그대로 알아야만 했다. 그의 종교개혁 정신을 먼저 분명히 인식하는 일이 요구되었다. 그래서 그의 1차 자료를 인용하는 것을 원칙으로 했다. 이렇게 하여 나온 책이 츠빙글리 개혁교회종교개혁 500주년 기념문집 제1호 『한 권으로 읽는 츠빙글리의 신학』이다.

감사를 드려야 할 것 같다. 함께 뜻을 모으고 기념대회에 마음과 글로 참여한 학자들 그리고 기도와 물질로 동참한 교회를 향해서이다. 이제 2019년 1월 20일 서울 백석대학교회(곽인섭 목사)에서 개혁교회종교개혁 500주년기념대회를 시작하게 된다. 그리고 기념대회는 계속해서 열릴 것이다. 하나님의 은총이 넘치길 기도하며, 역사를 바로 세워 한국교회를 새롭게 하는 계기가 되길 소망한다. 끝으로 기꺼이 출판을 허락하신 출판사 세움북스의 강인구 장로와 편집을 맡아주신 김민철 목사께도 따뜻한 감사를 드린다. 하나님이여, 영광을 받으시옵소서! 아멘.

주도홍(개혁교회종교개혁 500주년 기념대회장)

편집인의 글

　마르틴 루터는 1517년 비텐베르크 성문에 95개조 반박문을 붙였다. 세계 교회는 2017년을 루터의 종교개혁 500주년으로 기념하였다. 울리히 츠빙글리(1484-1531)는 1519년 1월 1일 주일에 취리히의 "그로스뮌스터교회"에서 마태복음 첫 설교를 하였다. 교회력을 따라 주어진 본문으로 설교(lectio selecta)를 했던 로마가톨릭 사제들과 달리 그는 성경의 한 권을 처음부터 끝까지 강해하는 설교(lectio continua)를 하였다. 츠빙글리는 헬라어 성경에 근거하여 말씀으로 말씀을 해석하였고, 이 설교는 자연스럽게 당시 사제들의 타락과 안일함, 사순절 금식, 그리고 마리아 숭배 등의 잘못된 신앙 형태와 교리를 비판하면서 스위스의 여러 지역에 큰 영향을 끼쳤으며, 그것은 종교개혁으로 이어졌다.
　개혁주의 교의학은 츠빙글리로부터 시작한다. 헤르만 바빙크는 『개혁교의학』에서 "근본적 사상들, 즉 신학적 출발점, 인간의 전적 의존, 그리스도의 인간적 본성, 교회와 성례에 대한 영적 이해, 종교개혁에 대한 윤리적, 정치적 의미가 이미 그에게 존재했다"(헤르만 바빙크, 『개혁교의학 제1권』 박태현 역, 249)라고 말한다. 루터주의 개신교와 개혁주의 개신교에는 아래와 같은 큰 차이가 있다.

"그 차이가 아마도 가장 잘 표현된 것으로서 개혁파는 '신론적으로', 루터파는 '인간론적으로' 사고한다는 것이다. 개혁파는 역사적 정황에 머무르지 않고, 하나님의 생각, 하나님의 영원한 작정에까지 오른다는 것이다. 그런 반면 루터파는 구원 역사의 중심에 자신의 입장을 취하고 하나님의 작정을 깊이 캐내려는 필요를 느끼지 않는다. …… 전자가 제기한 일차적이고 가장 중요한 질문은 하나님이 어떻게 영광을 받으시는가인 반면, 후자는 인간이 어떻게 구원에 이르는가다. 전자의 투쟁은 무엇보다도 이교 사상, 우상숭배인 반면, 후자는 유대 사상, 행위 구원에 대항했다. 개혁파는 회고하기를 모든 것을 하나님의 작정으로 돌리고 사물들의 '왜냐하면'의 원인을 뒤따라 추적하고, 또한 전망하기를 모든 것을 하나님의 영광에 소용되게 하기까지는 쉬지 않았다. 루터파는 '~라는 것' 사실에 만족하고 믿음으로 얻은 구원을 즐겼다. 이러한 원리적 차이로부터 하나님의 형상, 원죄, 그리스도의 인격, 구원의 서정, 성례들, 교회 정치, 윤리 등에 관한 교리적 논쟁들은 손쉽게 해설된다."

(헤르만 바빙크, 『개혁교의학 제1권』, 248).

츠빙글리는 "나는 루터적이 아니라 복음적이다"라고 말했다. 개혁주의는 루터주의를 넘어서서 사람의 구원이 아니라 하나님 자체를 드러내려고 했고, 모든 현상의 원인을 근본까지 추적하였다. 우리는 이렇게 인간론적 접근을 넘어서서 신론적 접근으로 더욱 개혁된(reformed) 개혁주의(The Reformed)를 루터의 종교개혁 500주년 기념으로 대신할 수는 없다.

개혁주의 교단들은 2019년에 루터주의와 개혁주의에 어떠한 차이가 있으며, 개혁주의가 성경과 하나님을 얼마나 찬란하게 드러내었는가를 확인하고 크게 드러낼 필요가 있다. 물론 단지 그 차이를 확인하는 것에 그쳐서는 안 되고, 우리의 삶에 대한 적용과 무엇보다 자기를 부인하는 실천으로 이어져야 한다. 단지 그 차이를 드러내고 아는 것은 지적인 교만과 비판주의 및 분리주의에 머물 수 있다. 바빙크가 말한 것처럼, 모든 것을 하나님의 영광에 소용되게 하기까지 쉬지 않는 자는 단지 지적으로 규명하는 것에 만족하지 않고 자신을 부인함으로써 실천에까지 이르러야 한다.

교회가 세상을 걱정하는 것이 아니라 세상이 교회를 걱정하는 안타까운 이 시대에 뜻을 같이하는 교수들과 목사들이 개혁주의 종교개혁에 관한 글들을 써서 이렇게 한 권으로 묶었다. 부디 개혁주의 종교개혁의 정신이 널리 퍼지기를 바라고, 글쓴이나 읽는 이나 실천과 적용에까지 이르기를 바란다.

정요석(세움교회, 개혁교회종교개혁 500주년 기념대회 편집위원장)

차례

머리말 · 주도홍 _ 5
편집인의 글 · 정요석 _ 8

종교개혁자 츠빙글리의 생애와 사상 · 주도홍 _ 14

츠빙글리 저작소개

츠빙글리의 『67개 조항』 개혁파 프로테스탄트 종교개혁 선언서 · 강경림 _ 33
츠빙글리의 『목자』에 나타난 목회 윤리 · 이은선 _ 55
츠빙글리의 "스위스 연방에 대한 간곡한 경고"에 나타난 신학이
  한국교회에 주는 의미 · 안인섭 _ 79
츠빙글리의 후기 신학: 『신앙해설』을 중심으로 · 황대우 _ 101
참된 종교와 거짓 종교에 대한 주해 · 조용석 _ 127

츠빙글리 연구논문

개혁파 교회에 대한 츠빙글리의 기여 · 이승구 _ 147
츠빙글리의 성경관과 스위스 종교개혁의 특징들 · 김재성 _ 169
츠빙글리의 성찬론 · 박찬호 _ 193
츠빙글리의 신론 · 이신열 _ 212
하나님의 섭리가 교회와 성도에게 주는 위로:
  츠빙글리의 "하나님의 섭리에 대한 설교" · 김지훈 _ 237

종교개혁자 츠빙글리의 생애와 사상

주도홍

스위스 종교개혁의 진정한 출발은 1519년 츠빙글리의 신약성경 강의에서 시작됐다. 1516년 출판된 에라스무스의 헬라어 성경으로 무장한 그는 스콜라주의 성경주석을 던져버리고 성경에 선포된 하나님의 말씀의 유일한 권위를 선포하였다.[1]

왜 츠빙글리인가?

츠빙글리는 스위스 종교개혁자로서 개혁신학의 뿌리를 이해하는 데 지나칠 수 없는 인물이다. 2019년 스위스 종교개혁 500주년이 되는 해이며, 장로교회가 내세우는 개혁신학이 교회역사에 발을 디딘지 500년이 되는 뜻깊은 해로서 지나칠 수 없기 때문이다.

"스위스 종교개혁자", "잊혀진 종교개혁자", "고난의 개척자", "개혁교회의 아버지"(der Vater des Reformiertentums), "평민의 성직자"(people's

---

* 다음의 글을 수정 보완하였다. 주도홍, "츠빙글리", 『새로 쓴 세계교회사』, (서울: 개혁주의신행협회, 2006), 249-266.

1 "Zwingli, Huldreich: Zwingli and the Swiss Reformation", wysiwyg: //18/http: //infoplease.lycos.com/ ce6/people/ A0862076. html, p.1 of 2.

priest),[2] "고유의 종교개혁자"(an original reformer), "개혁교회 전통의 설립자"(founder of Reformed tradition) 등으로 불리는 독창적인 개혁자 훌드리히 츠빙글리(Huldrich Zwingli, 1484-1531)는[3] 이어 '제2의 종교개혁자' 또는 칼빈을 앞세우며 '제3의 종교개혁자'로 불린다. 츠빙글리는 스위스 취리히를 중심으로 활약하였는데, 그의 업적으로는 성경의 명료성과 역할을 강조하며 강해설교를 내세웠으며, 성경의 진정한 주석가로서의 성령의 사역을 강조하면서 기도를 강조했고, 급진적인 예전의 개혁을 이루었고, 하나님의 언약과 섭리 및 그분의 예정을 강조하며 개혁교회의 예정론과 성례 신학에 기초를 놓았다. 그뿐만 아니라, 그는 교회에서의 평신도의 역할을 보다 광범위하게 넓혀가고자 했고, 라틴어 대신 평민들의 언어를 사용하였으며, 성례 중심의 미사를 강해설교 중심인 예배로 대치시켰다. 아울러 세속 정부의 철저한 권징을 강화시키고, 대회정치제도를 실시하여 국가와 교회를 너무 밀접하게 연계하였다.

2 여기서 말하는 '평민의 성직자'란 중세교회의 교황청의 성직임면권과 함께 생각할 수 있는데, 리히교회의 공동의회가 직접 자신들의 교회의 목회자로 츠빙글리를 청빙했음을 뜻한다.
3 원전 및 1차 자료: *Huldrych Zwingli, Schriften*, Bd. I-IV, Im Auftrag des Zwingli vereins hrsg. von Thomas Brunnschweiler und Samuel Lutz unter Mitarb. von Hans Ulrich Bächtold, Theologischer Verlag (Zürich 1995); Zwingli, Ulrich, 1484-1531. *Commentary on true and false religion*. edit. by Samuel Macauley Jackson and Clarence Nevin Heller, (Durham 1981); Ulrich Zwingli, *Early Writings*, edit. Samuel Macauley Jackson; (Durham 1987); Ulrich Zwingli, *On Providence and other essays*, edit. William John Hinke, (Durham 1983); 훌트라이히 츠빙글리, 『저작선집 2』, 임걸 역, (서울: 연세대학교 대학출판문화원, 2018). 참고문헌. Kurt Aland, *Die Reformatoren: Luther, Melanchthon, Zwingli, Calvin*, (Gütersloh 1983)(3판); Ulrich Gäbler, *Huldrych Zwingli, Eine Einführung in sein Leben und sein Werk*, (München 1983). 본서의 영어판으로는 Ruth C. L. Gritsch의 역으로 출판되었다. *Huldrych Zwingli. His Life and Work*, (Philadelphia 1986); Gottfried W. Locher, *Zwingli's Thought. New Perspectives*, (Leiden 1981); G. R. Potter, *Huldrych Zwingli*, (New York 1977); Jean Rilliet, *Zwingli. Third man of the Reformation*, trans. Jean Knight, (Philadelphia 1964); Jan Rohls, *Theologie reformierter Bekenntnisschriften: Von Zürich bis Barmen*, (Göttingen 1987); W. P. Stephens, *The Theology of Huldrych Zwingli*, (Oxford 1986); 롤란드 베인톤, *Desiderius Erasmus* 『에라스무스』, 박종숙 역, (현대지성사 1998); Lee Palmer Wandel, "Zwingli, Huldrych", Hans J. Hillerbrand(edt.), *The Oxford encyclopedia of the Reformation*, Vol. 4, 320-323.

생애

1484년 1월 1일 스위스의 동부 농촌지역 토겐부르그의 빌트하우스(Wildhaus/Toggenburg)에서 태어난 츠빙글리는 산골 농부인[4] 아버지 울리히 츠빙글리와 어머니 마가레타 사이에서 셋째 아들로 태어났다. 츠빙글리는 1494년 바젤에서 라틴어학교를, 1497년에는 베른(Bern)으로 옮겨 인문주의자 하인리히 뷜프린(Heinrich Wölflin)이 세운 학교를 다녔다. 1498년 그는 비엔나대학교 교양학부에 등록하였다. 그런데 그는 바로 다음해 1499년 알려지지 않은 이유로 대학에서 제명되었으나, 다시 1500년 여름 학기에 등록을 하였다. 1502년 초 그는 다시 바젤(Basel)로 옮겨 공부하여, 1504년 문학사 학위를, 1506년 역시 이곳에서 문학석사(Magister Artium) 학위를 취득하였다. 이곳 바젤에서 츠빙글리는 인문주의 학자들과 소문난 출판업자들과 관계를 갖게 되었고 신학 공부도 하였다. 이곳에서 츠빙글리는 글라루스(Glarus) 지역의 성직자로 1506년 부름을 받아 그 해 9월 콘스탄츠에서 목사안수를 받았고, 두 차례의 종군목회자로 부름을 받아 이탈리아로 향했는데, 이곳에서 1516년까지 목회를 했다. 그 후 1516년 아인지델른(Einsiedeln), 1519년부터 취리히의 그로스뮌스터(Großmünster) 교회의 목회자와 종교개혁자로서 1531년 세상을 떠나기까지 12년 동안 활약하였다. 1514년부터 에라스무스(Desiderius Erasmus, 1466?-1536)의 헬라어 신약성경을 위시한 저술들을 접하게 되면서 복음에 대한 바른 이해를 갖게 된 츠빙글리는 전환의 순간을 맞게 된다. 1515년 초 바젤에서 에라스무스를 방문한 그는 신실한 교황을 추종

---

4 어느 곳에서는 아버지의 직업을 시장으로 말하고 있는데(Geoffrey W. Bromiley), 본래적인 직업인 농부와 함께 생각해 볼 수 있을 것이다.

하는 것에서 벗어나 1518년까지 에라스무스의 도덕적 그리스도 중심론(*Christozentrismus*)에 강력한 영향 하에서 개혁자와 인문주의자로 활약하게 된다.[5] 그러던 중 1519년부터 독학으로 어거스틴과 바울 신학을 접하게 되면서 종교개혁의 새로운 안목을 갖게 되고, 1522년 최초로 지금까지의 중세교회의 교회법과 단절했다. 이 대목에서 츠빙글리는 독일의 종교개혁자 루터와의 직접적 영향을 부인하였다.

> 하나님 앞에서 증거 하는 바는, 요한복음을 읽고 어거스틴의 글들을 접하면서, 특히 바울의 서신들을 헬라어로 정성을 다하여 1516년부터 직접 쓰고 읽으면서 나 스스로 복음의 능력과 총체를 배우게 되었다는 것입니다.

1523년 츠빙글리는 교황주의자들과 공개 토론을 공회 앞에서 갖게 되었고, 결국 67개 조항으로 구성된 개혁프로그램을 제시하면서 공회는 츠빙글리의 입장을 지지하게 되었다.[6] 그리고 모든 성직자들은 여기에 동참하여 중세교회의 개혁을 추진하게 되었다. 교회 개혁은 매우 급속도로 진행되었는데, 오르간은 부서졌고, 교회내부에 걸려있던 성화는 제거되었으며, 성직자들의 결혼이 허용되었으며, 수도원은 문을 닫아야 했고, 교회예배의식은 단순화되었으며, 성례전은 기억의 예식(a commemorative

---

[5] 에라스무스는 츠빙글리에게 보낸 편지에서 루터에 대한 언급을 다음과 같이 쓰고 있다. "나는 교황과 황제에게서, 군주들에게서, 그리고 학자들과 친구들로부터 루터를 비판하는 글을 쓰라는 요청을 받아 왔습니다. 하지만 나는 그런 글을 쓰지 않겠습니다. 혹은 쓰더라도 바리새인들을 기쁘게 하는 따위의 글을 쓰지는 않을 것은 확실합니다."(롤란드 베인톤, 「에라스무스」, 225)

[6] H. A. Obermann(edt.), *Kirchenund Theologiegeschcihte in Quellen, Die Kirche im Zeitalter de Reformation*, (Neukirchen 1988), 96-100: "Die 67 Schlussreden". 한글번역: 츠빙글리, 『저작선집 2』를 참고하라.

feast)으로 축소되었다. 1524년 츠빙글리는 공개적으로 자신의 결혼식을 올렸다.[7] 1525년, 중세교회의 미사는 츠빙글리가 목회하는 취리히 교회에서 개혁된 예배의식으로 바뀌었다. 1525년은 츠빙글리의 종교개혁에 있어서 절정으로 이해될 수 있는데, 그해 3월 츠빙글리는 칼빈의『기독교강요』에도 영향을 준, 라틴어로 된 저작『진정한 신앙과 거짓 신앙에 관한 주석』(Commentarius de vera et falsa religione)을 세상에 내놓았다.[8] 특히 중세교회를 대적하여 겨냥하면서 츠빙글리는 기독교의 모든 신앙론을 29장에 걸쳐 예리하게 서술한다. 이 저서보다는 크지 않은 다른 저술에서 츠빙글리는 신앙을, 신앙의 해설(fidei ratio)과 그리스도 신앙(fidei christianae)으로 요약하여 구별한다. 1528년 스위스 베른(Bern)이 츠빙글리의 개혁을 계승하였으며, 계속하여 바젤(Basel)과 장크트 갈렌(St. Gall) 등의 도시들이 함께 동참하였다. 독일 헤센 주의 필립(Philip of Hessen) 공의 주선으로 1529년 10월 2-4일까지 독일의 마르부르크에서 열린 종교회의(Marburger Religionsgespräch)에 참석하여 독일의 종교개혁자 루터, 멜란히톤, 바젤의 개혁자 외콜람파디우스(Johannes Ökolampad, 1482-1531) 등과 나름대로 성찬론에 있어서 개신교회의 합의를 가져오기를 기대했으나, 츠빙글리는 여러 점에서 일치를 보았지만 성찬 이해에 있어서는 루터와 합의점에 이를 수 없었다. 문제는 재세례파들(Anabaptist)의 동요였는데, 그들은 더 강력한 개혁을 요구하였다. 더 큰 문제는 아직 전통적 중세교회로 남아있는 도시들의 무장된 저항 세력들이었다. 취리히가 이러한 도시들과의 거래 단절을 강행하였을 때, 결국 1531년 전쟁으로 번지게 되었고, 1531년 10월 11일 취리히 군대의 종군목사로서 츠빙글리는 2차 카펠(Kappel) 전

---

[7] 마르틴 루터의 결혼식은 수녀 출신 폰 보라와 1525년 6월이었으며, 스트라스부르의 종교개혁자 마르틴 부처 역시 수녀 출신 여인과 1522년 결혼하였다.
[8] 영어판. Zwingli, Urlich, *Commentary on True and False Religion* (Durham 1981).

투에서 쓰러져 하나님의 부름을 받았다. 츠빙글리의 갑작스러운 죽음으로 그의 동역자이면서 사위이던 하인리히 불링거(Heinrich Bullinger, 1504-75)가 그의 업무를 이어받았으나, 그 후 스위스의 종교개혁은 엄밀하게 볼 때 츠빙글리보다 한 세대 후에 등장한 칼빈(J. Calvin)에게 건너졌다. 칼빈의 포괄적인 신학체계는 부분적으로 츠빙글리의 업적 위에 있다. 물론 칼빈은 츠빙글리의 과격한 세례론과 성찬 이해에는 동의하지 않았다. 1549년 『취리히 일치신조』(*Consensus Tigurinus*)는 츠빙글리주의자들로부터 칼빈주의자들에게 이르기까지 포괄적인 스위스 종교개혁의 출발을 보여준다. 츠빙글리의 사상을 이어받은 인물로는 가장 가까웠던 츠빙글리의 동역자 레오 유트(Leo Jud), 요한네스 외콜람파디우스, 오스발드 미코니우스(Oswald Myconius), 초기의 불링거(Heinrich Bullinger), 볼프강 카피토(Wolfgang Capito) 등을 들 수 있다.

취리히 성경

종교개혁이 남긴 최대의 업적은 모든 성도들이 성경을 자국어 언어로 읽을 수 있게 한 점이다. 독일어, 영어, 프랑스어, 네덜란드어 등의 자국어 성경은 결국 종교개혁을 만인제사장설을 구체화하는 운동으로 이끌어 가게 한 동인이었다. 이러한 맥락에서 루터를 위시한 종교개혁자들의 후대를 위한 공헌은 막대하다. 1522년, '구월 성경'(September testament)이라고 불린 루터의 신약성경이 독일 비텐베르크에서 출판되고 3개월 후 스위스의 바젤에서도 발간되었다. 조금 다른 점이라면 북부 독일에서 쓰는 독일어와 스위스에서 쓰는 용어 사이에서 루터의 표현과는 관용상 잘 맞지 않는 대목들에 해석을 붙여서 첨가했다는 점이다. 1524년 취리히에서도 루터가 번역한 신약성경을 참고로 하여 두 종류의 신약성경이 출판되었는데, 알려지지 않은 손에 의해 그 지방의 언어에 익숙하게 다시 손을 본 후 나왔다. 그 익명의 인물이 츠빙글리이었을 것으로 추측한다. 1523년 이후 비텐베르크에서는 쪽편으로 번역된 구약성경이 원문에 근거하여 출판되었고, 루터의 독일어 신구약 전서는 1534년 세상에 나왔다. 취리히에서도 나름대로 손질을 거쳐 1525년, 1527년 인쇄되었고 활용되었다. 1529년 취리히에서도 오랜 기다림 끝에 종교개혁 신학에 입각한 선지서들이 츠빙글리의 서문과 함께 출판되었다. 그리고 1531년 신구약 완역 성경이 스위스의 취리히에서 출판되었다. 곧 '취리히 성경'(Die Züricher Bibel)이 비로소 역사에 등장하였는데, 종교개혁 신학에 입각하여 출판된 최초의 신구약 완역 성경이었다. 물론 종종 '츠빙글리 성경'이라고 불리기도 했는데, 일반적으로 특정 종교개혁자의 이름과 관계없이 불려졌다. 취리히 성경은 루터가 번역한 성경과 비교할 때 그 이후 수백 년 동안 훨씬 많은 수정 및 보완이 과감하게 이루어지며 출판되었다. 벌써 1574년, 1597년에 이 취리히 성경은 완전 개정판을 내놓을 정도로 이 점에 있어서 의욕적이었다. 상대적으로 루터 성경은 루터가 살아 있는 동안에는 부단한 개정 작업이 이루어졌음에 반하여, 새로운 개정 작업에 대해서는 매우 신중한 자세를 오늘에 이르기까지 견지해 오고 있다. 이는 루터 성경에는 그 역사성에 더욱 더 그 의미를 부여하는 독일교회의 입장이 반영되어 있다.

고유한 종교개혁자

츠빙글리에게 종교개혁 전환점이 언제였는가를 묻는다면, 그는 두 가지 면에서 루터와의 무관함, 곧 독자성을 제시할 것이다. 첫째, 그는 1519년 자신의 노력을 통해서 스스로 확신에 이르렀다. 이는 루터와 츠빙글리와의 정신적 무관함을 증명하는 것으로서, 이때는 츠빙글리에게 루터의 사상이 아직 알려지지 않은 시점이라는 것이다. 둘째, 빈번하게 츠빙글리는 1516년, 1519년의 자신의 새로워진 설교방법을 제시한다. 이 시점이야말로 종교개혁으로의 공개적 전환을 분명히 보여준다. 츠빙글리가 이토록 자신의 독자적 종교개혁행위를 부각시키는 것은 루터와는 무관하게 자신이 종교개혁을 이루었음을 증명하고자 함이었다. 물론 츠빙글리는 루터의 종교개혁행위(die reformatorische Tat)와 자신의 종교개혁인식(die reformatorische Erkenntnis)을 하나로 보아서는 안 된다고 인식했다.

츠빙글리와 루터의 관계는 한결같지가 않다. 첫 단계는 1518년 가을에서 1520년 여름까지로 루터에게 매료된 단계이며, 둘째 단계는 1520년 여름부터 1522년 초까지로 교회정치적 이유로 루터와 조금은 거리감을 두는 기간이다. 셋째 단계는 1522년부터 1524년까지의 단계인데 신학적 독자성을 내세우면서 루터와의 조심스러운 관계 설정이 이루어지는 기간으로 볼 수 있으며, 마지막 넷째 단계는 1525년에서 29년까지인데 무엇보다도 두 사람이 성찬에 대한 구별된 이해로 날카로운 대립이 있었던 시기다.

루터의 이름이 츠빙글리의 동료들 사이에서 가장 먼저 일컬어지기 시작한 시점은 1518년 12월 6일로 제시되는데, 1518년 가을부터 1520년 여름까지 츠빙글리에게 있어서 루터는 말 그대로 감동적인 인물로 부각된 첫 시기였다. 츠빙글리의 동료들은 당시 여러 가지로 어려움에 처해있던 루터의 저작들을 비밀리에 바젤에서 출판하여 에라스무스 추종자들과 함께 조직적으로 퍼뜨리는 데 일조하였다. 츠빙글리의 루터를 향한 매료됨은 1519년 라이프치히 담화 이후 절정에 이르렀고, 루터를 새로운 "엘리야"로 부르기까지 하였다. 아직 루터의 1520년 3대 명저가 등장하기 전, 당시 1519년 루터는 교황의 권위를 부정하지도 않았고 적그리스도로 일컫지 않았으나, 츠빙글리는 그리스도의 복음에 입각하여 교황의 오류와 잘못된 인간적 전통들을 비판하였다. 츠빙글리는 1520년 1월 4일에 쓴 한 서신에서 교황은 그리스도를 대신할 수 없다는 입장을 제시하였다. 물론 이때는 츠빙글리에게도 아직 교황이 적그리스도는 아니었다.

1521년 츠빙글리는 교황의 입장을 더 이상 지지하지 않는데, 이때를 츠빙글리의 본격적인 종교개혁의 전환과 출발로 보아야 할 것이다. 그렇지만, 그가 여기까지 오기에는 조금은 신중함과 망설임이 발견된다. 1520년 6월 15일 루터에게 교황청의 파문 경고가 내려지게 되었을 때, 츠빙글리는 루터에게 거리감을 두었다. 츠빙글리는 당시 신학적으로 루터와는 아직 독자적인 입장이었지만, 에라스무스의 제자로서 루터의 몰락을 결코 바라지 않았다. 동료들에게 루터의 스위스 추종자로서 일컬어지는 것을 경고하면서 침묵할 것을 조언하기도 했다.

1522년 이후 1524년까지, 츠빙글리는 루터와의 신학적 독자성을 강조하면서 조심스러운 행보를 하게 되는데, 콘스탄츠의 주교과의 결정적 관계 단절 후 루터와의 유대를 더 이상 부정하지 않았다. "만약 그가 거기서 루터를 마셨다면, 우리도 거기서 루터를 마셨다. 그래서 우리와 함께 그는 공동으로 복음적 교리를 가졌다." 그럼에도 츠빙글리는 자신의 독자성을, "우리는 루터파가 아니라, 우리는 복음적이다"(Wir sind nicht lutherisch, wir sind evangelisch)는 말로 강조하였다.

츠빙글리는 자신의 『67개 논제에 대한 해제』(1523)[9]에서 루터와의 관계를 직접 말하고 있다. 18조에서 츠빙글리는 독일의 종교개혁자 루터에 대해 적지 않은 분량으로 자신과의 관계를 밝힌다. 츠빙글리는 루터를 "하나님의 성실한 종"(des weidlichen diener gottes), "매우 특별한 하나님의 전사"(ein treffenlicher streyter gottes)로 일컬으면서도, 자신을 루터주의(luterisch)로 명명하는 것에는 진실이 아님을 밝히며 동의하지 않는다. 츠빙글리는 왜 자신이 루터주의자가 아닌지를 신학적 차이를 들어서 그리고 역사적으로 조목조목 밝힌다. 특히 츠빙글리가 이해할 수 없는 일이 "우습게도" 벌어지고 있는데, 성경적으로 또는 하나님의 말씀을 따라 그리스도의 가르침을 그대로 전할 경우에도 사람들이 자신을 루터추종자로 부르는 일이다. 루터를 알지도 못하는 사이에 자신이 오직 성경을 따라 행한 일들을 보고 루터주의라 부른다는 것이다.

> 교황추종자들이 나를 '루터주의자'라고 규정하는 것을 원하지 않습니다. 왜냐하면 나는 그리스도의 가르침을 루터에게서 배운 것이 아니라, 하나님 말씀 자체에서 배웠기 때문입니다.…비록 루터를 살아있는 모든 사람 중에서 가장 높게 평가하고 있음에도 불구하고, 왜 내가 '루터주의자'라고 불리는 것을 싫어하는지 모든 사람들이 잘 이해하기를 바랍니다.… 루터와 나와의 지리적 거리가 엄청나게 떨어져 있음에도 불구하고 우리 둘이 가르치는 그리스도의 가르침이 마치 약속이나 한 듯이 똑같다는 사실을 모든 사람들에게 보여주라는 것입니다. 그렇다고 내 자신의 위치를 루터와 같은 위치에 두려고 하는 것이 아닙니다. 사람은 모두 하나님의 부르신 대로 행하기 때문입니다. (츠빙글리, 『저작 선집 2』, 186-187)

---

9 츠빙글리, 『저작선집 2』.

츠빙글리는 자신이 왜 루터주의자가 아닌지를 여섯 가지로 밝힌다. 첫째, 츠빙글리는 자신이 독일의 종교개혁자 루터를 알기 전에 아니 보다 앞서 오직 성경(*sola scriptura*)의 원리를 실천했다. 그는 루터가 독일에서 1517년 종교개혁을 일으키기도 전에, 1516년 아인지델른에서 사역할 때 오직 성경에만 기초하여 그리스도의 복음을 설교하기 시작했다고 고백한다. 둘째, 츠빙글리는 교부들의 성경 해석을 경계하기 시작했다. 물론 아인지델른 목회 당시 교부들의 성경 해석에 심하게 의지했었지만, 아인지델른 수도원장이었던 게롤드젝(D. v. Geroldseck)이 교부들의 성경 해석에 자주 화를 내는 것을 보면서 교부들이 "성경을 완전히 잘못 해석하고 있다는 사실을 분명히 깨닫기 시작"했다. 셋째, 츠빙글리가 중세교회와는 차별화 된 "오직 성경"을 만방에 알리는 시점은 1519년이었다. 1519년 1월 1일 취리히 그로스뮌스터교회에서 마태복음 설교가 결정적이었다. 넷째, 츠빙글리는 마태복음 주석에서 주기도문 강해를 루터보다 앞서 출판했다. 다섯째, 교황청에서 취리히로 특사로 보낸 추기경들은 루터를 이단으로 정죄하기 전에는 츠빙글리를 루터주의자로 정죄하지도 않았고 그를 부르지도 않았다. 여섯째, 츠빙글리는 자신을 루터주의자라고 일컬음을 받기보다는 바울주의자, 아니 그리스도의 말씀을 선포하는 그리스도인이라고 불러달라고 호소한다.

앞에서도 언급했지만, 츠빙글리에게 루터는 "매우 특별한 하나님의 전사"이며 지난 천년 이래 그와 같은 사람이 이 땅에 없을 정도로 성경을 온 힘을 다해 연구한 인물로 평가한다. 교황제가 생긴 이래 루터처럼 용기 있게 로마 교황을 공격한 사람은 없다는 것이다. 그러면서도 츠빙글리에게 루터의 가르침은 전혀 새로운 것은 아니었고, 영원히 변하지 않는 하나님의 말씀 속에 있는 내용, 곧 하늘의 보물을 전달할 뿐이었다. 츠빙글리는 자신을 루터주의로 불리는 것에는 반박하면서도 루터의 역사적 가치에 대해서는 인정하기를 결코 주저하지 않는다.

> 1519년 취리히에서 설교를 시작했을 때, 존경하는 기관장들과 수도원장과 주교좌성당 참사회원들에게 분명히 내 생각을 천명했습니다. 하나님의 도우심으로 마태복음을 설교할 계획이지만, 사람이 세운 별로 가치 없는 전통을 전혀 따르지 않을 것이며, 그 전통에 잘못 이끌려 가지도 않을 것이며, 동시에 전통과 논쟁할 생각도 없음을 밝혔습니다. 그해 초에 —나는 요한의 날에 취리히로 갔습니다.— 우리 중에 너는 누구도 루터가 면죄부에 대한 책자를 썼다는 사실 외에는 그에 대해서 더 이상 아는 사람이 없었습니다. 그런데 루터의 책자의 내용은 전혀 새로운 것이 아니었습니다. 왜냐하면 내 상담자이며 스승이었던 비엘(Biel) 출신의 비텐바흐(T. Wyttenbach) 박사가 바젤에 머무르기 얼마 전 —물론 나는 거기에 없었습니다.— 자신의 논문을 발표했는데, 그 글에서 '면죄부가 사기'라는 사실을 이미 잘 알고 있었습니다. 따라서 그 당시 루터의 저서는 마태복음에 관한 내 설교에 거의 도움을 주지 못했습니다. 그러나 처음부터 하나님 말씀을 듣기를 열망하는 사람들이 모두 마태복음에 관한 설교에 예외 없이 몰려들었고, 나 또한 그런 상황에 놀라지 않을 수 없었습니다. (츠빙글리, 『저작 선집 2』, 181)

1525년 이후 마르부르크 종교회의가 열렸던 1529년까지는 특히 성찬에 대한 서로 다른 이해로 루터와 츠빙글리가 날카롭게 대치되는 기간이다. 루터도 그 마르부르크 종교회의 후 츠빙글리가 자기와는 다른 영을 가지고 있다고 비판하였다. 그럼에도 츠빙글리에게 있어 루터는 여전히 로마를 대적한 "복음의 대변자"(propugnator Evangelii)인 것만은 변함이 없었다(1527). 이 기간에 츠빙글리는 루터와의 차별성을 내세웠는데, 루터는 종교개혁의 길에 들어서기까지 조금은 분명하지 않은 여러 과정을 거쳤지만 자신은 달랐다는 것이다. "나는 하나님의 도우심으로 복음의 정수를 바로 터득하여, 교황권, 연옥설, 성인들의 조작된 중보기도를 거부하였지만, 너(루터)는 사람들이 말하는 대로 여전히 너의 글들에서 인정하고 있다." 그렇다고 츠빙글리의 사상이 전적으로 독자적이라고 볼 수는 없고, 그 역시 어거스틴의 영향을 받은 것으로 본다. 특히 츠빙글리에게 있어 믿음 대신, 복음의 역할로 등장하는 "하나님의 사랑"(amor dei)은 어거스틴의 중심사상으로 이해한다.

개혁신학의 원형 67조

1523년 1월 29일 츠빙글리는 취리히 시 의회와 600명의 참석자 앞에서 67조를 발표하였다. 그는 67조를 '개혁신앙의 원형'으로 일컫는데, 이것은 오직 복음에 근거하여 교회가 어떻게 개혁되어야 할 것을 말한다. 후대는 67조를 루터의 1517년 발표된 95개조와 비교하기보다는, 1530년 공포된 루터교의 대신앙고백인 『아우크스부르크 신앙고백』과 비교할 정도로 그 질적 수준을 가진 것으로 평가한다. 당시 취리히 시 의회는 67조를 교회 개혁의 원리로 받아들여, 그들이 가야할 종교개혁의 방향을 확실히 했고, 취리히 종교개혁의 로드맵이 되었으며, 나아가 스위스 종교개혁의 길잡이가 되었다. '최초의 개신교 교의학', '츠빙글리 사상의 핵심 고백서'라고 불리는 67조에서 츠빙글리는 교회와 사회생활 가운데 그리스도가 밝히 드러내기를 원하며, 그리스도인의 개인윤리와 사회윤리를 성경에 근거하여 바로 세우고자 했다. 츠빙글리가 친구 슈타이너(W. Steiner)에게 보낸 편지에서 말하는 대로, 67조는 "우리 사회에서 일어난 수많은 뜨거운 논쟁점들의 집합체"였다. 67조 해설 중 몇 가지만 들추어내고자 한다.

츠빙글리는 교부들의 성경 해석의 오류를 지적한다. 무엇보다도 중세교회가 교황의 권위를 교부들과 동일하게 본다는 사실이다. 그러나 츠빙글리에게 교황은 적그리스도이며, 교부들 역시 많은 모순을 가지고 있는 사람들이다. 츠빙글리가 강조하는 바는 성경 해석에 있어서 사람의 이성은 거짓투성이이지만, 하나님의 영인 성령이 해석의 주인이라는 점이다(5조).

중세교회의 잘못을 7가지로 말한다. 첫째, 교황이 교회의 머리라고 하는 것, 둘째, 그리스도는 섬기는 자가 되라고 하지만, 교황은 왕, 영주, 귀족 등 모든 자 위에 군림하는 것, 셋째, 믿는 자들은 하나님께로부터 배워야 한다고 말하면서, 주교회의를 통해서만 검증받아야 한다고 하는 것, 넷째, 그리스도를 믿음으로 구원을 얻기에 아무렇게나 살아도 된다고 말하는 것, 다섯째, 사람이 만든 가르침과 규정으로 하나님을 예배하려는 모든 것, 여섯째, 사람들에게 돈을 받지 않고는 그 복음을 전하지 않는 것, 일곱째, 하나님의 이름은 무시되고, 사람들의 이름이 높임을 받고 있음을 둔다(11조).

츠빙글리는 기독교인의 자유에 대해 말한다. 음식에 관한 규례인 중세교회의 '치즈-버터 서신'에 대해 언급하며, 이 서신을 하나님이 요구하지도 않는 일을 의무화한 교황청의 오류로 정죄한다. 순전히 인간적 가르침과 규범에 근거하여 만들어졌기 때문이다. 사람이 취하는 그 어떠한 음식도 사람을 더럽히지 못한다(막 7:18). 그리스도인의 자유에 반해 시간과 공간을 제한하는 사람들은, 그 주인이신 그리스도에게 대적하는 것이라고 말한다. 예수 그리스도는 성전보다 크신 분, 안식일의 주인이다. 성경은 특정한 장소가 은혜를 받기 위해 요구된다고 말하지 않는다. 츠빙글리는 그 어떤 특정 장소를 은혜의 장소라고 말하는 사람들을 "참으로 어리석은 사람들"로 일컫는다(24-25조).

인간의 성욕과 결혼에 대해 츠빙글리는 "순결하게 사는 것은 하나님의 선물"이지만, "하나님이 그렇게 살도록 한 사람들만이 가능한 것"이라고 말한다. 여기에 해당하는 사람이 고자인데, 그들은 하나님에게서 그런 능력을 받은 사람들이다. 그렇지만 하나님은 일반인들에게는 성적 욕망을 허락했다. 성적 욕망을 제어할 수 없는 사람은 마땅히 결혼해야 한다. 츠빙글리는 결혼에 대한 두 가지 입장을 분명히 한다. 첫째, 하나님이 남자와 여자로 창조했다는 사실에서 독신의 삶을 강요할 수 없다. 둘째, 결혼제도는 하나님이 세우신 것이기에 금해서는 안 된다. 이에 반해 위선자들이 성적 절제를 가르치고 있는데, 그들은 "바로 악마 자체"이다.(29조)

츠빙글리에게 투기 등 불로소득으로 얻은 재산은 불의한 재산이다. 고리대금업을 통해 얻은 재화도 여기에 해당되는데, 그들은 물가를 크게 올리기 때문이다. 그 정당하지 못한 돈은 가난한 사람들에게 돌려주어야 한다. 이에 대해 츠빙글리는 성경적 근거를 찾을 수 없을 땐, 자연법에 의존하여 입장을 제시한다(33조).

복음 선포와 성령[10]

1522년의 글들 가운데서 하나같이 츠빙글리는 복음에 대한 새로운

---

10 *Huldreich Zwingli's Werke*, Erste vollstaendige Ausgabe durch Melchior Schuler und Joh. Schuthess, Erster Band, (Zuerich 1828), 52-82: "Von Klarheit und gewuesse des worts gottes"; G. W. Bromiley, *op. cit*., 49-95: "Clarity and certainty of word of God"(영어 번역).

이해를 갖게 되었다고 고백한다. 츠빙글리의 복음에 대한 이해는 보편적으로 건전하고 그리스도 중심적이며, 외적 말씀(verbum externum)과 내적 말씀(verbum internum)으로의 구별은 그 나름대로 독특성을 가지고 있다. 츠빙글리에게 있어 복음은 복된 그리스도의 소식으로서 교회적 선포를 통해서 현존한다. 성경보다는 그 성경 안에 증거되는 그리스도(Christuszeugnis in der Schrift)가 우선이다. 선포의 수단을 통해 그리스도를 증거하는 성경의 명료성은 그리스도 자신이다. 그리스도께서는 우리에게 믿음을 주신다. 성령을 통해 우리의 마음에 부은 바 되는 내적 말씀은 우리의 믿음을 성장하게 한다. 역사적으로 츠빙글리의 내적 말씀에 대한 이해는 고린도전서 2:15를 해석하면서, 1524년 8월부터 나타나고 있다. 외적 말씀과 내적 말씀은 요한복음 6:44 그리고 로마서 10:17을 근거로 서로 간에 자연스럽게 채워준다. 한 예로 성찬의 떡과 포도주는 하나의 표식(Zeichen)이며, 그것이 나타내고자 하는(Bezeichnetes) 그리스도의 몸과 피와는 일단 구별이 된다. 믿음에 의해 입으로 먹는 것과 보혜사 성령이 임재하는 그리스도의 육체적 현존(praesentia corporalis Christi)는 구별된다. 육과 영, 입으로 먹는 것과 신앙으로 먹는 것은 서로 대적하는 관계가 아닌, 외적인 것과 내적인 것을 보여준다. 물론 외적 말씀은 내적 말씀에 엄격하게 볼 때 시간적으로 앞선다. 신앙에 앞서, 먼저 듣고 이해하는 데 있어 말씀과 성령은 동시적이 아니고 성령이 우선권(Priority)을 가진다. 이 점에 있어서 츠빙글리는 말씀에 앞선 성령의 제약 없는 우선권을 강조하려 하였다. 그렇다고 츠빙글리에게 있어서 외적 말씀은 그 자체만으로 의미 없는 것은 아니라 구원의 수단이었다. "성령은 자신의 뜻대로 우리의 마음에 동일한 신앙을 주시고 새롭게 하시는데, 우리가 그리스도의 복음과 말씀을 들을 때이다." "분명하게 말해, 성령은 먼저 설교, 입으로 전파되는 말씀, 그리스도의 복음이 함께 하지 아니할 때에는 그 어느 누구에게도 믿음과 은사를 주지 않고, 입으로 선포되는 말씀과 함께 성령이 뜻대로 역사하시고 우리 안에 믿음을 일으키신다." 인간의 구원은 오직 하나님만이 행하시는 일이지, 인간의 손에 의해서 행해지는 그 어떠한 외적인 구원의 수단도 필요하지 않는다. 성례와 설교행위도 예외가 아니다. "믿음은 사람에게 역사하는 성령을 통해서이지, 설교자의 말씀을 통해서 일어나지 않는다." 성례 그 자체를 구원의 수단으로 이해하는 가톨릭교회와 츠빙글리는 분명한 차이가 있다. 외적 말씀은 말씀과 사건의 복사(imago verbi et rei)이고, 내적 말씀은 그 사건의 원형이다(idea rei). 분명한 것은 츠빙글리에게 성경과 설교에 있어 "인식의 근거"(Erkenntnsgrund)로서 성령의 역사가 결정적이다.

츠빙글리에게 있어서 말씀은 언제나 성령과 불가분의 관계에 있다. 설교는 구원을 선포하지만, 그것이 인간들의 마음에서 실존적으로 역사하게 하는 일은 성령 자신의 사역이다. 츠빙글리가 말하는 내적 말씀은 결코 주관적인 인간의 말이 아니며, 성경 스스로가 성령의 역사로 자신을 해석하는 하나님의 말씀이다. 타락 전부터 인간은 성령에 의존하여 살도록 되어 있는데, 하나님을 아는 일, 진리를 깨닫는 일, 인간이 자신을 아는 일, 죄로부터의 회개도 성령의 역사이다. 성령 안에서 그리스도께서 죄 용서, 믿음, 위로, 확신, 하나님과의 평화를 주시며 우리를 새롭게 살도록 하신다. 성령의 특성은 성령에 의해 영감된 하나님의 말씀에 대한 확신을 갖게 하며, 하나님의 영광을 위해 살도록 하고, 죄로부터 회개하게 하고 인간을 겸손하도록 한다. 츠빙글리의 이러한 성령 이해는 그가 늘 가까이 했던 요6:44의 말씀, "아버지께서 이끌지 아니하면 아무라도 내게 올 수 없으니"의 해석에서 두드러진다. 분명한 것은 하나님의 은혜로우신 현존(die gnaedige praesentia Dei)이 믿음의 전제이지, 우리의 믿음이 하나님의 현존의 전제이지는 않다는 것이다. 여기에 또한 츠빙글리의 예정론이 드러난다.

츠빙글리의 성령 이해를 조금은 지평을 넓혀 그의 독특한 성례론에서 살펴보는 것은 유익하다. 외적 그리고 내적으로 구분한다. 물, 떡, 포도주는 그것들이 제시하려는 영적 은사들과 구별된다. 첫째, 성례는 이미 이루어진 그리스도의 구원의 행위를 보여준다. 성례가 제시하려는 그 은혜는 이미 십자가 위에서 이루어졌고, 하나님께서 이 구원의 사건을 만방에 알리셨으며, 신자는 믿음으로 이것을 받아들였다. 그러기에 성례는 그 신앙을 전제로 할 때만 의미를 갖는다. 둘째, "서약"의 의미를 성례는 갖는데, 서약은 인간의 편에서 이루어지는 일로서, 일종의 "입례"(*initiatio*)이며, "의무이행"(*oppignoratio*)이다. 츠빙글리에게 있어서 성찬은 기억(*commemoratio*), 고백(*collaudatio*), 그리고 교제(*commnicatio* 또는 *coniunctio*)의 관점에서 세 가지 의미로 제시된다. 기억의 만찬이란 고린도전서 11:24의 "나를 기념하라"는 예수님의 명령에 따라 믿는 자들이 이미 우리를 위해 행하신 구원의 사역을 눈으로 확인하며, 믿음으로 받아들인다. 고백의 만찬이란 고린도전서 11:26에 입각하여 "주의 죽으심을 전하는 것"으로 이해하며, 성찬은 당연한 의무로서 공동체를 돈독히 하며, 형제애를 마땅히 강화시켜야 한다. 교제의 만찬이란 고린도전서 10:16-17의 "많은 우리가 한 몸이니"에 입각하여 "그리스도의 몸 된 공동체"를 부각시킨다. 츠빙글리는 성찬에 그리스도가 육체적으로 임재한다는 입장을 단호하게 거부하였다. 1529년 마르부르크 종교회의 이후 츠빙글리는 조심스럽게 자신의 입장을 개진하였는데, 루터도 동의하였던 신앙의 강화와 성찬에의 그리스도의 영적 임재였다.

마치며

우리는 지금까지 독자적 종교개혁자 츠빙글리의 생애와 사상을 살펴보았다. 루터와의 관계뿐만 아니라, 성경 해석에 있어서 츠빙글리의 독자성을 확인할 수 있었다. 중요한 것은 독일에서 루터를 불러내 사용하셨던 하나님은 스위스에서는 츠빙글리를 부르셨다는 점이다. 어떤 면에서 스위스를 가장 사랑하는 인물을 그 형편과 처지에 따라 하나님은 부르셨다는 점이다. 그렇다고 츠빙글리는 루터를 그 누구와 비교할 수 없을 만큼 귀한 하나님의 종으로 인정하지 않은 것은 아니다. '개혁신학의 뿌리'로 일컬음을 받는 67조는 츠빙글리의 사상을 일목요연하게 보여주었다. 츠빙글리의 외적 말씀과 내적 말씀에 대한 구별은 무엇보다도 하나님의 말씀에 함께 하는 성령의 역사에 결정적으로 의존한다. 성령께서 함께할 때 살아 있는 하나님의 말씀이 된다. 츠빙글리에게 있어서 나타나는 말씀과 성령의 상관관계는 무엇보다도 중세교회의 스콜라주의 성경 해석에 대한 반동으로 이해해야 할 것이다. 츠빙글리는 성령의 영감 받은 성경이 성경되게 하는 결정적 근거는 오직 그 말씀의 주인이신 하나님이라는 주장이다. 이 말은 역사적으로 볼 때 교회가 성경을 성경되게 한다는 중세교회의 성경관을 정면으로 반박하고 있다. 이런 맥락에서 볼 때 츠빙글리의 말씀관은 먼저 중세교회의 잘못된 성경 이해와 단절을 보여주고 있다. '오직 성경'이라는 종교개혁의 표어가 어디에 그 근거를 가지고 있는지를 보여준다. 츠빙글리는 "성경 스스로가 해석한다(*Sui ipsius interpres*)는 종교개혁의 해석 방식을 제시한다.

츠빙글리의 『67개 조항』:
개혁파 프로테스탄트 종교개혁 선언서

강경림

　세계 기독교계는 2017년 10월 31일에 대대적인 종교개혁 500주년 기념행사를 치렀다. 이 행사는 마르틴 루터가 1517년 10월 31일 비텐베르크성(城)교회 정문에 『95개 논제』를 게시한 날을 종교개혁 기념일로 삼은 데서 비롯된 것이다. 그런데 마르틴 루터의 종교개혁에 공감하는 이들이 유럽 전역에서 들고 일어나 로마교회의 교황을 정점으로 하는 수구 종교 세력에 거세게 항거할 수 있도록 만들었지만, 루터는 모든 개혁 세력을 아우르는 신앙적이며 신학적인 리더십을 끝내 보이지 못하고, 독일 중부 이상과 북유럽 국가들에 그 영향력이 제한되어 버렸다. 따라서 츠빙글리를 중심으로 한 스위스 종교개혁자들은 루터파 교회하고는 다른 개혁파 교회를 운영할 수밖에 없었고, 마르틴 루터의 신학 사상과 많은 부분에서 공유하지만 그와는 다르게 더 발전시킨 성경적 신학 체계를 수립할 수밖에 없었다. 그 개혁을 앞장서서 이끌어 간 인물이 바로 츠빙글리였다. 우리가 츠빙글리를 개혁파(Reformed) 프로테스탄트 종교개혁의 토대를 놓은 자, "개혁주의적 프로테스탄트 사상의 개척자"[1]라고 부른다면, 칼빈은 그것의 완성자라고 하겠다.

1　B. J. van der Walt, "Ulrich Zwingli: His Message for South Africa Today," *Reformational Tradition: A Rich Heritage and Lasting Vocation* (Potchefstroom University for Christian Higher Education, 1984), 115.

1560년 스코틀랜드교회에 장로교(Presbyterian)라는 명칭을 처음 사용한 스코틀랜드의 칼빈주의자 존 녹스는 제네바에서 영국 피난민 교회를 맡아 사역하면서(1555-1558) 칼빈과 밀접한 교제했고 칼빈의 개혁주의 사상에 깊이 매료되어 배웠으며 본국에 돌아가서는 스코틀랜드교회를 칼빈주의로 개혁시킨 인물이다. 따라서 오늘날 지구상의 장로교 교회와 개혁파 교회는 공히 개혁주의 전통을 공유하고 있는 것이다. 스위스 개혁파 교회가 1519년 1월 1일 츠빙글리의 그로스뮌스터 교회에 목회자로 부임한 날을 스위스 종교개혁 시발점으로 삼아 그 500주년을 기념한다면, 개혁주의 전통을 고수하며 그 신학적 정통성을 이어가고 있음에 자부심을 가지고 있는 한국 장로교 교회가 이를 함께 기념하는 것은 마땅하다.

츠빙글리의 『67개 조항』은 "그의 개혁 신학의 최초의 요약"이요,[2] 개혁파 종교개혁 사상을 드러낸 첫 신앙고백서요, 선언서요, 로마 교황주의에 대한 선전포고문이요, 교황주의자들과의 전투를 위한 일종의 출정가(出征歌)로서, 그것으로 스위스 종교개혁이 성공적으로 진행되게 한 중요한 문서이기 때문에, 개혁교회 종교개혁 500주년 기념에 맞추어 이것에 시선을 집중하는 것은 매우 의미 있는 일이라고 할 것이다.

『67개 조항』의 배경

츠빙글리(Ulrich Zwingli, 1484.1.1~1531.10.11.)는 스위스 개혁 교회의 첫 단계를 대표하는 인물이다. 그는 칼빈을 비롯해서 다른 사람들이 완성한 것을 시작한 인물이다. 그는 자신의 일이 절반쯤 성취되었을 때, 그야말로 삶의 전성기 때, 전장(戰場)에서 애국자이자 순교자로서 그의 삶을 마

---

[2] 김균진, 『루터의 종교개혁』(서울: 새물결플러스, 2018), 498.

감했다. 필립 샤프는 그를 다음과 같이 분석했다. 그는 개혁자들 중에서 매우 명석하고 자유로운 사람이었지만 루터(1483-1546)와 칼빈(1509-1564)에게 있는 천재성, 심오함, 활력이 부족했다고 한다. 그는 성례전, 원죄, 그리고 모든 유아(幼兒)와 또한 급진적이고 위험스러우며 불경한 이교도의 구원에 관해 자신의 견해를 피력했다. 그는 교리상의 차이와 교파의 구별을 지속시키면서도 광범위하고 자유로운 기독교의 연합을 생각했다. 그는 애국심 넘치는 공화제 지지자였으며, 솔직하고, 존경스럽고, 부패하지 않고, 쾌활하며, 예의 바르며, 호의적이었다. 그는 스위스의 모든 공공의 일에 적극적으로 참여했으며, 외국의 영향력, 악정(惡政)과 부도덕으로부터 나라를 자유롭게 하기 위해 노력했다. 그는 아인지델른(Einsiedeln, 1516)에서 시작하여 1519년 이후에는 취리히에서 보다 효과적으로는 신약성경의 순수한 샘에서 퍼 올린 그리스도를 전파하고 그분을 유일한 중재자이자 구원자로 온전히 설명했다. 그 후 그는 로마교회의 부패를 공격하였고, 취리히를 비롯한 대분의 스위스 도시들로 하여금, 1531년 카펠 전투에서 그가 생을 마감하기까지, 종교개혁이 단계적으로 도입되도록 만들었다.[3]

츠빙글리는 루터보다 두 달 늦게 태어났으며, 루터는 츠빙글리보다 15년을 더 살았다. 둘 다 로마교회에서 교육을 받고 사제가 되었으며, 로마교회의 개혁자가 되었다. 둘 다 강한 마음, 영웅적 성격, 열렬한 신앙심, 사람들에 대한 영향력을 지닌 사람들이었다. 둘 다 모두 훌륭한 학자요, 훌륭한 신자요, 시와 음악을 좋아하였다. 둘 다 보다 작은 부분에 있어서는 하나로, 보다 큰 부분에 있어서는 다르게, 프로테스탄티즘의 동

---

3 Philip Schaff, *Creeds of Christendom with a History and Critical notes*. Volume I (Grand Rapids, Mich.: Baker Book House, 1977), 360.

일한 대의(大義)를 위해 독자적으로 노력했다. 그러나 그들의 자질, 훈련, 회심은 달랐다. 츠빙글리는 더 적은 편견, 더 많은 실용적 상식, 분명한 식별력, 냉정한 판단력, 자기 절제, 예의 및 품위를 갖추었고, 루터는 보다 생산적인 천재성, 시적인 상상력, 압도적인 웅변, 신비주의적 성향, 심오함, 불, 열정을 소유하였으며, 보다 거칠고 보다 야생적 성격의 소유자임에도 불구하고 모든 면에서 더 풍부하고 더 강하였다. 츠빙글리의 눈이 열린 것은 자신의 손으로 신중하게 베낀 헬라어 성경을 읽음으로써 그리고 그의 친구 에라스무스의 인문주의적 학식으로 말미암은 것이다. 반면에 루터는 이신칭의(以信稱義)론에서 양심의 평안을 발견할 때까지 수도원 생활의 금욕주의적인 투쟁 과정을 통과했다. 츠빙글리는 루터보다 로마교회와의 사이가 더 급속히 더 철저히 나빠졌다. 그는 성경에서 가르치지 않은 모든 교리와 관습을 담대히 폐지시켰다. 루터는 성경에서 분명히 금지되어 있지 않은 것은 경건하게 유지시켰다. 츠빙글리는 신학뿐만 아니라 정부와 교회 치리의 개혁을 목표로 했다. 루터는 교리와 직접적으로 관련된 그러한 변화에 자신을 국한시켰다. 츠빙글리는 독일계 스위스인이었고 공화제 지지자인 반면에, 루터는 독일인이었고 군주제 지지자였다. 츠빙글리는 신학자일 뿐만 아니라 정치가였고, 루터는 모든 정치적 분규를 멀리하고 기존의 권위에 대한 수동적 복종론을 설파했다. 그들이 이 지상에서는 한번 만났는데, 츠빙글리가 사망하기 2년 전 마르부르크에서 상호 반대편으로 만난 것이다.[4] 그들은 루터가 츠빙글리에게 아주 강한 편견을 가지고, 그를 광신자요, 반이단(半異端)으로 쳐다보면서 접근했기 때문에, 서로에게 인격적으로 존경을 표할 수 없었다. 그들은 성찬에서의 실재적 임재(Real Presence)를 제외한 모든 신앙의 조항에

---

4 Ibid., 361.

있어서는 일치했다. 츠빙글리는 이러한 차이에도 불구하고 눈물로써 평화와 연합을 제안했지만, 루터는 교리적 일치를 하나 됨의 원칙으로 삼았기 때문에 그의 교제의 손을 거절하였다.[5]

루터와는 결별했지만, 취리히 시(市)에 종교개혁이 성공적으로 진행된 데에는 걸출한 츠빙글리의 지도력이 있었기 때문에 가능했다. 츠빙글리의 복음적 설교에 영향을 받은 이들이 1522년 사순절 기간 동안에 로마교회의 전통적인 금식 규정을 어긴 사건이 발생하였다. 인쇄업자 크리스토프 프로샤우어(Christoph Froschauer)가 격무에 시달리고 있는 그의 직공들의 원기를 북돋우기 위하여 그의 아내에게 비싼 생선 대신 푸줏간에 가서 고기를 사오도록 부탁했는데, 식탁에 소시지가 나왔다. 성직자들도 3인이 그 회식 자리에 참석했는데, 곧 츠빙글리와 레오 유트(Leo Jud)와 라우렌스 켈러(Laurence Keller)였다. 츠빙글리는 그 소시지를 먹지 않았으나, 다른 동료들은 폭식하였다. 이 소식이 시 당국자들에게 알려지고, 결국 소시지를 먹은 이들은 취리히 시를 관할하는 콘스탄츠 주교에게 고발당했으며, 그 주교는 교회법을 위반한 이들에 대하여 취리히 교회와 시 당국에 강력하게 항의를 하였던 것이다. 이에 츠빙글리는 1522년 3월 23일, 식사 초대를 받은 이들의 자유로운 입장에 대해 성경에 근거하여 설교했을 뿐 아니라, 1522년 4월 16일 『음식의 선택과 자유에 관하여』(*Vom Erkiesen und Freiheit der Speisen*)[6]라는 그의 설교를 출간하였다.[7] 또한 츠빙글

---

[5] Ibid., 362.
[6] Edwin Künzli (heraus.), *Huldrych Zwingli: Auswahl Seiner Schriften* (Zürich/Stuttgart: Zwingli Verlag, 1962), 20; 강경림, "츠빙글리의 종교개혁 사상", 『신학지평』 제8집(안양대학교 신학연구소, 1998), 83. 그 책자의 원 제목은 다음과 같다. *Von Erkiesen und Fryheit der spysen* (*De delectu et libero cibonium usu*).
[7] Jean Rillet, *Zwingli, le Troisième Homme de la Rèforme* (Paris: Liberraine Artheme Fayard, 1959), tr. by Harold Knight (London: Lutterworth Press, 1964), 67ff; 강경림, "츠빙글리의 종교개혁 사상", 83-85.

리는 1522년 8월 22-23일 『시종 변증서』(始終辨證書, *Apologeticus Archeteles*)를 출간함으로써, 그의 변증서가 그의 복음 선포에 대한 변호의 처음과 끝이 되기를 바라는 마음을 드러내었다.[8] 그리고 츠빙글리는 1522년 봄에 한스 마이어의 미망인 안나 라인하르트(Anna Reinhart)와 비밀리에 결혼하게 된다(1523년에 공개적으로 결혼 발표를 함). 이 행위는 그 당시 교회법이 용납할 수 없는 것이었다. 그러나 시민법에는 저촉되지 않았다. 츠빙글리는 그의 친구 10명의 서명날인을 받아 청원서를 입안하였다. 즉, 성직자들도 결혼할 수 있다는 내용이었다.[9] 그러나 7월 2일 자의 이 청원서는 콘스탄츠의 휴고(Hugo von Landenberg) 주교로부터 퇴짜를 맞았다.[10] 이런 분위기 속에서 츠빙글리는 자신과 동료들을 변호하기 위하여 공개 토론회를 개최해줄 것을 시 의회에 요청하였고, 의회는 두 가지 조건 하에 토론회 개최를 허용하였다. 그 조건들은 첫째, 모든 취리히 시민들이 참여할 수 있도록 독일어로 토론할 것, 둘째, 성경을 토론에서 서로 다른 의견들을 판단하는 규범으로 삼는다는 내용이었다.[11]

이 『67개 조항』은 츠빙글리가 1523년 1월 29일 취리히 시의 시청 강당에서 개최될 공개 토론회를 대비하여 마련한 것이다. 츠빙글리는 자기가 그때까지 하나님의 말씀에 근거하여 선포한 내용들을 요약하여 이 『67개 조항』에 담았으며, 그는 이것을 '발문'(跋文, Schluβreden)이라고도 불렀다.[12]

시 행정 장관과 600명에 달하는 참석자들 앞에서 츠빙글리는 방어를

---

8 Edwin Künzli (heraus.), *Huldrych Zwingli: Auswahl Seiner Schriften*, 42.
9 Jean Rillet, op. cit., 71ff. 마르틴 루터는 이보다 일찍 "성직자의 서원에 관하여"(De votis monaticis)라는 글에서 같은 문제로 공격하였다.
10 강경림, "츠빙글리의 종교개혁 사상", 85-86.
11 김진홍, "츠빙글리의 67개 논제", in https://ctmnews.kr/news/print.php?no=331/ 2018년 10월 4일 다운로드.
12 강경림, "츠빙글리의 종교개혁 사상", 86.

성공리에 마쳤다. 반대편으로 콘스탄츠 주교인 휴고 대신 부주교인 파브리 박사(Dr. Johannes Fabri)가 참석했는데, 그는 츠빙글리의 유식하고도 강력한 논점에 잘 대답하지 못했다. 토론회가 끝나자 시 행정 장관은 바로 그 날에 츠빙글리의 입장을 승인하는 결의안을 통과시켰고, 그 주(州)의 모든 성직자들은 성스러운 복음으로 입증할 수 있는 것만을 설교하도록 요구했으며, 개인적인 인신공격 등을 삼갈 것을 결정하였다.[13] 블란케(Fritz Blanke)는 "1523 1월, 시 의회의 판결에 의해 취리히는 복음적이 되었다"고 평가하고 있다.[14] 제1차 토론회에서 승리를 거둔 츠빙글리는 1523년 7월에 『67개 조항 해설서』(Auslegung und Gründe der Schlußreden oder Artikel)를 펴내었다. 이것은 그의 가장 체계적인 작품 가운데 하나이다. 스토페르는 이 해설서를 두고 "독일어로 출판된 최초의 복음주의 교의학 논문"이라고 평가한다.[15]

두 번째 토론회는 10월에 다른 주(州)의 300명의 사제들과 대표들을 포함하여 약 900명의 사람들이 참석한 가운데 성상(聖像) 사용과 미사에 대한 주제로 개최되었다. 세 번째 토론회는 1524년 1월에 개최되었다. 결론은 로마가톨릭교회의 교리로부터 해방이었으며, 취리히 시(市)와 주(州)에서의 개혁파 교회의 정연하고도 영구한 확립이었다.[16]

13　Edwin Künzli (heraus.), *Huldrych Zwingli: Auswahl Seiner Schriften*, 69: 강경림, "츠빙글리의 종교개혁 사상", 87.
14　Fritz Blanke, *Brüder in Christo: Die Geschichte der ältersten Täufegemeinde* (Zollikon, 1525; Zürich, 1955), 5: 강경림, 88.
15　Richard Stauffer, 『종교개혁(1517-1564)』, 박건택 역(서울: 기독교문서선교회, 1989), 62.
16　Philip Schaff, *op. cit.*, 363.

『67개 조항』 전문[17]

아래 조항들과 견해들은 나 울리히 츠빙글리가 취리히 시(市)에서 하나님께서 영감하신 성경에 근거하여 설교해 왔던 것을 고백하는 것이며, 나는 이 언급된 조항들로써 우리의 신앙을 보전하고 극복하기를 제안한다. 그리고 현재 내가 성경을 올바로 이해하지 못한 부분이 있으면 나는 더 가르침을 받되, 오직 성경으로부터 가르침을 받을 것이다.

1. 복음이 교회의 비준 없이는 무효하다고 말하는 자들은 모두 잘못되고 하나님을 모독하는 자들이다.
2. 복음의 요점은 하나님의 참 아들이신 우리 주 예수 그리스도께서 하늘에 계신 그의 아버지의 뜻을 우리에게 알려주신 것이며, 그의 무죄하심으로 우리를 사망에서 건지시고 하나님과 화해하게 하시는 것이다.
3. 따라서 그리스도께서는 과거와 현재와 미래의 모든 사람들에게 구원에 이르는 유일한 길이시다.
4. 이웃의 잘못을 찾거나 지적하는 자는 영혼의 살인자요, 도둑이다.
5. 따라서 다른 가르침을 복음과 같다고 하거나 더 높다고 생각하는 자는 잘못되고, 복음이 무엇인 줄 알지 못하는 자이다.
6. 예수 그리스도께서는 하나님께서 모든 인류에게 약속하시고 약속하신 것을 이루신 바로 그 안내자요, 지도자이시다.
7. 예수께서는 영원한 구원이요, 그의 몸인 모든 믿는 자들의 머리이시다. 그가 없이는 모두가 죽었고 아무것도 할 수 없다.
8. 그러므로 먼저 머리 안에 거하는 자들은 모두 하나님의 지체와 자녀

---

[17] 김영재, 『기독교신앙고백』(수원: 영음사, 2011), 376-381. 『67개 조항』의 번역문은 김영재 교수의 번역을 표준으로 삼고 있으며, 단 이 본문 가운데 일부는 논자에 의해 수정되었음을 밝힌다.

들이며, 교회 또는 성도의 교제요, 그리스도의 신부요, 보편적인 교회이다.

9. 몸의 지체들이 머리의 명령 없이는 아무것도 할 수 없듯이, 그리스도의 몸 안에 있지 않는 자는 머리이신 그리스도 밖에 있으므로 아무것도 할 수 없다.

10. 머리 없이 사지로 무엇을 하려는 사람은 미친 사람이어서 찢고 상처를 내고 자해하듯이, 그리스도의 지체들이 그들의 머리이신 그리스도 없이 무엇을 하고자 하면, 그들은 미친 사람들이어서 자해하고 현명하지 못한 규례의 무거운 짐을 진다.

11. 따라서 우리는 영예, 부, 계층, 호칭, 법에 관한 소위 성직자의 규례가 모든 어리석음의 원인이라는 사실을 안다. 왜냐하면 이런 것들은 머리이신 그리스도의 뜻에 일치하지 않기 때문이다.

12. 그래서 그들은 머리 때문이 아니라 (이러한 시기에는 하나님의 은혜로부터 오는 것을 열망하기 때문에) 그들로 하여금 분노하도록 내버려 두지 않고 강제적으로 머리에 귀를 기울이도록 하려 하기 때문에 여전히 분노하고 있다.

13. 이 머리의 말씀을 경청하는 사람은 하나님의 뜻을 분명하고 평이하게 배우게 된다. 그리고 그 사람은 하나님의 영을 통하여 하나님께 이끌리고 변화함을 받아 하나님께 속한 사람이 된다.

14. 그러므로 모든 그리스도인은 그리스도의 복음이 어디서나 똑같이 전파되도록 부지런해야 한다.

15. 왜냐하면 우리의 구원은 믿음 안에 있으며 불신앙에는 저주가 있으니 모든 진리가 분명히 그 안에 있기 때문이다.

16. 복음에서 우리는 인간이 만든 교리와 법령들이 구원에 아무런 도움이 되지 못한다는 사실을 배운다.

17. 그리스도께서는 홀로 영원한 대제사장이시므로, 자신들을 대제사

장이라고 칭하는 자들은 그리스도의 영예와 능력을 반대하고 배척하는 자들이다.

18. 그리스도께서는 단 한번 자신을 희생하심으로써, 영원히 모든 믿는 자들의 죄를 위하여 확실하고 유효한 희생이 되셨다. 그러므로 미사는 희생제가 아니고 그리스도께서 우리에게 주신 구원을 위하여 희생이 되고 보증이 되신 것을 기념하는 것이다.
19. 그리스도께서는 하나님과 우리 사이의 유일한 중보자이시다.
20. 하나님께서는 우리에게 그리스도를 통하여, 그리스도의 이름으로 모든 것을 주시려고하신다. 그러므로 이생 밖에서 우리는 그리스도 말고는 아무런 중보자도 필요로 하지 않는다.
21. 우리가 땅 위에서 서로를 위하여 빌 때, 우리는 모든 것이 그리스도를 통하여서만 우리에게 주어진다는 사실을 믿으므로 그렇게 비는 것이다.
22. 그리스도는 우리의 의로우심이므로 그로 말미암아 우리의 행사가 그리스도의 것인 한, 선하게 된다. 그러나 우리의 행사가 우리의 것인 한, 의롭지도 않고 선하지도 않다.
23. 그리스도께서는 이 세상의 소유와 화사함을 비웃으신다. 그러므로 주(主)의 이름으로 자신들의 부(富)를 추구하며, 자신들의 방자한 탐욕을 주(主)를 구실로 삼아 정당화하려는 것은 주(主)를 지극히 욕보이는 짓이다.
24. 그리스도인은 하나님께서 명하시지 않은 것은 하지 않아도 된다. 그는 언제나 무슨 음식이든 먹어도 괜찮다. 그러므로 치즈나 버터에 대한 규정은 로마교회의 속임수이다.
25. 시간과 공간은 그리스도인들의 주관 아래 있지, 사람이 시간과 공간의 지배 하에 있는 것이 아니다. 그러므로 시간과 장소에 얽매인 사람은 그리스도인들의 자유를 박탈하는 것이다.

26. 하나님께서는 위선을 그 무엇보다도 불쾌하게 여기신다. 그러므로 사람들 앞에 보이기 위하여 행하는 것은 위선이요, 방탕이다. 수도복이니 종교적인 여러 표시들이나 삭발 관습 등은 다 정죄 받아 마땅한 위선이다.

27. 그리스도인은 모두 그리스도의 형제요, 서로 간에 형제이다. 지상에서는 아무도 아버지라고 불러서는 안 된다. 교단이나 종파나 형제단 등등은 정죄 아래 있게 마련이다.

28. 하나님께서 허락하셨거나 금하지 않으신 것은 모두 옳은 것이다. 따라서 혼인은 모든 인류에게 허락된 것임을 알아야 한다.

29. 성직자라고 하는 자들이 하나님께서 자신들에게 정결하게 살도록 명하신 것을 알면서도 혼인함으로써 안전을 도모하지 않고 어기면, 그것은 죄이다.

30. 독신 생활을 약속하는 사람들은 어리석거나 미숙하게도 너무 많은 짐을 진다. 그렇게 맹세한 사람들이 경건한 사람들에게 잘못을 범할 경우가 있음을 알아야 한다.

31. 어느 특정한 사람이 다른 사람에게 권징을 내릴 수 없다. 그러나 교회는 권징을 받아야 하는 사람이 그들의 파수꾼, 즉 목사와 함께 회중이 더불어 살고 있는 곳이므로 권징을 내릴 수 있다.

32. 공중을 해치는 자는 권징을 받아야 한다.

33. 불의하게 모은 재산이 성전이나 수도원이나 대성당이나 성직자나 여수도사에게 바쳐서는 안 된다. 그러나 만일 그것을 법적인 소유자에게 돌려 줄 수 없을 경우에는 가난한 사람들에게 주면 된다.

34. 소위 성직자인 교황과 주교들은, 성경과 그리스도의 가르침에 따르면, 거만하거나 교만한 권세를 부릴 근거가 없다.

35. 그러나 행정 당국자는 그리스도의 가르치심과 행하심에서 능력과 확신을 얻는다.

36. 세속의 당국자들이 영적인 권세를 가지고 재판을 하거나 법을 집행하고자 하며, 그들이 그리스도인 되기를 원한다면,

37. 모든 그리스도인들은 예외 없이 그러한 당국자들에게 복종해야 한다.

38. 그들이 하나님께 거스르는 명령을 하지 않는 한 말이다.

39. 그러므로 그들의 법은 하나님의 뜻과 조화를 이루어야 한다. 그래서 압제 받는 자를, 비록 그가 불평하지 않는다 할지라도, 보호해야 한다.

40. 당국자는 공중에게 죄를 범한 사람들에 한하여, 비록 하나님께서는 달리 명령하실 수도 있으나, 하나님을 노엽게 하지 않고 사형에 처할 수 있다.

41. 만일 그들이 하나님께 아뢰어야 할 사람들을 위하여 조언과 도움을 줄 수 있다면 그 사람들을 몸소 도와야 한다.

42. 그러나 만일 그들이 불신앙함으로 그리스도의 법을 어긴다면 그들은 하나님의 이름으로 처벌 되어야 한다.

43. 요약해서 말하자면, 하나님의 이름으로만 다스리는 사람의 영역이 가장 좋고 안정적이다. 그와 반면에, 자신의 뜻대로 다스리는 자의 영역은 가장 나쁘고 불안정하다.

44. 하나님께 진실하게 아뢰는 자는 사람들 앞에서 야단법석하지 않고 영과 진리로 불러 아뢴다.

45. 위선자들은 모든 일을 사람들에게 보이려고 하며, 이생에서 보상을 받으려고 한다.

46. 그러므로 예배하는 마음이 없이 보상만을 바라고 하는 교회 찬송과 호소는 사람들 앞에서 명예나 이익을 추구하는 것이다.

47. 사람은 그리스도인에게 죄를 범하거나 욕을 보이기 이전에 육체적으로 죽게 되어 있다.

48. 어리석음이나 무지 때문에 아무런 이유 없이 어려움을 당하는 사람

은 병들거나 쇠약해 있어서는 안 되고, 죄가 아닌 것을 죄라고 생각할 수 없도록 강건해야 한다.

49. 사람들이 성직자가 아내를 두는 것을 허락지 않으면서 매춘부와는 관계를 갖도록 허용하는 것보다 더 큰 잘못은 없다. 얼마나 부끄러운 일인가.

50. 하나님만이 그의 아들이시요, 홀로 우리 주이신 예수 그리스도를 통하여 죄를 사하신다.

51. 하나님께 드릴 영광을 빼돌려 피조물이나 하나님 아닌 것에게 주는 것이 정말 우상숭배이다.

52. 그러므로 성직자나 이웃에게 고하는 고백으로는 죄 사함을 받았다는 선언을 받을 수 없다. 그러므로 그들에게는 조언만 구할 수 있을 뿐이다.

53. 인간들의 지혜로부터 나오는 고행은 권징을 제외하고 죄를 사할 수 없다. 그것은 다른 사람들에게 위협이 될 뿐이다.

54. 그리스도께서 우리의 고통과 노역을 다 짊어지셨다. 그러므로 참회는 그리스도께 속한 것인데 누구든지 참회를 위해 고행을 하라고 하는 자는 잘못이고 하나님을 욕되게 하는 것이다.

55. 누구든지 참회하는 자에게 죄를 사할 수 있는 척하는 자는 하나님이나 베드로의 조사(助事)가 아니라 마귀의 조사이다.

56. 누구든지 돈을 위하여 죄를 사하는 자는 시몬과 발람의 친구요 사람의 탈을 쓴 마귀의 사자임이 틀림없다.

57. 참 하나님의 성경은 이생 후의 연옥에 관하여 전혀 모른다.

58. 죽은 자가 어떤 심판을 받는지는 하나님만이 아신다.

59. 하나님께서 그 일에 관하여 적게 알려 주시므로 우리는 더 알려고 해서는 안 된다.

60. 만약 누군가 죽은 자들을 염려하여 하나님께 그들이 은혜를 얻도록

구한다면, 나는 반대하지 않는다. 그러나 기한을 정하든지(죽은 사람의 경우 7년) 이익을 위해 거짓말을 하는 것은 사람이 할 짓이 아니고 마귀의 짓이다.

61. 사제가 말년에 축성을 받는 일에 관해서 성경은 아무것도 알지 못한다.
62. 더욱이 성경은 하나님의 말씀을 전하는 사제 이외에는 아무 사제도 알지 못한다.
63. 그들은 명예가 드러나야 한다고 명한다. 말하자면, 몸을 위해 음식을 제공 받듯이 말이다.
64. 자기들의 잘못을 깨닫는 사람들은 모두 고통을 겪지 않고 평화롭게 죽도록 허락받는다. 그 후 교회에 기증한 유산은 기독교식으로 처리된다.
65. 자기들의 잘못을 인정하려고 하지 않는 사람들은 아마도 하나님께서 다루실 것이다. 그러므로 그들이 악한 행위만을 일삼아온 사람들이 아니라면, 그들의 신체에 어떠한 폭력도 가해져서는 안 된다.
66. 고위 성직자들은 모두 즉시 내려앉아서 만장일치로 돈 상자가 아니라, 그리스도의 십자가만을 쳐들어야 한다. 그렇지 않으면 그들은 망할 것이다. 왜냐하면 나무뿌리에 도끼가 이미 놓여 있기 때문이다.
67. 누구든지 이자나 십일조, 세례 받지 않은 유아들이나 견신례에 관하여 나와 대화하기를 원한다면 나는 기꺼이 대답할 용의가 있다.

이 자리에서 궤변이나 인간적인 어리석은 논쟁을 하는 것은 바람직하지 않다. 그러나 성경으로 돌아와 성경을 재판관으로 받아들이면(제발 그러기를 바란다. 성경은 하나님의 영을 호흡하고 있으니), 여하튼 진리를 발견하게 될 것이다. 만일 발견하지 못하면, 바라건대, 유보하면 된다. 아멘.

하나님께서 다스리시기를 기원한다.

『67개의 조항』 해설

『67개 조항』은 교회 개혁을 촉진시키기 위하여 고안된 것이며, 교회의 전통적인 실행 가운데 드러난 어떤 특징들을 강력히 비판하는 등 주로 실천적인 문제를 다루고 있다. 『67개 조항』(1523)에 대한 츠빙글리의 해설서는 그의 가장 중요한 체계적 작품들 가운데 하나이다.[18] 이『67개 조항』은 루터의『95개 논제』와 유사하지만, 프로테스탄트적 확신에 있어서 상당히 진전된 내용을 담고 있다. 『67개 조항』은 유일한 구주이자 중보자이신 그리스도로 가득 차 있으며, 하나님의 말씀이 믿음의 유일한 법칙이라는 분명한 인식을 담고 있다.

『67개 조항』을 주제 중심으로 분류하면 다음과 같다. '하나님의 말씀의 역할에 대하여'(들어가는 말과 맺음 말), '복음에 관하여'(1-16항), '교황에 관하여'(17항), '미사에 관하여'(18-19항), '성자들의 중재에 관하여'(20-21항), '선행에 관하여'(22항), '성직자의 재산에 관하여'(23항), '음식 금지에 관하여'(24항), '축일과 순례에 관하여'(25항), '수도복, 종교적인 여러 표시들, 삭발 관습에 괸하여'(26항), '수도원과 종파에 관하여'(27항), '성직자의 결혼에 관하여'(28-29항), '순결 서약에 관하여'(30항), '파문에 관하여'(31-32항), '불법 재산에 관하여'(33항), '위정자들에 관하여'(34-43항), '기도에 관하여'(44-46항), '범죄에 관하여'(47-49항), '죄 사함에 관하여'(50-56항), '연옥에 관하여'(57-60항), '사제직에 관하여'(61-63항), '남용의 중지에 관하여'(64-67항).

『67개 조항』은 츠빙글리의 표현대로 전적으로 성경에 기초하고 있으므로 기독론적 특징을 지니고 있다. 『67개 조항』은 크게 두 부분으로 나

---

18 Ibid., 38.

뉜다. 1항에서 16항까지의 첫 부분은 신학적 기초를 놓고 있으며, 17항부터 67항까지의 두 번째 부분은 취리히 교회가 개혁해야 할 실천적 결론들을 제시하고 있다.[19] 제1항은 예수 그리스도께서 성경의 권위를 보증하시며, 이 사실이 성령에 의해 교회 안에서 확정된다는 점을 선언하고 있다. 제2항 이후, 모든 표명은 그리스도께 집중한다(2-4항, 18항 등).

타락 때문에 아담과 그의 후손들은 죽은 상태에 있다. 우리가 아담 안에 있고 아담이 우리 안에 있기 때문에 우리는 이러한 죽은 상태에 포함되어 있는 것이다. 이런 환경 아래에서, 율법을 어겨 정죄 받은 우리에게, 그리스도께서 우리를 대신하여 율법의 요구를 만족시키시어 우리를 위해 값을 지불하고 생명을 취득하신 사실을 배우는 우리에게 복음은 그 영향력을 행사한다. 정말로 이러한 상황으로부터 벗어날 수 있는 다른 길은 없다. 왜냐하면 "죽은 사람은 자기 스스로 생명에로 되돌아올 수 없기 때문이다." 여기에서 우리는 하나님의 자비를 본다. 우리는 죽음에로 정죄 받고 있으나, 그리스도께서 우리의 왕이요 우두머리이시기 때문에, 우리는 더는 우리 자신을 동정할 필요가 없다. 반대로, 우리는 기뻐해야 할 이유를 가진다. 이것이 복음은 구원에 이르는 하나님의 능력인 이유이다.[20]

『67개 조항』 모두(冒頭)에서 츠빙글리는 복음 자체가 무엇인지에 대해 잘 요약하고 있다(2항, 22항). 따라서 츠빙글리의 관점에서는, 복음이란 본질적으로 '그리스도 중심적'이다. 그리스도에 대한 이러한 집중은 그의 교회관에도 그대로 이어진다(9항, 10항).[21]

---

19 Jacques Courvoisier, *Zwingli: A Reformed Theologian* (Richmond, Virginia: John Knox Press, 1963), 38-40.
20 Ibid.
21 Ibid., 38-40.

츠빙글리는 그리스도의 최상의 지도적 지위를 강조하면서, 그리스도인들에게도 동일하게 적용되어야 한다고 믿었다. 즉 그리스도께서 우리의 머리이시면, 우리 모두는 동일하게 그 몸의 지체들이 되는 것이 필요불가결하며, 그 어느 지체도 다른 지체 위에 군림하는 지상권(至上權)을 주장할 수 없다는 것이다(27항, 34항 참조). 츠빙글리는 당시의 성직자들이 성경에서 그들에게 부여하지 않은 과도하게 높은 자리를 점유하고 있다고 믿었다(27항). 프로테스탄트 세계에서는 잉글랜드 성공회를 제외한 대부분이 츠빙글리의 이러한 관점에 동의한다.

그런데 17세기 중엽에 나온 『웨스트민스터 신앙고백서』(1647)는 죽은 자들을 위하여 기도하는 행위를 금지시키고 있는 데 반하여(제21장 4항), 츠빙글리는 다음과 같이 언급한다. "만약 누군가 죽은 자들을 염려하여 하나님께 그들이 은혜를 얻도록 구한다면, 나는 반대하지 않는다. 그러나 기한을 정하든지(죽은 사람의 경우 7년) 이익을 위해 거짓말을 하는 것은 사람이 할 짓이 아니고 마귀의 짓이다."(60항) 즉 죽은 자를 위한 기도를 거부하지는 않고 단지 이것을 교회에서 강탈의 기회로 사용해서 안 된다는 것이다. 환언하면, 기부를 하면 죽은 자들의 운명이 바뀌는 것인 양 가르치면서 이미 세상을 떠난 사람들과 관련하여 돈을 버는 행위를 비판하고 있는 것이다.

츠빙글리는 루터만큼이나 단호하게 다음과 같이 언급하고 있다. "하나님만이 그의 아들이시요, 홀로 우리 주이신 예수 그리스도를 통하여 죄를 사하신다."(50항) "그러므로 성직자나 이웃에게 고하는 고백으로는 죄 사함을 받았다는 선언을 받을 수 없다. 그러므로 그들에게는 조언만 구할 수 있을 뿐이다."(52항) 루터처럼, 츠빙글리는 참회와 면죄를 비난하지는 않았는데, 사역자들은 고작 상처 입은 심령들에게 그리스도의 이름으로 용서받을 수 있음을 확신시키면서 위로할 수는 있겠으나, 사역자들이 실제로 죄를 용서할 수 있는 능력을 가지고 있다고 주장하는 것은 부인했다. 전술한 참회의 행위에 동반되는 면죄에 대하여 츠빙글리는 그것이 비성경적일 뿐 아니라, 영적으로 해로운 것이라고 믿었다(54항).

또한 루터와 마찬가지로, 츠빙글리는 성경은 연옥 신앙을 지지하지 않는다고 믿었다. 그것뿐만 아니라, 츠빙글리는 "죽은 자가 어떤 심판을 받는지는 하나님만이 아신다"(58항)고 언급했다. 사후(死後)의 인간의 운명이 무엇인지에 대해서는 우리에게 알려지지 않고 있다는 것이다. 사랑하는 사람들이 연옥에서 벗어나도록 시도하는 것은 사후의 운명을 안다는 것을 전제로 하는 것이다.[22]

신학적인 내용 이외에도 츠빙글리는 16세기 초에 문제가 되는 어떤 남용(濫用)들에 대한 중지를 제안했다. 그는 면죄부 논쟁의 핵심이었던 돈으로 용서를 파는 것에 대해 명백하게 비난하였다(23항). 츠빙글리는 탐욕(貪慾)을 혐오했을 뿐 아니라, 그리스도인들이 가난한 자를 도울 수 있는 모든 일을 행해야함을 믿고 있었다(33항). 환언하면, 되돌려 줄 수 없는 도난당한 돈은 오로지 가난한 사람들을 위해서만 사용되어야 하며, 종교 기관을 위해서 사용되어서는 안 된다는 것이다. 이것은 우리가 교회 일을 행할 때 주의를 기울여야 할 매우 주요한 실천 원리임에 틀림없다.[23]

오늘날 츠빙글리하면, 가장 유명한 것이 성찬(聖餐)에 대한 그의 기념설(記念說)이다. 중세 가톨릭교회의 교리와는 달리, 츠빙글리는 성찬의

---

[22] Daniel Townsend, "what we can learn from the 67 articles of Zwingli," in https://lodeplus.com/what-we-can-learn-from-the-67-articles-of-Zwingli/2018.9.15.다운로드.
[23] Ibid.

요소들인 빵과 포도주가 그리스도의 몸과 피를 상징한다고 믿었지만,[24] 성찬 때 빵과 포도주가 실제로 그리스도의 몸과 피로 되지 않는다고 믿었다(18항). 그런데 츠빙글리는 성찬은 희생이 아니라 오히려 그리스도의 희생을 축하하는 것이라고 말하는 루터의 견해에는 동의한다. 그러나 츠빙글리는 그것이 기념이 된다고 믿는 반면에 루터는 그것이 희생 제물은 아님에도 불구하고 그리스도는 여전히 성찬식에서 떡과 포도주 "안에, 함께 그리고 아래에" 육체로 임한다고 믿었다. 츠빙글리 자신은 그 차이를 중요하지 않다고 생각하고 루터와의 교제를 원했지만, 루터는 그 차이를 본질적이며 타협할 수 없는 것이라고 생각했다. 다른 그 무엇보다도 바로 이 차이점이 프로테스탄트 진영을 개혁파와 루터파로 가르는 것이 되었으며, 그런 구분이 현재까지 지속되고 있다. 루터교를 제외한 프로테스탄트 세계는 성찬에 대한 츠빙글리의 모범을 따라왔다. 그런데 성찬을 거행할 때에 그리스도께서 영적으로 강하게 임재하신다고 가르친 칼빈의 견해는 츠빙글리 이후 세대를 지배하게 되고, 루터와 츠빙글리 사이의 중간 견해로 불린다. 그러나 루터교는 역사적으로 칼빈과 츠빙글리의 관점 사이에 그 어떤 실질적인 차이점도 감지하지 않고 있다.[25]

물론 우리는 츠빙글리를 완벽한 인물이라고 부를 수는 없다. 그 역시 16세기 그 당시의 몇 가지 특징적인 사각 지점을 지니고 있었다. 예를 들어, 그는 국가가 이단들을 처벌(심지어 처형)해야 할 의무가 있다는 것을 당연시했다(40항). 그럼에도 불구하고 츠빙글리는 우리가 많은 것을 얻을 수 있는 매우 교화적인 인물임에 틀림없다.

---

24 A. E. 맥그래스, 『종교개혁 사상입문』 박종숙 역(서울: 성광문화사, 1992), 201.
25 강경림, "츠빙글리의 종교개혁 사상의 특징", 『신학과 교회』 제6호(혜암신학연구소, 2016 가을), 91-122. 졸고(拙稿)에서는 츠빙글리와 칼빈과 루터 사이의 공유점과 다른 점들을 정리하고 있다.

마치며

이상에서 우리는 츠빙글리의 『67개 조항』이 스위스 종교개혁을 성공적으로 이끌어가게 되는 데 견인차 역할을 하게 된 것을 살펴보았다. '오직 성경으로'(Sola Scriptura), '오직 그리스도'(Solus Christus)로서, 츠빙글리는 오직 그리스도만을 통한 구원을 주장하며 로마가톨릭의 교리가 아니라 오직 성경말씀만을 주목할 것을 촉구함으로써[26] 성공적인 스위스 종교개혁의 과정을 밟아가도록 그 발판을 튼튼하게 놓는 일에 하나님의 쓰임을 받았다. 그러나 츠빙글리의 『67개 조항』이 단지 로마 교황주의 교회들을 향한 외침만이 아니라, 오늘의 한국교회를 향한 외침으로 들린다. 그리스도인들이 그리스도께서 우리의 머리이심을 고백한다면, 그 어느 지체도 다른 지체 위에 군림하는 지상권(至上權)을 주장할 수 없다는 외침을 백안시하면, 우리 개혁교회도 버림받는 개혁의 대상이 된다는 말이다. 츠빙글리가 지적하는 16세기 초에 문제가 된 어떤 남용(濫用)들에 대한 꾸짖음이 오늘의 우리에게 그렇게 낯설지 않다. 그가 면죄부 논쟁의 핵심이었던 돈으로 용서를 파는 것에 대해 명백하게 비난한 그 내용에서 우리는 과연 자유로울 수 있는가? 또한 츠빙글리는 탐욕을 혐오했을 뿐 아니라, 그리스도인들이 가난한 자를 도울 수 있는 모든 일을 행해야 함을 믿고 있었다. 그런데 우리는 지금 맘몬 즉 물신(物神)에서 자유로운가? 이것은 우리가 교회 일을 행할 때 늘 주의를 기울여야 할 중요한 실천 원리임에 틀림없다. 애국자 츠빙글리는 사랑하는 조국의 사회적, 정치적 여건들 위에 내리실 하나님의 심판에 대한 두려움의 발로에서 종교개혁자로 일어섰다고 한다. 우리가 지금 우리를 돌아본다면 동일한 전율

---

[26] 조용석, 『츠빙글리: 개혁을 위해 말씀의 검을 들다』(서울: 익투스, 2014), 42.

과 두려움을 체험하지 않는가? 아니면 이 시대의 요구에 장님과 귀머거리의 삶을 살지는 않은가? 우리가 빨리 일어나지 않으면 너무 늦어질 것이다.[27]

---

27 B. J. van der Walt, 140.

이 글은 〈신학지평〉 제 31집(2018)에 수록된 것을 요약한 것임을 밝힌다.

츠빙글리의 『목자』에 나타난 목회 윤리

이은선

　　올해는 츠빙글리가 개혁파 종교개혁을 시작한 지 500주년을 맞이하는 뜻깊은 해이다. 한국장로교회는 츠빙글리와 그의 개혁을 이어받은 칼빈의 개혁신학의 토대 위에 서 있는 교회들이다. 그러므로 츠빙글리의 종교개혁 500주년을 맞이하면서 한국장로교회는 츠빙글리와 칼빈의 종교개혁의 근본정신을 회복하고 목회자들의 올바른 목회 윤리를 재정립함으로써 한국교회가 갱신되어 새롭게 도약해야 할 중요한 계기를 맞이하고 있다. 한국 장로교회 목회자들의 윤리가 갱신되어 종교개혁의 근본정신이 회복되어야 할 절체절명의 위기라는 것은 여러 방면에서 나타나고 있다. 가장 심각한 것은 대형교회들의 목회자 세습을 둘러싼 갈등과 목회자들의 도덕적 실추와 여러 이단들과 안티 기독교 세력의 성장, 이 모든 것들의 영향 하에서 생겨난 한국장로교회를 비롯한 한국교회와 목회자들의 사회적인 신뢰도 저하이다. 이러한 여러 가지 문제 때문에 한국교회의 성직자들이 존경받는 영적 지도자의 위치를 유지하기 어려운 상황이다. 또 하나의 중요한 문제는 신학교에서 신학을 공부하는 신대원생들의 경우에도 목회에 대한 확고한 사명감을 가지고 목회 현장으로 나가는 학생들이 많지 않을 뿐만 아니라 신학교 입학생들 자체가 급속하게 줄어들고 있다는 사실이다.

이러한 한국교회 목회자들의 윤리와 관련한 여러 가지 문제가 제기되고 있는 상황에서 종교개혁이 일어나고 있을 당시 츠빙글리가 제시한 목회자 윤리가 무엇이었는지를 고찰하면서 오늘의 한국교회의 당면한 문제를 풀어가는 해법을 찾아보는 것은 소중한 의미가 있을 것이라고 생각한다.

본고에서는 츠빙글리의 설교인 목자를 분석하면서 다음의 세 가지 주제들을 중심으로 츠빙글리의 목회자의 윤리 문제를 다루어보고자 한다. 첫째로 츠빙글리가 이 설교를 했던 취리히 종교개혁의 상황을 제시하고자 한다. 둘째로 이 설교에서 제시된 목자상에 대한 내용을 분석해 보고자 한다. 셋째로 그러한 종교개혁자들의 목회 윤리의 실천을 토대로 한국교회 목회자들의 윤리 갱신의 방향을 제시해 보고자 한다. 한국장로교회가 다시 츠빙글리와 칼빈이 실천했던 목회 윤리를 회복하여 은혜의 복음이 힘차게 선포되어 다시 한 번 건강한 교회의 성장과 하나님께서 베풀어 주시는 영적 부흥을 맞이해야 하겠다.

츠빙글리의 목자 설교에 나타난 목회 윤리

목자 설교를 했던 시기 취리히의 종교개혁 상황

루터는 개인의 신앙의 자유를 주장했으나, 농민전쟁 이후에 영주국가 체제의 교회 제도를 수립했던 반면에, 츠빙글리는 교회와 국가를 통합하는 예언자적 신정정치를 통해 취리히 칸톤의 자유를 주장하였다. 츠빙글리는 목회자이면서 시 의회와 직접적인 협력을 통해 교회와 시를 함께 개혁하려고 하였고, 여기서 목회자의 복음적인 설교가 중요한 문제로 등장하였다.

『목자』는 츠빙글리가 취리히에서 진행된 2차 논쟁 기간이었던 1523년 10월 28일에 주교공의회에서 했던 아침 설교를 확장하여 1524년에 출판한 글이다. 츠빙글리는 목자를 통해 자신이 원하는 목회자상을 제시했는데, 1차 논쟁에서 제시했던 67개 조항 가운데 제62항에서 말한 바와 같이 목자는 말씀을 선포하는 사명을 가지고 있다는 것을 성경을 통하여 분명하게 논증하였다. 그는 이 글에서 로마가톨릭교회의 사제와 구별되는 개신교의 새로운 직제로서 '목자'를 제시하고 있다. 이 츠빙글리의 설교의 목적은 두 가지였다. 이날 설교에 참석한 회중은 두 부류로 구성되어 있었다. 한 부류는 츠빙글리의 종교개혁을 지지하는 세력들이었다. 이들은 이미 1차 논쟁에서 츠빙글리가 승리하였고 지금 다시 2차 논쟁이 진행되고 있었으므로 자신들의 개혁의 확산을 위한 좋은 기회로 삼고 이 논쟁에 참여하였다. 다른 한 부류는 츠빙글리의 종교개혁을 반대하는 가톨릭의 주교와 사제들이었다. 이들은 츠빙글리의 개혁 활동을 강력하게 비판하고 있었다. 이 설교 속에서 츠빙글리는 그들이 자신을 영혼의 살인자라고 비난하고 있다고 언급하고 있다. 이렇게 지지 세력과 반대 세력이 혼재된 약 350여명으로 구성된 성직자들에게 츠빙글리는 이 설교를 하였다.

따라서 이 설교를 할 때 그는 두 가지 분명한 목표를 가지고 있었다. 하나는 자신을 지지하는 성직자들에게는 그들에게 여러 가지 어려움과 심지어 생명에 대한 위협까지 있더라도 용기를 가지고 개혁을 추진하도록 격려하려는 것이었다. 그는 점차 복음적인 설교를 금지하고, 설교에서 사회적이고 경제적이며 종교적이고 정치적인 비판을 금지하는 등의 로마가톨릭교회의 반종교개혁적인 조치들이 내려지고 있는 상황에서 설교하였고 그 후에 설교를 글로 출판하게 되었다. 지지자들을 격려하는 내용은 바로 자신들의 역할이 예수님께서 감당하셨던 참다운 목자의 역할이라는 것이었다. 주님은 심지어 그 목자의 사역을 위하여 자신의 생명을 드리셨다. 그러므로 자신의 사역에 함께 하는 개혁자들에게 죽음을 각오하고 하나님의 진리를 따라 종교개혁을 추진할 것을 주장하였다. 츠빙글리가 말하는 목자의 가장 핵심적인 직무는 복음을 선포하는 것이었다.

그는 이 설교를 출판하면서 아펜첼러 주의 설교자인 야콥 슈르탄너에게 헌정하면서 복음은 확실하고 직설적으로 설교되어야 한다는 것을 말하고 있다(298). 당시 상황에서 제후와 고위정치가들이 현재 이들 고위성직자들에 부화뇌동하여 벌금 규정을 강화하여 부패 구조를 만들어내고 있으나, 하나님께서 진정한 주인이 누구인지 보여주실 것이다. 개혁이 진행되면서 제후와 권력자들의 부패 구조가 사라질 것이고, 제후들도 주교들 같이 모욕을 당할 것이다(300). 그는 슈르탄너를 다음과 같이 격려하고 있다. "내 사랑하는 야콥이여 용감하기 바랍니다. 당신을 이스라엘이라 부를 것이니, 절대로 굴복하지 마십시오(창 32:28). 우리는 동트는 아침까지 우리의 적들과 싸워야 합니다. 나는 하나님을 섬기는 당신의 열정이 복음을 믿는 사람들에게 생명의 향기(고후 2:16)가 된다는 말을 당신이 들을 때, 당신이 다시 용기를 낼 수 있도록 이 말을 하는 것입니다." 그리고 "슈르탄너, 아펜첼러 사람들이 하나님의 말씀을 들을 것을 기뻐하고 당신은 의심할 여지없이 하나님이 그들 가운데서 시작하고 완성할 훌륭한 작품입니다"(빌 1:6)라며 용기를 복돋우고 있다(301).

다른 하나의 목적은 츠빙글리는 이 설교를 할 때에 자신의 설교를 듣는 사제들과 주교들에게 타락한 교회의 길에서 벗어나 자신의 개혁의 길에 동참할 것을 촉구하였다. 츠빙글리는 로마교황권이 성경적인 근거가 없이 행사되고 있는 사실을 비판하였다. 츠빙글리는 당시 취리히에서 종교개혁의 원인이 되었던 사순절 기간 동안 고기를 먹지 못하도록 금지한 규정과 관련하여 1차 논쟁의 67개 조항에서 다음과 같이 지적한다. "그리스도인은 하나님께서 명하시지 않은 것을 행할 의무가 없다. 그들은 아무 때나 어떤 음식이든 먹을 수 있다. 그러므로 치즈와 빵에 대한 로마교황의 교서는 로마주의자들의 협잡(froud)임을 배운다." 당시에 교황의 교서들이 성경적인 근거가 없는 수많은 교회법 규정들을 만들어 사람들의 삶을 억압하면서 그러한 규정들을 근거로 사람들을 처벌하고 벌금을 매기고 있었다.

1523년 1월에 일어났던 1차 논쟁에서 츠빙글리 자신의 잘못을 아무도 증명하지 못하면서 진리는 분명하게 드러났다. 그러나 콘스탄츠 성당의 주임신부이며 박사학위를 가진 파브리는 츠빙글리를 영혼의 살인자라고 비난했다. 이와 같이 그의 반대자들은 생각을 바꾸지 않고 있었다. 그럼에도 불구하고 그의 목표는 그들의 생각을 돌려놓는 것이었는데, "채찍과 몽둥이를 가지고 그들을 대해야" 한다고 말하면서 그들의 "위선의 가면을 벗겨버리고 그들에게 진정한 진리를 보여"주고자 거짓 목자들에 대하여 강력하게 주장하고 있다. 그리고 자신의 그러한 개혁과 공격을 통해 그들의 "오만한 권력남용이 사라질 것이다"고 예언하고 있다(299). 그는 종교개혁을 반대하는 로마가톨릭 지지자들을 거짓 목자로서 명확하게 규정하면서 그들에게 자신들의 잘못을 내려놓고 종교개혁에 가담할 것을 촉구하였다. 더 나아가 관리들에게 이렇게 명백한 거짓 목자들을 할 수 있다면 그들의 자리에서 몰아낼 것을 주장하고 있다. 그는 이 논쟁의 진행을 통해 자신의 개혁을 반대하는 로마가톨릭교회의 사제들이 거짓 목자임을 분명하게 드러내서 시 의회의 관리들이 그들의 사역을 금지하도록 촉구하고 있었다. 따라서 이 글의 목적 가운데 하나는 거짓 목자들을 가려내어 성직에서 면직시키려는 것이다.(304)

"목자" 설교에 나타난 목자상

우리들의 목자직의 원형이신 예수 그리스도

츠빙글리는 종교개혁을 추진하는 자신과 동조자들의 사역의 원형과 모델을 구약의 예언자들과 신약의 예수 그리스도의 목자 직분에서 찾고 있다. 성경에서 목자와 목자가 인도하는 양들이란 하나님과 우리 사람들을 빗대어 말하는 비유이다. 구약성경은 불쌍한 우리 인간들에 대한 하나님의 예정과 인도하심을 항상 목자와 양의 그림으로 설명하고, 우리들의 구원자이신 예수 그리스도는 자신을 목자라고 말했다(요 10:11). 왜냐하면 예수 그리스도 자신이 진정한 하나님의 목장이고 초원이 되기 때문이다. 또한 예수 그리스도는 무지와 유혹이라는 인간적인 가르침의 어두운 창고에서 우리를 하나님의 지혜와 빛으로 이끌어 내며, 동시에 "하나님의 아들이 주는 자유"(롬 8:21)로 이끄는 인도자이며 목자이기 때문이다. 따라서 주님의 양떼를 돌보라고 부르심을 받은 모든 사람은 목자의 직분과 과제를 수행할 때 그 어떤 다른 것을 따라 행동해서는 안 되며 오직 진정한 하나님의 말씀이 말하는 모형을 배워야 한다. 목자의 직분과 과제는 진정한 하나님의 아들 예수 그리스도 속에 나타나 있으며, 비록 이미 많은 선배들이나 예언자들에게서도 완전하지는 않지만 분명하게 나타나 있다(303).

그러면 주님의 말씀을 통해 목자는 어떤 자세로 사명을 감당해야 하는지를 분석해 보자. 목자의 길을 가려면, 목자는 그의 길을 반대하거나 방해하는 모든 세력들과 결별해야 한다. 그것이 가족이라고 하더라도 심지어 목자의 부모라도 잘못된 길로 인도하려고 하면, 자신의 부모들과 싸워야 하고, 원수가 될 수도, 갈라설 수도 있어야 한다(마 10:34-37, 눅 14:26). 그리고 주님을 따라가려고 하면 자신을 부인하고 십자가를 지고 하나님만을 바라보며 주님을 따라야 한다(마 16:24-26; 눅 9:23-24). 이러한 목자는 자기의 십자가를 짊어져야 한다(306). 목자는 자기 자신을 포기하여 벗어버리고 오직 하나님만이 그 안에 거하는 사람이며(사 57:15), 하나님이 그를 통하여 말하는 사람이다. 그래서 예수님은 제자들에게 예루살렘을 떠나지 말고 성령을 기다리라고 말하였고(308), 그런 일이 일어나자마자 그들은 설교를 시작했다. 다시 말하면 목자는 하나님을 알고 그분을 전적으로 신뢰하는 믿음으로 양떼를 인도해야 한다. 목자는 예수님을 이 직분의 원형으로 삼고 자기를 부인하고 십자가를 지고 그를 따라가야 한다.

설교론

츠빙글리의 목자의 가장 중요한 역할은 복음을 선포하는 것이다. 츠빙글리는 취리히의 종교개혁자로 활동하면서 자신의 정체성을 성경말씀의 연속적인 강해(*lectio continua*)에서 찾았다. 그는 마태복음, 사도행전, 갈라디아서와 베드로전후서 등의 순서로 1525년까지 신약 전체를 강해하면서 교육목회를 통해 취리히 시의 개혁과 성도들의 삶의 개혁을 추구하였다. 츠빙글리의 개혁 활동은 성경말씀에 근거하여 진행되는데, 한 면에서는 루터와 연결되고, 다른 한 면에서는 그와 구별된다. 자신의 개혁 활동을 교황이나 교회의 전통을 완전히 배제하고 오직 성경에 근거를 두고 있다는 오직 성경(*sola scriptura*)의 측면에서는 루터와 동일하였다. 그러나 성경의 연속적인 강해를 통해 성경 전체를 강해하는 전체 성경(*tota scripta*)의 측면에서는 루터와 구별되었다. 루터는 성경 가운데 이신칭의를 명확하게 설명하는 성경을 중요하게 취급하였다. 그렇지만 츠빙글리는 성경 전체의 강해를 통해 하나님의 뜻을 깨달으며 취리히 교회와 도시 전체를 개혁하고자 하였다. 그러므로 츠빙글리는 하나님의 말씀인 성경의 설교를 통해 하나님의 뜻을 교육하여 교회와 도시의 개혁을 추진하고자 하였다.

그러한 가운데 그는 교황의 성경 해석권과 교회 전통의 권위를 주장하는 로마가톨릭교회가 그의 개혁 활동에 반대하여 충돌하는 가운데 수도원 제도의 개혁을 위해 도미니크 여자 수도원의 수녀들에게 1522년에 했던 "하나님의 말씀의 명확성과 확실성"이라는 설교에서, 하나님의 말씀은 성령께서 알려주실 때 누구나 명확하고 확실하게 깨달을 수 있다고 주장하였다. 그는 우리가 하나님의 형상으로 만들어졌다는 말의 의미에 대해 어거스틴의 견해에 동조하여 하나님의 형상은 인간의 영혼인데, "이 영혼은 서로 상이한 이성과 의지 그리고 기억력"이라고 해석한다(143). 하나님의 형상으로 만들어진 것은 또한 하나님의 찾고 그의 말에 귀를 기울이는 것으로 해석한다(144). 그러므로 우리의 영혼을 기쁘게 하고 확신을 주며 강하게 할 수 있는 것은 능력 있고 확실한 하나님의 말씀뿐이다(153). 그러므로 설교자는 이러한 말씀을 성령의 기름부음(요일 2:27)을 통해 확실하게 깨달아 복음을 바르게 선포해야 한다(177, 181). 그는 다시 62항에서 "성경은 하나님의 말씀을 선포하는 자들 외에 어떠한 사제에 대해서도 밝히지 않는다"고 하여 목회자를 하나님의 말씀을 선포하는 직분으로 정의하였다.

그는 "목자" 설교에서 다시 목자의 가장 중요한 사명을 복음을 설교하는 것으로 제시한다. 목자는 설교할 때에 그 모델도 역시 예수님이 되어야 한다. 목자는 예수님이 회개하라고 설교한 것같이 설교해야 한다(마 4:17). 첫째, 주님과 같이 설교하기 위해 목자는 구원의 복음을 선포해야 한다. 우리는 죽을 병을 얻었다가 건강하게 되었다는 것을 선포해야 하며, 구원만을, 복음만을 선포해야 한다(마 10:7; 막 16:15). 복음은 확실한 하나님의 은혜에 대한 복된 소식이기 때문이다. 둘째, 예수님과 같이 설교하려면 동시에 목자는 죄에 대한 분명한 인식이 있어야 한다(309). 설교자는 죄가 무엇인지 알고 그것을 명확하게 선포해야 한다. 죄에 대한 인식은 자기부정으로 인도하며 하나님의 은총만을 믿게 만든다. 하나님은 우리를 위해 자신을 주셨기 때문이다(롬 8:32). 셋째, 목자는 복음 선포의 결과를 알아야 한다. 복음의 선포의 결과는 죄에 대한 회개를 가져온다. 목자가 설교를 통해 죄에 대한 인식을 제공하면 듣는 자들은 그 결과로 죄에 대한 회개를 가져오게 된다. 넷째, 회개의 결과로 성화가 일어난다는 것을 알아야 한다. 구원의 은혜를 체험하고 난 사람들은 이제 바른 삶을 살아야 하고, 옛 사람을 벗고 하나님의 형상과 같은 새 사람을 입어야 한다(엡 4:24). 그들은 주님이신 예수님을 옷 입어야 하는데, 이 말은 주님이 사신 것같이 산다는 의미이다(310).

목회론

츠빙글리는 당시의 로마가톨릭의 성직자들과 대비되는 종교개혁 진영의 목자에게 가장 요구되는 것이 자신이 설교한 대로 살아가는 것이라는 것을 강조한다. 목자에게 가장 훌륭한 것은 그가 말로 가르친 것을 행동으로 사는 것이다(마 5:19). 그는 당시 로마가톨릭교회 성직자들의 위선적인 삶을 비판하고 있다. 당시 대부분의 수사들과 신학자들에게서 보는 것처럼 그들 속에는 엄청난 욕심이 숨겨져 있다. 그들은 수많은 시편을 웅얼거리며 외우고 다니지만 분명한 하나님 말씀을 내던져 버린다. 따라서 단순한 사람들은 모든 경우에 있어 그들의 위선적인 행동만을 배우게 된다. 그러나 그들은 내면적으로 그들 자신의 욕망을 그대로 가지로 살고 있으므로, 목자는 사람들이 만든 이론에 따라서 살아가면 안 되고, 그가 설교한 하나님의 말씀대로 살아야 한다(311). 우리의 완전한 모범이신 예수님은 어떠한 위선적인 행동도 하지 않는다. 따라서 우리들도 그 어떤 위선적인 행동을 해서는 안 된다. '하나님의 형상'이란 단어는 목자가 거듭나는 데 매우 중요하다. 목자는 성도들에게 그러한 것들을 가르쳐야 하지만, 가장 중요한 것은 목자가 스스로도 반드시 그러한 덕목의 삶을 살아야 한다는 것이다(312).

둘째로 당시의 고위성직자과 결탁한 군주와 제후들의 죄악상을 명확하게 공격해야 한다. 목자는 하나님의 말씀을 선포해야 하는데, 그들의 죄악 된 상황과 구원받은 것과 다시 병들지 않도록 하나님의 말씀만을 가르쳐야 한다(딤후 3:16-17, 313). 이것을 행할 때 첫째로 목자는 반드시 모든 사악한 행위에 대해서 냉정하게 공격해야 한다. 그리고 목자는 매우 교활한 이 세상 권력의 위협과 그 어떤 위협에도 흔들려서는 안 된다(렘1:9). 목자는 비록 매우 높다고 하더라도 하나님 말씀에 대항하여 높이 쌓은 모든 것을 완전히 무너뜨려야 한다(고후 10:4-5). 주님은 잘못된 가르침을 가르치는 사제들을 가장 강력하게 공격하였고 비난하였다(마 23:16-36; 눅 11:37-12:5). 당시의 군주와 제후들이 성직자들과 결탁하여 오히려 일반 백성들을 괴롭히며 헌금을 강요하고 있다는 것을 지적한다. 그러므로 우리는 이들을 보호하기 위해 그리스도를 쫓아가야 한다(316).

츠빙글리는 교황의 추종자들인 로마가톨릭의 성직자들의 부패상을 열거한 후에 우리가 이러한 자들로부터 그리스도를 본받아 괴로움을 당하는 양떼를 보호해야 한다고 말한다. 예수님은 "나는 양을 위하여 목숨을 버리러 왔다"고 말씀하시고(요 10:11) 실제로 그렇게 하셨다(317).

셋째, 백성을 괴롭히는 폭군들에 맞서 백성들을 보호해야 한다. 권력자들은 정의롭고 공정하기보다는 그들 밑에 있는 정직한 백성들을 괴롭힌다. 폭군들이 모든 신성한 인간적인 권리와 일반적인 윤리를 무시하고 백성들을 잔인하게 억누른다면 목자는 과감히 나가서 그를 보호해야 한다(318). 이 시대에 대해 츠빙글리는 "진실한 독자들이여! 하나님은 스스로 특별히 이 사악한 우리 시대에 놀라운 능력을 가진 자신의 말씀을 계시하려 매우 힘쓰고 있다고 생각하지 않습니까?"라고 질문한다. 츠빙글리는 당시의 타락한 로마가톨릭교회 속에서 일어나고 있던 자신을 중심한 종교개혁 운동을 하나님께서 "놀라운 능력을 가진 자신의 말씀을 계시하려고 매우 힘쓰신다"고 인식하고 있었다(319). 바로 자신의 설교행위를 통해 하나님의 말씀이 계신된다고 말한다. 그는 당시 개혁 활동에 대해 다음과 같이 평가한다. "그런데 최근에 우리에게서 초대교회 시대 이래로 한번도 없었던 일이 일어나고 있습니다. 곧 오늘날 능력 있는 하나님의 말씀이 도처에 퍼져 나가고 있습니다. 하나님의 말씀은 교활한 인간의 가르침을 사라지게 만들면서, 우리 모두를 구원하려고 합니다. 따라서 이 시대에 침묵하는 목자는 벌을 받을 것입니다." 츠빙글리는 당시를 하나님의 말씀이 역사하는 시대라고 보았다. 하나님의 말씀이 퍼져 나가면서 교활한 인간의 가르침을 사라지게 만들면서 우리 모두를 구원하려고 역사하시므로, 당시의 설교자들은 많은 반대와 박해를 만나더라도 침묵하지 말고 용기 있게 그 하나님의 말씀을 선포하라고 요구한다.

그러므로 고통 받는 이스라엘 백성들을 구하러 보냄 받은 모세와 사울 왕의 악한 행위를 책망한 사무엘과 같이, 목자는 왕이나 군주나 정치 권력자들의 바른 길에서 벗어나는 것을 보면 그냥 지나쳐서는 안 되며, 반드시 그들의 잘못을 지적해야 된다. 목자는 "사람에게 복종하는 것보다 하나님에게 복종하는 것이 마땅하다"(행 5:29)는 것을 명심하고 왕이나 권력자들을 두려워하지 말고 그들에게 말해야 한다(320). 츠빙글리는 종교개혁이 진행되던 당시 상황에서 종교개혁을 반대하는 세력들, 로마가톨릭교회와 세속 영주들 및 고위관리들의 반대와 박해와 핍박에도 불구하고 참된 목자로 부름 받은 개혁자들은 담대하게 그들의 잘못을 지적하는 말씀을 선포하라고 요구하고 있다. 여로보암 시대의 선지자와 아합 왕 때의 엘리야와 같이 목자는 당시 교회의 부패상을 분명하게 지적하며 자신에게 맡겨진 양떼들에게 말씀을 올바르게 전파하여 양떼를 보호해야만 한다(324). 그는 엘리야와 미가와 같은 예언자들을 예로 들면서 '목자는 모든 악에 대적해야 한다'고 강조한다(327). 츠빙글리는 목자의 사명을 논의할 때, 구약의 예언자들을 중심으로 논의하고 있다. 그들은 그 시대의 부패한 실상들을 하나님의 말씀을 가지고 지적하며 엄격하게 비판하였다. 그러므로 당시의 목자들인 종교개혁자들도 하나님의 말씀을 가지고 당시의 부패한 현실에 대하여 정확하게 인식하고 그들의 부패상을 공격하고 개혁하여 그것을 통해 백성을 보호하기 위해 담대하게 하나님의 말씀을 선포해야 한다.

목회자가 백성을 보호하는 직책이라는 츠빙글리의 이러한 발언은 당시 취리히에서 교회와 국가가 하나로 통합되어 있던 상황을 토대로 한 것이었다. 일반 권력자들이 자신의 권력을 남용할 경우, 그 점에 대해서 이의를 제기하기 위해 스파르타 사람들은 민선행정관이라는 직분을 뽑았고, 로마 사람들은 호민관을, 수많은 독일 도시들은 조합장을 뽑았다. 마찬가지로 하나님은 항상 살피는 일을 위해 자신의 국민 가운데서 공무원을 뽑았는데, 그들이 바로 목자이다(328). 그는 목자를 국민들을 보살피는 공무원으로 뽑았다고 말한다. 그런데 이 직무를 수행하려면 돌보는 일과 저항하는 일이 병행되어야 한다고 지적한다. 여기서 츠빙글리는 다시 목자는 예언자라고 말한다. 예레미야 선지자를 예를 들면서 하나님은 이 죄 된 세상을 경고하기 위해 항상 예언자를 보낸다고 지적한다. 목자의 사역을 폭군들로부터 국민들을 구하는 공무원의 사역과 비교한다. 그는 설사 국민을 보호할 세속 공무원들이 잠잔다고 하더라도 목자들은 깨어서 자신의 사역을 해야 한다고 지적한다. 예언자들과 같이 항상 깨어서 고위관리들과 제후들과 시의 관리들이 올바른 역할을 하도록 설교해야 한다.

그런데 목자가 이 세상의 높고 위대한 권위에 대항하여 개혁을 위해 싸워야 할 때, 목자에게 필요한 훌륭한 장비는 하나님에 대한 신실한 믿음과 그에 따른 용기이다. 그리스도인들의 무기는 성실한 노력의 마음을 가지고 하나님이 필요한 것을 공급하실 것을 믿고 믿음으로 나아가라는 것이다(329). 목자들의 방어무기는 영혼을 죽일 수 없는 사람을 두려워하지 말라는 주님의 말씀(331)과 세상을 이기었다는 승리자 예수의 모습이다. 우리가 그의 믿음직한 종이라면 그리스도는 우리를 위해서 세상을 이기실 것이다. 그는 목자의 죽음조차도 하나님에게 속하기 때문에 하나님은 죽을 때까지 나를 보호하신다고 고백한다(332). 하나님을 우리의 아버지로 여기므로 우리는 하나님을 사랑한다. 하나님 말씀이 당신을 속이지 않는다는 사실을 당신이 믿는다면, 하나님을 위해 죽는 것이 분명히 당신에게 가장 위대한 영광이 될 것이다. 그것이 하나님의 아들인 주님이 그의 하늘 아버지에게 돌린 바로 그 영광이다. 당신이 죽음을 두려워하지 않으면 않을수록 당신의 믿음은 더욱 강해질 것이다(333). 하나님의 보호하심에 대한 믿음과 용기는 함께 간다.

목자에게는 무엇보다도 사랑이 필요하다. 하나님의 목자는 하나님의 양을 번식시키고 돌보기 위해서 모든 것을 사랑으로 한다(334). 하나님은 사랑이시고, 사랑 안에 있는 사람은 하나님 안에 있고, 하나님도 그 사람 안에 있으므로(요일 4:16) 하나님이 목자를 사랑의 불 속에서 태우도록 하기 위해 목자는 항상 하나님을 불러야 한다(335). 하나님을 위한 목자의 사역에서 죽음이 요구될 때, 비록 우리의 육체가 죽음을 피하려고 무서워하더라도 보다 강한 믿음과 하나님의 사랑의 불로 감동된 목자는 그 길을 가게 된다. 그래서 우리는 하나님의 사랑이 반드시 필요하고, 그 사랑을 여기서 찾게 된다. 오직 하나님의 사랑만이 목자를 감동시킬 수 있고, 그때에야 비로소 목자는 자신을 기꺼이 부정하게 되며, 기꺼이 죽음에 자기 몸을 내맡기는 모습을 보여주게 된다(336).

목자가 받을 상

목자가 받을 상에 대해 주님은 박해와 함께 백배의 보상을 얻는다고 하셨는데, 이것은 바로 교회의 성장을 통해 영적으로 얻는 것이다. 주님이 주시는 이 보상은 육체의 편안함을 위한 것이 아니고, 오히려 목자가 해야 할 의무 때문에 목자에게 두려움과 걱정거리를 더 만들어 주는 보상이다. 박해의 약속은 순교의 현장에서 이루어진다. 박해에 대한 약속을 생각할 때 약속한 분을 분명히 알고 자신을 속이지 않을 것이라는 확신을 가질 경우에 그 하나님에 대한 믿음과 확신이 생기게 될 것이다. 그리고 그분에 대한 사랑이 따라오게 되어 있다(337). 믿음과 사랑이 이미 존재한다면 일에 대한 열정은 보상에 대한 기대감이 아니라 그들 내부에서 자연적으로 나오게 된다. 하나님의 아들이며 상속자인 사람들은 오직 아버지만을 곧 하나님의 영광만을 추구하게 될 것이다(338). 따라서 고난과 박해를 피하는 사람은 목자가 아니라 탈영병이다(350). 목자들에게 진정으로 필요한 것은 노예근성의 보상 심리에 근거한 신앙이 아니라 성령의 선물로서 하나님의 영광을 추구하는 자별적인 절대 순종이다.

거짓 목자들에 대해서

그는 1523년에 저술한 『하나님의 의와 인간의 의』에서 하나님의 종으로서 섬겨야 함에도 불구하고 오히려 권세를 가지고 지배하는 로마가톨릭의 성직자들, 수도사들을 강하게 비판하였다. 그는 "고위성직자들이 세속 권력자들로서 통치하기를 원한다면 그들은 더는 파수꾼을 뜻하는 예언자, 또는 주교라는 이름을 가질 수 없으며, 만약 그들이 복음의 선포자, 그리스도의 전달자 또는 파수꾼이기를 자처한다면, 그들은 다른 사람들을 지배해서는 안 된다"고 주장한다.

츠빙글리가 목자 설교에서 거짓 목자들에 대해 언급하는 것은 두 가지 목적을 가지고 있었다. 자신의 종교개혁을 반대하는 반대 세력들을 거짓 목자로 규정하고, 성경에 근거하여 거짓 목자들에게 어떤 일이 일어날 것인지를 설명하는 동시에 거짓 목자들에 대하여 강력하게 공격하였고 비난하였다. 이러한 경고는 그들을 돌이키려는 데 목적이 있었다. 둘째로 시 의회의 지도자들에게는 이러한 거짓 목자들의 폐해를 명확하게 인식시키면서 궁극적으로는 그들을 목회 현장에서 몰아내라는 것이다. 그들을 목회 현장에서 몰아내야 츠빙글리가 추구하는 개혁이 더욱 신속하게 진행될 것이기 때문이었다.

거짓 목자들이란 다름 아닌 거짓 예언자들이며 자신들의 이익 추구에 혈안인 사제들인데, 열매로 알려진다(마 7:15-6). 거짓 예언자들은 위장된 모습으로 다가오는데, 교황추종자들이 바로 이러한 거짓 목자들이다. 이들의 말은 늑대가 이빨을 드러내듯이 논쟁적이며 오직 교황에 대한 충성심만을 드러낸다. 그들의 말은 성직록을 수여하는 권리, 연금을 받을 권리, 또는 새로운 성직을 가진 사람에게 분담금을 요구할 수 있는 권리, 일 년 헌금을 인상할 권리, 성례전에 다시 참가할 수 있는 벌금을 인상하는 권리, 그리고 파문에 대한 벌금을 매길 수 있는 권리, 곧 온갖 쓰레기 같은 그들의 권리를 염두에 두고 하는 말이다. 이들은 진정한 회개는 묻지 않고 회개의 성례를 통해 돈을 요구한다(340).

츠빙글리는 이러한 거짓 목자들의 거짓을 분명하게 인식하고자 그리스도의 교회가 무엇인지를 설명한다. 그리스도의 교회란 그분의 말씀을 떠나서는 찾을 수 없다. 거짓 예언자들이 말하는 교회는 교황의 교회이거나 동호회에 불과하다(341). 그리스도의 교회는 믿는 사람들의 전체로서 또는 예수의 신부(행22:17)라고 고백할 수 있는데, 이는 하나님의 사람들이다. 첫째 교회라는 개념은 그리스도를 완전히 믿고 구원을 확신하는 모든 사람들을 위한 개념이다. 이것이 베드로가 신앙고백을 한 후에 주님께서 반석 위에 교회를 세운다고 한 말의 의미이다. 교회는 구원의 확신을 가진 믿는 사람들로 구성되어 있다. 당시 로마교회는 사람들이 구원의 확신을 가질 수 없다고 주장하면서, 그러한 구원에 대한 불안을 사용하여 사람들에게 다양한 방식으로 돈을 뜯어내고 있었다. 그러므로 로마가톨릭의 잘못된 교회관에 대항하는 성경적 교회의 가장 중요한 특성이 바로 구원을 확신하는 사람들로 구성되어 있다는 사실이다. 둘째 교회란 모든 개개의 교회 공동체를 말한다. 공동체나 모임은 모든 믿는 자들이 속한 하나의 교회에 해당하기 때문에 공동체 또는 모임이 바로 교회이다. 츠빙글리는 루터와 같이 교회는 로마가톨릭이 말하는 바와 같이 로마교황을 정점으로 하는 중앙집권화된 제도적인 교회나 성직자들의 위계질서로 구성된 가르치는 교회도 참다운 교회가 아니라 바로 믿는 자들의 모임이라고 정의한다. 믿는 자들의 공동체인 하나님의 교회는 하나님의 말씀으로만 양육된다. 그래서 그들은 하나님의 말씀이 어디서나 풍성하게 널리 퍼진다면 마치 그리스도인들의 분열이 생길 것처럼 불평해서는 안 된다(342). 츠빙글리는 종교개혁자들의 말씀의 선포로 로마가톨릭이 주장하는 것같이 하나의 교회가 분열되는 것이 아니라, 오히려 하나님의 말씀에 의해 세워지는 진정한 교회, 성도들의 공동체가 세워진다고 주장한다. 츠빙글리는 교황과 주교들이 말하는 교부들의 권위가 중요한 것이 아니라, "하나님의 말씀에 그 어떤 인간적인 첨가물이나 조작이 행해지지 않을 때만이 그리스도의 백성들은 정의롭고 바르게 살았다"고 강조한다(343). 교황주의자들은 성경 해석을 교부들과 연결시키는데, 오히려 "하나님의 말씀은 교부들의 말에 우선한다"는 것이 성경 해석의 원리이다.

교황주의자들은 목자의 위치를 강조하는데, 실상 이들은 늑대 가죽을 덮어쓴 자들이다(344). 사람들은 나무와 돌로 된 성인의 그림을 치장하는 것이 아니라, 살아있는 하나님의 형상인, 가난한 그리스도인들을 옷 입히는 것이 하나님을 영화롭게 하는 것임을 알아야 한다. 츠빙글리가 교회의 성상이나 성화를 반대한 것에는 두 가지가 중요한 이유였다. 하나는 제2계명에 위배되는 우상숭배라는 것이다. 하나님의 계명에 위배되기 때문에 성상과 성화를 제작해서는 안 된다는 것이다. 당시 로마가톨릭교회는 성상과 성화는 숭배(dulia)의 대상이지 예배의 대상은 아니라고 주장하였다. 그러나 당시 사람들은 그러한 성상과 성화를 예배하고 있었기 때문에 츠빙글리는 그러한 우상숭배의 행위를 엄격하게 금지하였고, 그러한 의미에서 성상파괴활동을 하였다. 둘째로 가난한 사람들의 구제를 위한 자금을 마련하려는 목적이었다. 당시의 로마가톨릭교회는 거대한 고딕 성당을 건축하고 그 성당을 조각이나 그림과 스테인드글라스의 장식으로 아름답게 치장하는 데 엄청나게 많은 돈을 사용하고 있었다. 그러므로 츠빙글리는 그러한 성상숭배를 금지하여 거기에 들어가는 비용을 그 도시의 가난한 사람들을 위해 사용하고자 하였다. 1522년에 사순절에 금육하는 것에 대한 반대에서도 금육에 대한 성경의 명확한 근거가 없기 때문에 시행하지 말라는 것이 가장 중요한 것이었고, 또 하나의 중요한 목적은 도시의 가난한 자들을 보호하려는 목적도 있었다. 부자들은 사순절 기간 동안 고기를 먹지 않아도 살아가는 데 문제가 없었지만, 노동으로 살아가는 사람들에게는 그나마 먹던 소시지도 먹지 못하게 금지하여 생활하는 데 어려움이 많았다. 그러므로 그는 가난한 자들의 삶을 보호하기 위하여 이러한 개혁 활동을 하였다.

거짓 목자를 통해 참 목자를 알게 된다. 그는 디도서 1:5-9과 디모데전서 3:1-7의 두 본문을 바탕으로 참다운 목회자들의 자격에 대해 논한다. 그리고 나서 바울의 글에서 분명하게 드러난 것은 성적으로 방탕하고, 결혼하지 않는 모든 사제는 거짓 목자라고 지적한다. 술독에 빠져 있거나 방탕한 사람들은 또한 거짓 목자들이며, 거짓말하는 허풍장이와 광신자는 거짓 목자이고, 가난한 사람을 보호해 주지 않는 사람들은 거짓 사제들이다. 십일조는 다른 용도가 아니라 일반 사제들에게 생계비를 지급하는 올바른 수단으로 선용되어야 한다. 교리에 대해서 아무것도 이해하지 못하는 사람들과 적대자들에 대해 적극적으로 강하게 대항하지 못하는 사람들은 목자라고 불릴 자격이 없다(347).

우리는 자기의 친척들을 부자로 만드는 행동들을 고위 주교들에게서 매일같이 보고 있다. 그들은 조작된 면죄부와 특혜, 그리고 법률 문서들을 통해, 또한 그 밖의 수많은 어리석은 행동을 통해 자신의 친척들이 커다란 부를 쌓을 수 있도록 돕고 있다(348). 거짓 목자들의 현저한 모습으로 권력을 탐하고 경제적 이익을 추구하는 데 혈안이라고 지적한다. 그런데 주님은 제자들에게 목회직 이외의 권력인 지팡이를 가지지 말라고 했으므로(마 10:9) 정치적 권력을 가진 사람은 목자가 아니라 늑대이다(351). 거짓 목자의 9가지 표지는 1) 하나님의 말씀을 가르치지 않는 자, 2) 하나님의 말씀을 가르치기는 하지만 자기 생각을 가르치는 자, 3) 자신과 교황권과 고위성직자들의 영광을 위해 하는 자, 4) 통치자들의 폭정을 방조하는 사제들, 5) 말씀의 내용이 행동으로 나타나도록 인도하지 못하는 자, 6) 가난한 자가 착취당하고 억압당하도록 버려두는 자, 7) 세상같이 지배하고 통치하는 목자, 8) 돈을 탐내는 목자, 9) 창조자에게서 피조물에게로 인도하는 자들이다(353-4).

츠빙글리는 당시의 교회의 부패상인 하나님의 말씀으로 꼴을 먹이지 않는 목자들, 우리의 죄를 세상 재물을 강탈하는 도구로 삼는 목자들, 거짓 목자들이 우리를 종으로 만드는 당시 시대 상황을 하나님이 우리를 심판하는 것이라고 해석하였다. 그러나 하나님께서 빛을 비추셨기 때문에 늑대들이 어디에 있는지 볼 수 있고 쫓아 버릴 수 있게 되었다. 그러므로 우리는 진리의 빛이 우리를 만들게 하여 당연히 우리는 진리의 짐을 두 배로 져야 한다(354).

거짓 목자들에게 거짓 목자의 목록 표를 알려주어 그것을 따르지 않게 해야 한다. 1) 기적과 표적을 일으키더라도 그것들보다는 하나님의 말씀을 더 신뢰하라는 것이다. 당시의 거짓 목자들은 사람들을 이방신에게 이끄는 자들로 도피처를 하나님이 아니라 피조물에게서 찾는 자들이다. 2) 교황추종자들은 교황에 대한 우상숭배로 사람들을 이끌고 있다. 그들은 그리스도의 가난을 조롱하고 있다(356). 교황의 추종자들은 그들의 우상, 곧 교황을 이 땅에 있는 하나의 신으로 부르고 있으며, 교황이 본질적으로 우리의 진정한 주인이고 그에게 하나님보다 더 많은 존경과 영광을 바치고 있다. 의심할 여지없이 교황은 오직 자신의 이성과 꿈을 의지하고 있으며, 그렇게 함으로써 하나님으로부터 멀어진 것이다(357).

이러한 거짓 목회자들을 어떻게 할 것인가? 그는 구약에서 하나님께서 거짓 선지자들을 죽이라는 말을 당시의 거짓 선지자들인 교황추종자들을 목회직에서 추방시키는 것으로 해석하며, 관리들에게 그러한 행동을 촉구하였다. 죽인다는 것이 곧 때려죽일 것같이 분노하는 것이 아니라, 그러한 일을 하나님께 맡겨야 한다고 츠빙글리는 주장한다(358). 하나님의 긍휼하신 심판에 그들을 맡기되, 그들의 말을 듣지 말아야 한다. 교회 공동체는 그의 잘못된 것을 알리고, 의사결정에 참여시키지 말아야 하며, 그렇게 되지 않을 경우 모든 구성원들이 모두 함께 그를 거부해야 한다. 칼을 차고 있는 사람은 신명기 13:5에서 말하는 것을 실행해야 한다. 칼은 가진 자들은 거짓 목자들을 제거해야 한다. 그렇지 않으면 하나님께서 심판하실 것이다(359). 우리는 힘이 있다면 그러한 거짓 목자들을 그 자리에서 몰아내야 한다(360).

그는 이 설교의 마지막 부분에서 선한 목자들에게는 하나님께 순종과 사랑을 약속했으므로 죽음을 무릅 쓰고 신실하게 개혁을 진행할 것을 요구하고 있다. 그리고 츠빙글리가 설교하던 현장에 있던 350여 명의 주교와 사제들에게 그들이 하나님의 말씀에서 떠나 거짓된 목자였다는 것을 인정하고, 이제는 백성들이 떠나고 있으니 올바른 선택을 하여 거짓된 과거의 길을 버리고 개혁의 길에 동참할 것을 요구하고 있다.

츠빙글리의 목회 윤리의 오늘의 현실에 대한 적용

츠빙글리는 목자 설교를 통해 당시 로마가톨릭교회의 사제들의 거짓 목자상을 비판하면서 종교개혁을 추진하는 개혁 진영의 참된 목자상을 제시하고 있다. 그는 이 목자 설교를 통해 목자의 가장 중요한 사명을 하나님의 말씀을 선포하는 것인데 로마가톨릭교회의 단편적인 편집한 본문의 설교가 아니라 전체 성경의 연속적인 강해로 인식하였다. 그는 어떠한 어려움과 방해세력이 있더라도 이러한 말씀 선교 사역을 끝까지 수행할 것을 요구하고 있다. 그는 목자들은 자신들이 설교한 대로 살아가면서 성도들과 교회와 시의 전체적인 개혁을 추진하기를 원했다. 동시에 목자에게 가장 중요한 것은 자신의 양떼를 목자의 심령으로 사랑하되 특히 권력자들로부터 가난한 성도들을 보호하는 책임을 다하는 것이라고 그는 말한다. 그는 반대 세력들의 거짓 목자로서의 실체를 명확하게 인식하고 그것을 비판할 뿐만 아니라 그들을 자신의 진영으로 끌어들이고자 노력하였다. 그의 이러한 노력을 통해 취리히의 개혁 활동은 지속적으로 추진되었고 그 영향력이 주변으로 확산되어 갔다.

이러한 말씀 선포자로서의 목자상에 대한 츠빙글리의 입장은 칼빈에게 그대로 계승되었다. 칼빈도 제네바에서 종교개혁을 추진하면서 목자로서의 목회자 상을 제시하면서 개혁을 추진하였다. 한 가지 달라진 점은, 목자들은 국가 공무원이지만 칼빈은 시 의회로부터 독립하고자 노력하여 독자적인 치리권을 가지게 되었다. 이들은 성경말씀을 깊이 있게 연구하여 설교하면서 개인의 생활뿐만 아니라 교회와 도시 전체의 개혁을 목표로 삼고 있었다. 그리하여 제네바는 거룩한 도시가 되었다.

오늘날 우리 장로교회들의 목회에서도 개혁자들의 이러한 목자로서의 상이 바르게 구현되어야 하겠다. 가장 시급한 문제는 목회자가 하나님의 말씀을 충실하게 설교하는 일이다. 츠빙글리와 칼빈이 했던 바와 같이 하나님의 말씀을 깊이 있게 연구하고 그들이 발전했던 복음의 진리의 말씀을 담대하게 선포해야 하겠다. 우리가 츠빙글리의 종교개혁 500주년을 맞이하면서 개혁자들이 선포했던 복음의 본질로 돌아가야 한다. 교회가 다시 살아나고 건강한 성장과 부흥을 하려면 하나님의 은혜의 복음의 본질을 회복해야 한다. 우리가 하나님의 주권적인 역사를 통해 구원의 역사가 확산되어나갈 것을 믿고, 구원의 은혜의 복음을 담대하게 전파해야 하겠다(행 20:24). 더 나아가 목사의 가장 중요한 사명은 말씀의 전체적인 설교를 통해 목사 자신의 삶과 성도들의 삶이 개혁되고 더 나아가 한국 사회에서 빛과 소금의 역할을 수행하는 것이다. 목회자들이 자신들이 설교한 말씀대로 살아서 성도들과 더 나아가 사회의 신뢰를 회복해야 한다. 목회자들의 말과 행동이 생명력이 있어 성도들의 영혼을 움직이고 사회의 건강한 여론을 선도할 수 있어야 하겠다. 하나님의 말씀의 능력을 신뢰하고 우리가 다시 장로교회의 생명력을 회복해야 하겠다.

츠빙글리의
"스위스 연방에 대한
간곡한 경고"에 나타난
신학이 한국교회에
주는 의미

안인섭

개혁교회의 선구자가 되는 츠빙글리(Ulrich Zwingli: 1484-1531)의 종교개혁 500주년을 맞아 필자는 별로 망설임 없이 츠빙글리의 "스위스 연방에 대한 간곡한 경고"를 선택했다.[1] 본 작품은 츠빙글리가 1519년 취리히 교회에서 종교개혁을 시작한 후 6년밖에 지나지 않았을 때 기록한 비교적 초기의 작품이다. 그래서 취리히 교회를 새롭게 하려고 했던 츠빙글리의 개혁신학의 기초와 초심을 이해하는 데 큰 유익이 있다. 무엇보다도 스위스의 종교개혁이 스위스 연방과 사회의 현실적인 상황을 향해서 무엇을 가르치고 있는지를 명확하게 알게 해 주는 본서를 통해서, 그리고 사회적 양극화와 무기력함에 빠진 한국 사회를 향해서 교회가 무엇을 어떻게 할 수 있는지를 잘 알려주기 때문이다. 본 논문에서는 독자들이 가능하면 츠빙글리 자신의 목소리를 생생하게 들을 수 있도록 적지 않은 츠빙글리의 직접 인용을 사용하고자 했다.

---

1 츠빙글리의 저작은 1995년에 독일에서 *Huldrych Zwingli Schriften I-IV*가 출판되었다. 이것은 한글로 번역이 되어 4권의 선집 형태로 2014년과 2015년에 걸쳐 출판되었다. 그 가운데 본 작품은 다음에 들어있다. 츠빙글리, 『츠빙글리 저작 선집 1』 임걸 역 (서울: 연세대학교 대학출판문화원, 2014), 365-381.

16세기 종교개혁, 스위스, 그리고 츠빙글리

16세기 초에 유럽에서 일어난 종교개혁 운동은 전체적으로 볼 때 자신의 교회론을 중세가 아니라 교부(Church Fathers)와 연속성 위에 수립하려고 했다.[2] 개혁주의 종교개혁의 경우 스위스 연방에 속했던 도시 국가들 중에서 로마가톨릭의 지배에서 벗어나려는 정치적인 경향과 맞물려서 진행되었다. 스위스 종교개혁은 세 시기로 구분될 수 있다.[3] 첫째, 독일어권 주에서 시작되어 발전한 츠빙글리의 종교개혁기(1516-1531), 둘째, 칼빈을 중심으로 프랑스어권에서 추진되었던 칼빈주의적 종교개혁기(1531-1564), 셋째, 취리히의 불링거와 제네바의 베자가 그들의 선임자들의 사역을 공고하게 확립했던 시기 등이 그것이다.

스위스 연방 가운데 가장 먼저 종교개혁이 시작되어 큰 영향력을 미쳤던 것은 취리히였으며 그 중심에 츠빙글리가 있었다. 취리히 종교개혁은 한 신학자의 신학적 논쟁이나 종교적 경험이 아니라 하나님의 말씀의 권위의 발견이었다.[4] 1519년 1월 1일에 츠빙글리가 *Lectio Continua*에 의해서 마태복음 1장부터 강해 설교를 진행하면서, 그는 성경에서 믿음(*fides*)으로, 그리고 은혜(*gratia*)로 점차 신학이 깊어졌다.[5] 츠빙글리에서 시작된 스위스 종교개혁은 루터를 포함한 다른 지역의 종교개혁과 마찬가지로 기본적인 16세기 신학에 있어서는 공통점을 공유하고 있었다. "오직 성경으로"라는 정신에 근거해서 루터와 마찬가지로 츠빙글리는 성경을 하

---

2 안인섭, 『칼빈과 어거스틴』 (서울: 그리심: 2007), 66-67.
3 필립 샤프, 『스위스 종교개혁』 박경수 역 (서울: 크리스챤 다이제스트, 2004), 25-27.
4 Peter Opitz, "The authority of Scripture in the Early Zurich Reformation (1522-1540)," *Journal of Reformed Theology* 5 (2011): 296-309.
5 Henk van den Belt, "Sola Scriptura: An Inadequate slogan for the authority of Scripture," *Calvin Theological Journal* 51 (2016), 210-211.

나님의 말씀으로 보았다.⁶ 츠빙글리에 있어서 성경은 처음이자 마지막이었고 최고의 권위를 갖는 것이었다.⁷ 그러나 동시에 전형적인 스위스라는 배경을 토대로 스위스 종교개혁 나름의 독특한 특징도 존재했다. 특히 그리스도의 왕국이란 교회와 시민사회 두 차원을 통합한다는 강조점이 그것이다.⁸ 츠빙글리는 이런 특징을 갖는 대표적인 개혁파 종교개혁의 출발점이었다.⁹ 기독교인의 공적인 삶을 위한 책임 의식은 오늘날 모든 국가에 여전히 영감을 주고 있다.¹⁰

츠빙글리의 생애는 다음과 같이 요약된다. 그는 1484년 1월 스위스 토겐부르크(Toggenburg)의 빌트하우스(Wildhaus)에서 출생했다. 바젤(1494)과 비엔나 대학교(1498)에서 수학하면서 인문주의적인 훈련을 받은 후에 다시 바젤(1502)로 와서 신학 석사(1506)를 받았다. 그 이후 글라루스(Glarus)에서 1516년까지 10년간 사제로 목양을 했으며, 이때 인문주의적인 신학 연구를 했다. 츠빙글리 자신이 1513년과 1515년에 용병으로서 이탈리아 원정 참여했다가 비극적 전투를 경험하고 나서 스위스의 죄악은 사회적 도덕심을 파는 용병임을 깨닫게 되었다. 그 이후 아인지델른(Einsiedeln)의 순례지 수도원의 사제로 임명되었다가(1516-1518), 1519년 1월 1일 취리히로 옮겨서 사역하게 되었다. 특히 이때 츠빙글리는 인문주의자들의 방법에 따라 성경 강해 설교를 하면서 종교개혁의 길로 나가

---

6   Mark D. Thompson, "Reformation Perspectives on Scripture: The Written Word of God," *The Reformed Theological Review* 57, 3 (1998), 112-115.
7   William Boekenstein, "Ulrich Zwingli on Sola Scriptura: The Clarity and Certainty of Scripture in Zwingli's Theology," *Puritan Reformed Journal* 10,1 (2018): 106-118.
8   에미디오 캄피, 『스위스 종교개혁: 츠빙글리, 베르밀리, 불링거』 김병훈, 박상봉, 안상혁 이남규, 이승구 공역 (수원: 합신대학원출판부: 2016), 15-21. 그리고 37-50.
9   제네바의 경우 스위스 연방 가운데서 가장 늦게 종교개혁 대열에 합류했고 프랑스 사람이었던 칼빈(Calvin)이 종교개혁을 완성해 가는 상황이었다. 제네바의 종교개혁은 다음을 보라. 안인섭, 『칼빈』 (서울: 익투스, 2015).
10 Gottfried W. Locher, "The change in the understanding of Zwingli in recent research," *Church History* 34, 1 (1965), 19.

게 되었다.

1522년에 취리히에서 인쇄업을 하던 프로사우어의 노동자들이 사순절 금식 기간에 소시지를 몰래 먹다가 발각되었는데, 츠빙글리는 인간의 규율이 하나님의 율법과 일치하는 것은 아니라고 변호하면서 종교개혁 무대에 본격적으로 등장했다.[11] 츠빙글리는 미신과 교회 지도자들의 착취 및 용병 제도에 분노하는 설교로 존경을 받게 되었다. 그의 경건과 학문의 수준도 그가 존경받는 이유 중 하나였다. 츠빙글리는 취리히 의회에 영향을 주어 1522년에 용병 제도가 폐지되도록 하기도 했다. 당시 취리히를 담당하던 콘스탄스 주교가 그를 주목하여 지켜보았지만 츠빙글리는 성경에 기초한 자신의 설교를 중단하지 않았다. 도시 국가 취리히는 계속 츠빙글리의 설교를 허락했고, 결국 취리히는 콘스탄스 교구, 즉 로마교회와 결별했다. 츠빙글리의 종교개혁은 스위스 연방의 각 주에 전파되어 큰 영향력을 끼쳤다.[12]

1531년에 스위스 연방의 5개 가톨릭 자치주가 취리히를 공격했고, 카펠(Kappel) 전투에서 츠빙글리는 전사했다. 이때 맺어진 카펠 평화조약 체결(Peace of Kappel)으로 인해 개신교는 전쟁 경비를 보상하되 각 자치주는 자신의 종교 선택권을 갖게 되었으며 그 이후 스위스의 자치주에서 개신교가 확고하게 자리잡을 수 있게 되었다. 츠빙글리 사후에는 그의 제자요 동료인 불링거(Heinrich Bullinger: 1504-1575)가 취리히의 종교개혁을 이어갔다.[13]

---

11 조용석, 『츠빙글리』(서울: 익투스, 2012), 39-41.
12 후스토 곤잘레스, 『종교개혁사』(서울: 은성, 2012), 83-90.
13 불링거의 취리히 종교개혁에 대해서는 다음을 보라. 파트릭 뮐러, 『하인리히 불링거』 박상봉 역 (수원: 합신대학원출판부, 2015).

『스위스 연방에 대한 간곡한 경고(1525)』에 나타난 츠빙글리의 종교개혁 사상

츠빙글리의 『스위스 연방에 대한 간곡한 경고』는 이보다 3년 전(1522)에 출판한 『슈비처 사람들에 대한 하나님의 경고』와 짝을 이루고 있다.[14] 당시 스위스 연방은 프랑스 왕의 전쟁에 개입했지만 실제로 참담하게 패배했다. 또한 스위스 연방 안에서 종교개혁을 처음 시작했던 취리히가 점차 스위스 연방에서 고립되고 있었다. 이런 역사적인 상황 속에서 츠빙글리는 본서를 기록하게 되었다.

1524년에 4월에 있었던 루체른 의회에서 취리히를 중심으로 진행되고 있었던 스위스 종교개혁에 반대하는 동맹이 형성되었다. 루체른 의회는 로마교회를 고수할 것이며 여기에서 이탈하는 경우에는 처벌한다고 결정했다. 이에 츠빙글리는 스위스 연방에 대해서 목소리를 높여야만 했고 그래서 이 글이 기록된 것이었다.

츠빙글리는 익명으로 이 논문을 작성했는데, 저술 동기는 "조국에 대한 나의 사랑과 애착"이라고 밝히고 있다. 비록 자신은 외국에 있지만 언제나 스위스 연방을 생각하고 있었다고 밝히면서 스위스 연방 시민들의 행복과 자신의 행복을 결부시키고 있다. 츠빙글리는 독자들이 저자의 정직한 마음을 잘 이해해주고 자신의 말에 귀를 기울여줄 것을 당부하고 있다.[15]

---

[14] 츠빙글리, 『츠빙글리 저작 선집 1』 임걸 역 (서울: 연세대학교 대학출판문화원, 2014), 107-133.

[15] 츠빙글리, 『츠빙글리 저작 선집 1』, 370.

이기심으로 외국인을 비판함으로 생긴 사회의 분열을 경고하면서, 스위스의 자유는 이들의 행복을 돕는다고 변호

과거에 외국에서 박해받았던 자들은 스위스에서 피난처를 찾았으며 스위스인들의 도움으로 자신의 상실했던 권력을 되찾을 수 있었다. 그러나 츠빙글리에 의하면 이런 취리히의 종교개혁 정신에 정면으로 반대되는 세력은 "악한 제후"들이었다. 그들은 스위스로 찾아온 외국의 사람들이 일하지 않고 화려하고 사치스러운 생활을 하면서 부자가 되려고 하고 있다고 모함했다. 그러나 츠빙글리는 "하나님이 주신 자유가 외국인들의 행복을 위해서도 도움이 되었다"고 하면서 취리히를 찾았던 외국인들을 변호했다.[16]

스위스 개혁교회의 신앙의 자유와 그들의 번영은 자신의 이기적인 욕심을 위한 것이 아니라는 점을 츠빙글리는 분명하게 밝히고 있다. 그러나 결과적으로 스위스 사회 안에는 제후들을 따르는 자들과 제후에 반대하는 그룹 간에 큰 사회적 갈등이 초래되고 말았다. 여기에 대해서 츠빙글리는 다음과 같이 한탄하고 있다.

> 이 결과 우리 사회에 커다란 갈등이 생기게 된 것입니다. 왜냐하면 아버지와 아들, 형제와 형제가, 그리고 동료와 친구가 서로 싸우게 되기 때문입니다. 하나님은 "그러나 어느 나라든지 서로 갈라지면 버티지 못한다(마 12:25)고 말했습니다. 우리 스위스 연방체도 그렇게 된다면 반드시 망하고 말 것입니다.
>
> 존경하는 여러분! 여러분은 내가 위에서 말한 상황에 이미 빠져있다는

---

16 츠빙글리, 『츠빙글리 저작 선집 1』, 371.

사실을 알지 못합니까? 이미 여러분 가운데는 자신만을 생각하는 이기심이 널리 퍼져있습니다. 그 결과는 싸움입니다. 그리고 그 싸움은 종말로 치닫고 있습니다.[17]

츠빙글리는 스위스 연방 안에서 이기심과 싸움이 서로 밀접하게 연결되어 있음을 지적하고 있다. 그리고 그는 결과로 스위스 연방에 비극적인 미래가 초래될 수도 있음을 적나라하게 언급하고 있다.

바라건대 여러분은 자신들의 이기심을 버리고 싸움을 멈추길 바랍니다. 그러면 하나님이 여러분을 도와주실 것이라는 소망을 보일 것입니다.[18]

츠빙글리는 이기심을 버리면 하나님이 도와주실 것이라는 소망의 방법을 바로 이어서 제시하고 있다. 그는 이기심에 압도되어 스위스 사회가 양분되어 싸우는 것을 중지하게 된다면 하나님이 스위스를 도울 것이라는 미래를 제시해 주고 있는 것이다.

뇌물과 방탕한 생활을 경고

츠빙글리는 이어서 스위스 연방의 시민들에게 뇌물을 받지 말 것을 당부하고 있다.

다른 사람들이 여러분처럼 뇌물을 받지 않으며 우리 연방을 위험에 빠

---

17 츠빙글리, 『츠빙글리 저작 선집 1』, 371-372.
18 츠빙글리, 『츠빙글리 저작 선집 1』, 372.

> 뜨리는 짓을 하지 않도록 여러분은 뇌물을 받지 마십시오. 여러분은 먼저 우리 연방의 안녕을 위해서 모든 것을 시도한 후에야 당신이 한 일을 내세울 수 있습니다.…사람의 마음과 우리의 계획을 다 아시는 하나님은 모든 재판관에게 다시 말하면 정치가들과 권력자들에게 뇌물을 받지 말라고 명령했습니다.[19]

그러나 스위스의 선조들은 성실한 삶을 살면서 독립을 쟁취했음을 환기시키고 있다.

> 우리 선조들은 1) 교만하고 부도덕한 귀족들을 몰아내었고 2) 열심히 일해서 먹고 살았고 3) 용감하게 싸워서 외국의 지배자들을 몰아내고 그들로부터 자유를 찾았습니다.[20]

츠빙글리는 스위스 연방의 선조들은 이런 삶을 용납하지 않았음을 환기시키면서 그 결과 스위스에 사악한 귀족들이 나타나지 않았다고 강조하고 있다.[21] 결과적으로 츠빙글리는 스위스 귀족들의 사치한 생활은 스위스의 본래의 국가 정신에서 일탈한 것임을 강조했다.

일확천금 정신을 배격하고 일상적인 산업을 중시

츠빙글리는 당시 스위스 연방의 사회적 풍토를 묘사하면서 스위스의 토지가 급진적으로 부를 가져다주는 작물을 재배할 수 없다고 해서 땅을

---

19 츠빙글리, 『츠빙글리 저작 선집 1』, 372.
20 츠빙글리, 『츠빙글리 저작 선집 1』, 372.
21 츠빙글리, 『츠빙글리 저작 선집 1』, 373.

놀리는 사고의 잘못을 예리하게 지적하고 있다.

> … 비록 우리 땅에서 버터와 계피, 생강, 말바지산 포도주, 향신료, 오렌지, 비단 등 특별하거나 사치스러운 농작물이 생산되는 것은 아닙니다.[22]

그는 스위스의 농토가 당시의 상황에서 급격한 부의 향상을 가져다주는 작물을 재배할 수 없는 환경이지만 그렇다고 해서 밭들이 무성하게 방치 해서는 안 되며 농사를 지으려고 해야 한다고 지적한다. 그는 면직물, 포도주와 곡식과 같은 일상적인 작물은 잘 자라나기 때문에 열심히 농사짓는 사람들이 더 많아야 한다고 강조한다.

이것은 츠빙글리가 경제 윤리에 대해서 중요한 지적을 한 것으로 평가된다. 땅의 경작이라는 것은 급격한 부를 축적하기 위한 수단이 아니라, 비록 큰 돈을 짧은 시간에 벌게 해 주지는 않더라도 인간적인 삶을 영유할 수 있는 평범한 농사를 지속해서 지어야 한다는 것이다. 그는 일확천금을 가져다주지 않는다 하더라도 인간의 기본적인 삶을 살게 해 주는 평범한 작물을 재배하는 것의 가치를 강조하고 있다. 그렇지 않을 경우 경제적인 순환이 막히고 이기적인 사고로 인해서 노동의 가치가 폄하될 수 있다는 것을 그는 지적한다.

노동의 신성한 가치

츠빙글리는 노동이 얼마나 신성한 가치를 가지고 있는지를 직설법적으로 설명하고 있다.

---

22 츠빙글리, 『츠빙글리 저작 선집 1』, 373.

노동은 선한 것이며 신성한 것입니다. 노동은 사람이 방탕하거나 타락하지 않도록 만듭니다. 또한 노동은 곡식을 생산하게 만듭니다. 우리는 노동을 통해서 생산된 그 곡식으로 건전한 양심을 가지고 먹고 살 수 있습니다.[23]

츠빙글리는 노동의 신성한 성격을 강조하는 문맥에서 당시 스위스 연방의 주요 수입원이었던 용병 제도의 죄성을 언급하고 있다.

우리는 '죄 없는 사람의 피 값으로 먹고 사는 것에 대한 두려움 없이, 그리고 양심에 더러운 오점을 남기는 것에 대한 두려움' 없이 건전한 노동을 통해서 생산된 그 곡식으로만 먹고 살 수 있습니다.[24]

츠빙글리에 의하면, 노동은 신성한 것이지만 그 노동은 정당한 노동이어야 한다는 것이다. 스위스 연방의 젊은이들을 용병으로 전쟁터에 보내서 그들이 피 값으로 버는 돈과 부는 정당하고 건전한 노동이 될 수 없으며, 이것은 곧 노동의 신성함을 강조하면서도 동시에 그 노동의 건전성을 강조하는 것이다. 이런 점에서 츠빙글리는 매우 균형 있는 사상을 가지고 있음을 알 수 있다.

츠빙글리는 노동에 대한 언급을 마무리하는 부분에서 육체노동의 가치를 강조하고 있다. 육체노동은 육신을 건강하게 만들 뿐 아니라 게으름에서 야기되는 육체적인 질병을 치료해 준다. 츠빙글리는 노동자의 손에서 여러 과일과 작물이 나타나는 것에서 노동하는 사람들은 마치 "하

---

23 츠빙글리, 『츠빙글리 저작 선집 1』, 373.
24 츠빙글리, 『츠빙글리 저작 선집 1』, 373.

나님과 비슷한 사람들"[25]이라고 까지 노동의 존엄함을 강조하고 있다.

용병 제도의 악함과 그로 인한 사회 분열에 대한 경고

츠빙글리의 "스위스 연방에 대한 간곡한 경고"의 세 번째 부분은 용병 제도의 죄성에 대해서 설명하면서 시작하고 있다. 츠빙글리는 스위스 연방의 역사를 보면 외국 세력이 스위스에 침입하지 못하도록 방어를 잘 해 왔었지만, 지금은 외국 세력이 돈을 가지고 들어오자 그 방어가 무너지고 있다는 것을 지적하고 있다. 그 결과 스위스의 부모들은 자녀들을 잘 키워 놓았지만 결국은 외국 군대에 용병으로 끌려가서 배고픔과 질병과 죽음을 통해서 시련을 당하게 되었다는 것이다.[26]

츠빙글리는 외국의 군대가 스위스 연방에 들어왔을 때 그 군대에 밀착해서 쉽게 돈을 버는 방법을 택했기 때문에 스위스 젊은이들이 값비싼 대가를 치루게 되었다고 말한다. 탐욕적인 용병 제도가 스위스 사회에 미친 악한 결과를 지적하고 있다.

츠빙글리는 용병 제도는 "이기적인 생각의 결과물"이라고 가르치고 있다. 용병 제도 자체에 대한 성경적이고 사회 윤리적인 고려와 스위스 연방의 젊은이들에 대한 애정 없이, 그 제도가 쉽게 돈을 벌게 해 준다는 탐욕에 의해서 이끌어 지는 것에 대한 안타까움을 호소하고 있는 것이다.

그러면서 츠빙글리는 이기적인 자들의 삶의 양태를 설명한다. 먼저 외국의 엄청난 부자들은 자신의 잘못을 스위스 연방의 일부 국민들에게 뇌물을 주어 덮게 한다. 그러나 시간이 흘러가면서 뇌물을 준 자뿐 아니

25　츠빙글리, 『츠빙글리 저작 선집 1』, 374.
26　츠빙글리, 『츠빙글리 저작 선집 1』, 374.

라 뇌물을 받은 시민들도 방탕하고 사치하게 된다. 결국은 뇌물을 받은 자는 뇌물을 사용한 자에게 종속된다. 다시 가난하게 된 뇌물 수수자는 어쩔 수 없이 부강한 외국의 용병이 되어 다시 전쟁에 나가게 되는 악순환이 된다는 것이다.[27]

젊은 스위스 연방의 용병이 고국으로 돌아오기를 바라지만 스위스의 지도자들은 그들이 돌아오지 못하도록 위협하고 있다고 그는 말한다. 또한 귀국한 군대 지휘관들은 전쟁을 반대하는 "복음적인 설교"를 비판하면서 신앙적인 주제로 분란을 일으키고 있다. 여기서 직접 츠빙글리의 소리를 들어보자.

> … 만약 그들의 의도대로 된다면 우리 연방체는 곧 붕괴되고 말 것입니다. 그들은 마치 서로 죽자 살자 서로 물어뜯고 싸우고 있는 쥐와 개구리들과 같습니다. 그들은 서로 싸울 때 자신들을 노리고 부리로 찍어서 둘 다 삼켜버리는 솔개가 있다는 사실을 생각하지 못하고 있습니다.[28]

츠빙글리는 이런 스위스의 사회적 혼란이 곧 스위스 연방의 붕괴로 이어질 수 있음을 경고한다. 츠빙글리는 쥐와 개구리와 솔개라는 동물의 예를 들면서 매우 현실적이고도 강력하게 스위스 사회 분열과 그 위기에 주목한다. 츠빙글리는 스위스 연방이 격렬하게 분쟁하다 피차 멸망하는 것보다 현실의 어려움을 인내할 것을 조언한다.

---

27 츠빙글리, 『츠빙글리 저작 선집 1』, 375.
28 츠빙글리, 『츠빙글리 저작 선집 1』, 377.

목회자는 신학적 진리를 추구하고, 국가 지도자는 신앙 안에 삶

츠빙글리는 스위스의 국가적 위기 상황을 향한 신학적이고 솔로몬의 재판과 같은 지혜로운 제안을 하고 있다. 츠빙글리는 먼저 신앙적이고 성례전과 관계된 문제는 국가의 통치자나 군인들이 결정할 문제가 아니라고 말한다. 목회자들이 바른 결정을 내릴 수 있으려면 신학적인 논쟁이 필요하다. 그러나 신학적 논쟁이 스위스 연방의 분열의 이유가 되어서는 안 된다는 것이 츠빙글리의 강조점이었다. 츠빙글리의 말을 들어보자.

> 여러분이 아니라 여러분의 목회자들이 신앙과 성례전에 대해서 논쟁하도록 하십시오. 그들은 단지 그런 논쟁을 통하여 바른 것을 분별하려는 것입니다. 그러나 그 논쟁들이 싸움이나 분열의 원인이 되게 하지 마십시오.

신학적인 문제는 목회자들이 진리를 위해서 논의해야 한다면, 스위스 연방의 국민들은 무엇을 어떻게 해야 하는가? 츠빙글리는 여기에 대해서 바로 이어서 다음과 같이 그 해답을 제시하고 있다.

> 오히려 여러분의 선조를 도왔던 옛날의 하나님을, 그리고 신실한 하나님을 믿고 사십시오. 또한 그 하나님의 뜻 안에서 살았던 여러분의 선조들처럼 그분 안에 머물러 있으십시오.[29]

---

29 츠빙글리, 『츠빙글리 저작 선집 1』, 377.

츠빙글리는 지금까지 스위스 연방을 도와주셨고 지켜주셨던 하나님에 대한 믿음 안에 시민들이 거할 것을 강조하고 있다.

이기적인 행동을 경고하고 사회의 평화를 강조

츠빙글리가 볼 때 스위스 연방을 허무는 가장 큰 적은 이기적인 사고방식이었다.[30] 그러나 그는 이기심을 버리고 스위스 사회의 평화를 가져올 것을 다음과 같이 강조하고 있다.

> 원래 작은 국가조직들이란 내부의 화합과 평화에 의해서 발전하는 것이지만, 서로 싸우면 망한다는 사실을 잘 생각하십시오. 서로 힘을 모으십시오. 오히려 외국 세력이 자기들끼리 싸우도록 만드십시오. 자세히 관찰하십시오. 외국 세력이 꾸미는 일에 끼어들지 마십시오. 왜냐하면 여러분은 악한 외국 세력이 자행하는 오만한 행동의 결과를 책임져야 하기 때문입니다.[31]

스위스 연방의 사회 구성원들이 개인적인 탐욕을 버리고 연방 내부의 화합과 평화를 도모하면서, 외세에 간섭을 막아낼 것을 권고하고 있다.

이기심을 회개하도록 경고

츠빙글리는 스위스 연방 안에 팽배하던 패배의식에 대해서 비판하면

---

30 츠빙글리, 『츠빙글리 저작 선집 1』, 377-378.
31 츠빙글리, 『츠빙글리 저작 선집 1』, 378.

서 회개가 선행된다면 사회적 문제를 해결할 수 있다고 강조했다.

그러나 다른 사람들은 '이제 스위스 연방체는 끝났다. 연방체가 형편없는 군대를 가지고 있는 프랑스 왕 편이 되었으니까, 이제 연방체는 곧 해체될 운명이다'라고 비웃고 있습니다. 그러나 나는 결코 그렇게 생각하지 않습니다. 왜냐하면 나는 하나님이 회개하는 사람들에게서 자신의 은혜를 거두어 들이지 않는다는 사실을 분명히 알기 때문입니다.[32]

실제 스위스 사회는 "뇌물로 인해 부패된 자들, 외세로부터 보조금을 수령하는 자들, 그리고 사악한 전쟁 노예들"에 의해서[33] 총체적으로 망가지고 있었다. 그러나 츠빙글리는 "더러운 돈 때문에 다른 주인을 섬김으로써 여러분의 영혼과 육체를 파괴시키지" 말 것이며, "여러분의 조국을 악랄한 폭군의 악에 던져 넣지 마십시오!"[34]라고 강조했다.

츠빙글리는 다음과 같이 자문한다.

만약 누가 '어떻게 우리가 다시 화합하고 평화롭게 살 수 있습니까?'라고 물어본다면, 그 물음에 대한 나의 대답은 "자기중심적인 이기심을 버릴 때입니다"라고 대답할 것입니다. 왜냐하면 이기심만 없어진다면 우리 연방 공동체는 단지 계약 공동체가 아니라 형제사랑으로 뭉쳐 있다고 말할 수 있기 때문입니다.[35]

---

32 츠빙글리, 『츠빙글리 저작 선집 1』, 378.
33 츠빙글리, 『츠빙글리 저작 선집 1』, 379.
34 츠빙글리, 『츠빙글리 저작 선집 1』, 379.
35 츠빙글리, 『츠빙글리 저작 선집 1』, 379-380.

츠빙글리는 스위스 연방이 자기중심적인 탐욕을 제거하고 형제애로 뭉치게 되면 스위스 연방은 다시 평화롭고 화평하게 살 수 있다고 강조한다.

스위스 연방을 구할 길은 하나님의 말씀을 경청함

본서를 마치면서 츠빙글리는 간곡하게 결론적인 제안을 하고 있다. 스위스 연방을 구할 길은 하나님의 말씀의 신실한 선포와 그 말씀을 경청하는 것이라고 아래와 같이 선언하고 있다.

> 만약 여러분이 그 이기심이 사람의 마음에서 없어지기를 원한다면, 하나님의 말씀이 여러분에게 진실하게 선포되게 만드십시오. 하나님이 없는 마음에는 오로지 인간만 존재합니다. 그리고 인간만 존재하는 곳에는 오직 자신의 이익과 향락만을 추구하는 것만이 있게 됩니다. 그러면 사람들은 서로가 서로를 속이게 됩니다. 그러나 마음에 하나님이 있는 사람은 오직 하나님이 원하는 것만 하게 되며, 하나님의 영광과 이웃에게 이익이 되는 것만 추구합니다. 그리고 그가 말하는 것에는 오직 하나님의 뜻만이 나타납니다.[36]

이기심을 버리고 하나님의 영광을 구하고 이웃을 유익하게 하기 위해서는 하나님의 말씀이 선포되어야 한다. 특별히 사회 안에서 하나님의 뜻이 이루어지고 평화로운 삶을 살기 위해서는 "왜곡되지 않고 원래의

---

[36] 츠빙글리, 『츠빙글리 저작 선집 1』, 380.

뜻대로" 선포되어야 한다는 것이다.[37]

츠빙글리는 결론적으로 하나님의 말씀이 선포되었을 때 왜곡된 교회의 권력과 성직자들의 사치가 어떻게 될 지 판단해 보라고 권면하고 있다.

> 오히려 하나님 말씀이 여러분 가운데서 어떻게 역사하는지 판단을 내려 보십시오. 곧 그렇게 하나님의 말씀이 선포되면서 하나님의 영광이 드러났는지, 사람들의 양심에 영향을 끼쳤는지, 또는 기존 교회의 권력이 그리고 사제의 화려함이 그대로 유지되고 있는지 아닌지 여러분이 판단해보시기 바랍니다. 만약 여러분의 말씀이 하나님의 영광을 드러냈는지, 그리고 영혼을 구원하는 데 도움이 되었는지 분명히 보았다면 그것을 더욱 발전시키십시오. 이 사람 저 사람이 말하는 것에 신경쓰지 마십시오.[38]

츠빙글리는 하나님의 말씀이 바르게 선포되어야 하며 사람들의 말에 신경을 쓰다가 왜곡되지 않아야 한다고 강조한다. 그러면서 츠빙글리는 희망적인 미래의 다짐으로 다음과 같이 자신의 책을 마치고 있다.

> 여러분 가운데 하나님을 두려워할 줄 아는 훌륭한 사람들이 많이 성장하고 있습니다. 비록 악마는 시기하여 여러분을 죽이려고 하겠지만, 여러분은 하나님을 두려워함으로 조국을 지켜낼 수 있을 것입니다. 왜냐하면 하나님을 두려워하는 곳에 반드시 하나님의 도우심이 있기 때문

37　츠빙글리, 『츠빙글리 저작 선집 1』, 380.
38　츠빙글리, 『츠빙글리 저작 선집 1』, 380-381.

입니다.[39]

어떤 사회적 역사적 상황 가운데도 하나님을 두려워하는 자들에 의해 스위스 연방은 지켜질 것이라는 점이다. 왜냐하면 하나님이 그들을 도울 것이기 때문이다. 그러면서 그의 마무리는 아래와 같이 "하나님의 말씀에 귀를" 기울이라는 것이었다.

> 따라서 하나님의 말씀에 귀를 기울이십시오. 왜냐하면 하나님 말씀만이 여러분의 앞길을 인도하실 것입니다. 내 경고를 진심으로 받아들이십시오. 이 경고는 내 마음에서, 그리고 친구 간의 진심어린 우정에서 나온 것입니다.[40]

결국 츠빙글리가 스위스 연방을 향해서 간곡하게 경고한 것은 하나님의 말씀을 귀담아 듣고 순종하라는 것이었다. 그리고 츠빙글리는 위협이 아니라 진심어린 우정을 가지고 하고 있다고 마무리한다.

한국 교회를 향한 츠빙글리의 설교

츠빙글리의 이 저술은 그가 선구적으로 추진했던 종교개혁이 취리히 교회뿐만 아니라 전체 스위스 연방의 사회적인 문제까지 연결되는 포괄적인 것이라는 점을 잘 알려주고 있다. 따라서 이 책은 오늘날 한국 사회가 겪고 있는 다양한 문제와 도전에 대해서 한국 교회가 어떤 방향을 제

---

39 츠빙글리, 『츠빙글리 저작 선집 1』, 380-381.
40 츠빙글리, 『츠빙글리 저작 선집 1』, 381.

시해 줄 수 있는지를 잘 가르쳐주고 있다. 츠빙글리는 이 책에서 스위스 연방이 겪고 있는 모든 문제를 해결할 수 있는 기본 출발점이 이기심을 버리고 회개하는 것이며, 그 결론은 하나님의 말씀에 귀를 기울이고 순종하는 삶을 사는 것이라고 말한다. 그래서 츠빙글리는 반드시 하나님의 소명이나 교회 공동체의 위임이 설교자에게 있어야 한다고 보았다.[41] 현대 한국 교회와 사회의 총체적인 문제 해결이 어디에서 시작되어야 하는지를 츠빙글리는 본서를 통해서 너무나 명확하게 가르쳐 주고 있는 것이다.

여기에 한국교회가 배울 점들이 있다. 츠빙글리는 스위스 개혁교회의 신앙의 자유와 그들의 번영은 자신의 이기적인 욕심을 위한 것이 아니라는 점을 분명하게 밝히고 있다. 츠빙글리의 이 안타까운 하소연을 들으면, 마치 츠빙글리가 21세기 한반도를 향해서 설교하고 있는 것 같다. 한국 사회 안에 존재하는 양극화와 사회 계층의 분열은 심각한 수준이다. 남북한의 관계가 호전되기 이전이나 혹은 그 이후에나 북한과 탈북민을 향한 남한 사회의 시선은 늘 따뜻하지 않았다. 한국보다 부강하지 못한 나라에서 한국을 찾아오는 외국인들에 대해서 한국 사회는 냉정하다. 그러나 츠빙글리에 의하면, "하나님이 주신" 한국의 "자유가 외국인들의 행복을 위해서도 도움"이 된다고 고백할 수 있어야 한다.

츠빙글리에 따르면, 한국 사회와 교회를 멍들게 하는 불의한 생활 관습들이 개혁되어야 한다. 한국 사회에 만연한 일확천금 사상과 노동 경시 풍조가 배격되어야 한다. 한국 교회의 목회자들은 물신 숭배적인 설교가 아니라 바른 신학에 근거한 순수한 말씀을 선포해야 하며, 사회의

---

41 Iren L. Snavely, Jr., "Huldrych Zwingli and the preaching office," *Fides et Historia* 25 (1993), 44-45.

지도자들은 그 복음의 말씀에 순종하면서 신앙 안에서 건강한 사회적 삶을 살아야 한다. 결론적으로 한국 교회와 사회를 구할 길은 츠빙글리가 말한 것처럼 하나님의 말씀을 경청하는 삶이다. 이것이 스위스 종교개혁 500년이 우리에게 주는 값지고 고귀한 선물일 것이다.

츠빙글리 말년의 신학:
『신앙해설』을 중심으로

황대우

츠빙글리는 루터와 더불어 1세대 종교개혁의 대표적인 인물이다. 16세기에 루터의 비텐베르크와 츠빙글리의 취리히는 모두 도시로 분류되지만, 전자는 독일 작센의 강력한 통치자 선제후의 지배 아래 있었던 반면에 후자는 통치권이 시민들, 즉 해마다 시민들이 선출하는 시정부 인사들에게 있는 칸톤(canton)이었다. 이와 같은 정치 구조의 차이는 독일 종교개혁과 스위스 종교개혁, 즉 루터교회 종교개혁과 개혁교회 종교개혁 사이의 차이를 이해하는 데 아주 중요하다.[1]

오늘날 종교의 자유는 순전히 개인의 자유에 속한다. 이런 의미의 자유란 16세기에는 존재하지 않았다. 당시 종교의 자유는 개인의 의지에만 달린 문제가 아니었다. 왜냐하면 16세기 유럽에서 종교는 기독교 하나뿐이었고 기독교를 거부한다는 것은 곧 죽음을 의미하는 것이었기 때문이

---

[1] 참고. Bernd Moeller, *Reichsstadt und Reformation* (Berlin: Evangelische Verlagsanstalt, 1987). 영어 번역은 다음 참조. *Imperial Cities and the Reformation*, ed. & trans. by H. C. Erik Midelfort & Mark U. Edwards, Jr. (Durham: Labyrinth Press, 1982). 독일어 원서에는 저자의 서문과 논문 3편, 그리고 논문에 대한 후기가 첨부되어 있는 반면에, 영어 번역은 편집자의 서문과 더불어 저자의 논문 3편만 번역되어 있다. 여기서 저자 묄러는 중세적 전체주의에서 개별적 국가주의로 정치체제가 전환되는 시기였던 16세기에 구원과 신앙을 개인의 문제로 본 루터의 견해와 그것을 도시 전체의 문제로 본 츠빙글리와 부처의 견해를 구분하고 전자를 근대적 정신으로, 후자를 전근대적 정신으로 분류한다. 하지만 이와 같은 대조 방식과 결론은 정치 역사의 구도와 흐름에는 부합하는 것으로 보이지만 종교개혁자들의 신학, 특히 구원론에 부합하지 않는다는 것이 문제다.

다. 당시 유럽 사회는 기독교의 하나님을 정점으로 형성된 기독교공동체(corpus Christianorum)였다. 그래서 신성 로마 제국이라 부르는 것이다.

신성 로마 제국에서는 반역죄보다 더 심각한 범죄가 하나님을 모독하는 것이었고, 신성모독죄 가운데 최고의 중범죄는 기독교의 삼위일체 하나님을 부인하는 행위였다. 그러므로 세르베투스처럼 삼위일체 하나님을 부인하는 사람에 대한 화형은 16세기 유럽 사람들에게 지극히 당연하고 상식적인 일이었다. 이것은 종교를 개인의 선택적 자유라고 규정하는 현대적 개념이 존재하지 않았다는 강력한 증거다.

그렇다고 16세기가 구원이란 개인적인 것이 아닌 집단적이라고 가르쳤던 시대는 아니었다. 성인숭배와 연옥의 교리를 가르친 중세조차도 집단적 구원을 가르치지는 않았다. 기독교의 구원은 성경의 가르침에 따라 개인적인 것이다. 중세교회는 구원이 개인의 선행 즉 공로에 달린 것이라고 가르친 반면에 종교개혁자들은 그 구원이 그리스도의 공로와 그것을 믿는 개인의 믿음에 달린 것이라고 가르쳤다.

믿음으로만 의롭게 된다는 이신칭의 교리는 모든 종교개혁자들의 공통 신학이다. 기독교 교리의 역사에서 이신칭의는 종교개혁을 통해 비로소 구원론의 핵심 교리가 되었다. 이신칭의 개념은 루터가 발견한 종교개혁의 산물이다. 그것은 루터 신학의 핵심일 뿐만 아니라 츠빙글리 신학의 핵심이기도 하다. 하지만 1520년 중반부터 시작된 성찬 논쟁을 통해 성찬론뿐만 아니라 기독론에서도 루터와 츠빙글리는 각기 다른 길을 갔다.[2]

---

[2] 성찬 논쟁의 역사와 관련하여 두 종교개혁자의 신학적 차이점을 가장 학문적으로 잘 제시한 것은 발터 쾰러의 저술이다. Walther Köhler, *Zwingli und Luther: Ihr Streit über das Abendmahl nach seinen politischen und religiösen Beziehungen* II. *Vom Beginn der Marburger Verhandlungen 1529 bis zum Abschluß der Wittenberger Konkordie von 1536* (Gütersloh: C. Bertelsmann Verlag, 1953).

츠빙글리 신학의 근본 토대는 "하나님의 주권"이다.³ 즉 "츠빙글리 신학의 중심은 하나님, 즉 그리스도와 대립적인 하나님이 아니라, 하나님이 아닌 모든 것과 대립되는 하나님이시다."⁴ 루터 신학이 이신칭의라는 점에서 루터는 인간에게서 출발하지만, 츠빙글리는 "이러한 최고의 신적 존재가 바로 나의 하나님이시다"라고 고백함으로써 하나님 자신을 신학의 출발점으로 삼는다.⁵ 한마디로 츠빙글리 신학의 중심은 삼위일체 하나님이시다.⁶

과연 이와 같은 츠빙글리의 핵심 사상이 생애 말년까지도 유지되는 것일까? 또한 그의 성찬론 역시 변함없는 것일까? 이런 점들을 확인하기 위해 본 논고는 츠빙글리의 생애 말년에 작성된 신앙고백적인 글, 『신앙의 해설』(*Fidei ratio*)⁷의 작성배경과 신학적 내용을 분석하고 평가할 것이다. 이런 분석을 통해 츠빙글리 말년의 신학이 어떤 내용인지 간단하게

---

3 스티븐스, 『츠빙글리의 생애와 사상』, 박경수 역 (서울: 대한기독교서회, 2007), 30.
4 W. Peter Stephens, *The Theology of Huldrych Zwingli* (Oxford: Carendon Press, 1986), 80: "The centre of Zwigli's theology is God —not God as opposed to Christ, but as opposed to all that is not God."
5 Walter Köhler, *Hvldrych Zwingli* (Leipzig: Koehler & Amelang, 1954²), 223: "'Dieses höchste göttliche Wesen, das mein Gott ist', der Gott der Vorsehung, der weise kluge, über das kosmische All disponierende Gott, und mein Gott, der mich in Christus erlöst hat—… Von der Rechtfertigungslehre, Luthers Herzstück, sagte Zwingli nichts. Verleugnet war sie darum nicht, aber sie paßte nicht in den Rahmen, sie schaute von Menschen aus, Zwingli von Gott aus – ein Unterschied lutherischer und reformierter Religionsbetrachung auch sonst."
6 참조. Gottfried Wilhelm Locher, *Zwingli's Thought: New Perspectives*, trans. Milton Aylor & Stuart Casson (Leiden: E.J. Brill, 1981), 168-180. 특히 230: "The characteristics of the Zurich reformation are as follows: a theocentric and theocratic way of thinking combined with a pneumatological Christology;…"
7 여기서 '해설'로 번역된 라틴어 '라티오'(*ratio*)는 '이유, 설명, 법칙, 계산, 이성' 등 다양하게 번역될 수 있다. 츠빙글리의 『신앙해설』의 영어 번역과 독어 번역 및 한글 번역은 다음 참조. Jaroslav Pelikan & Valenrie Hotchkiss, eds., *Creeds and Confessions of Faith in the Christian Tradition Volume II Part Four: Creeds and Confessions of the Reformation Era* (New Haven & London: Yale University Press, 2003), 249-271; Thomas Brunnschweiler & Samuel Lutz, eds., *Huldrych Zwingli Schriften* IV (Zürich: Theologischer Verlag, 1995), 93-131; 김영재, 『기독교신앙고백: 사도신경에서 로잔협약까지』 (수원: 영음사, 2011), 384-412.

살펴볼 것이다. 어떤 부분에서는 그의 신학적 표현들에 대한 신학적 평가도 이루어질 것이다.

아우크스부르크 제국회의(1530년)

1530년을 전후하여 종교개혁은 새로운 전환기를 맞이했다. 그것은 모든 적대 세력을 물리친 후 대관식을 통해 절대 통치자의 면모를 갖추게 된 황제 칼 5세가 종교개혁을 지지하는 정치지도자들에 대해 공식적으로 종교개혁을 원천 봉쇄하기로 결정한 기간일 뿐만 아니라, 스위스 종교개혁이 로마가톨릭 진영과의 전쟁에서 패배함으로써 결정적으로 약화된 기간이기 때문이다. 황제는 1529년 제2차 슈파이어 제국회의를 통해 1526년 제1차 슈파이어 제국회의의 결정, 즉 각 지역의 통치자에게 종교를 개혁할 수 있는 권리를 주기로 한 결정을 철회하고 1521년의 보름스 제국회의 결정인 종교개혁 금지령을 재천명했다. 이 결정에 반대하는 자들은 탄원서를 작성하고 서명하여 황제에게 제출했는데, 서명자들 모두 종교개혁을 지지하는 정치지도자들이었기 때문에 '항의자들'(protestantes)로 불리게 되었고, 바로 여기서 '개신교'(Protestant; Protestantism)라는 용어가 생겨났다.

1529년의 슈파이어 제국회의는 신학적인 문제를 논의하지 않았던 반면에 1530년의 아우크스부르크 제국회의는 황제가 항의자들의 탄원서를 감안하여 종교개혁자들의 주장이 무엇인지 제시하고 설명할 수 있는 기회를 준 자리이기 때문에 종교개혁 신학을 중점적으로 다루었다. 이 때 종교개혁자들이 한 목소리를 내지 못했는데, 이유는 루터와 츠빙글리가 성찬론에 관한 오랜 논쟁 끝에 합의를 위해 1529년 마르부르크(Marburg)

에서 만났으나 분명한 차이만 재확인했을 뿐, 서로의 견해 차이를 극복하지 못한 채 헤어졌기 때문이다. 결국 성찬을 둘러싼 종교개혁자들의 신학 논쟁 때문에 종교개혁을 지지하던 정치 세력도 루터 진영과 츠빙글리진영으로 분열된 상태로 1530년 아우크스부르크 제국회의를 맞았던 것이다.

1530년을 전후하여 종교개혁은 신학적 분열을 극복하지 못함으로써 정치적 분열을 겪어야 했고, 결국 정치적 수모까지 당할 수밖에 없었다. 황제는 1529년에 프랑스와 교황의 연합군을 상대로 전쟁에서 승리하고 맺은 평화조약으로 제국 내부를 평정했을 뿐만 아니라, 위협적인 이슬람 군대의 퇴각으로 외세침입의 위기를 잠시 모면하게 되자, 1530년에는 교황의 손으로 치른 황제대관식을 통해 명실상부한 신성 로마 제국의 절대 통치자로 등극하게 되었다. 이제 그에게는 그칠 것이 없었다. 그래서 대관식을 마친 칼 5세는 곧장 제국회의를 개최하기로 예정된 도시 아우크스부르크로 향했다. 하지만 이 기간에 종교개혁은 내부적으로 신학적 분열 이후 정치적 분열의 진통까지 겪고 있었다.

1529년 연말에 개최된 마르부르크 종교회의라는 결정적인 화해의 기회를 놓친 종교개혁은 사분오열되기 시작했다. 이전부터 팽팽하게 대립각을 세워온 루터 세력 진영과 츠빙글리 진영의 불화는 아우크스부르크 제국회의를 앞두고 정치적 분열로 이어졌고, 그들의 화합을 위해 중재하려는 부처의 중간 진영이 새롭게 부상했다. 중간 진영은 아우크스부르크 제국회의에 제출할 신앙고백을 독립적으로 작성했는데, 이것이 『4개 도시 신앙고백』(Confessio tetrapolitana)이다.[8] 4개의 도시가 이 신앙고백의 작성자는 스트라스부르의 종교개혁자 마르틴 부처와 볼프강 카피토(Wolfgang

---

[8] 이 신앙고백에 서명한 4개 도시는 스트라스부르(Strasbourg), 콘스탄츠(Konstanz), 메밍겐

Capito)이었다. 당시 가장 민감했던 성찬에 관한 내용은 루터와 츠빙글리의 중간입장을 취한 부처의 제안이 최종적으로 수용되었다.

한편 츠빙글리는 1529년 스위스에서 벌어진 16세기 최초의 종교내전인 제1차 카펠 전투에서, 즉 종교개혁을 지지하는 칸톤과 로마가톨릭을 고수하는 칸톤 사이의 전쟁에서, 종교개혁 진영이 승리하자 종교개혁의 복음적인 설교를 할 수 있도록 구교 진영에 요구했고, 이것을 실행하지 않는 칸톤을 식량 봉쇄라는 강력한 정책으로 압박했다. 이에 불만을 가진 구교 진영이 1531년 10월 9일에 신교 진영을 향해 전쟁을 선포했는데, 이것이 제2차 카펠 전투다.[9] 이 전투에서 츠빙글리는 안타깝게도 목숨을 잃었다. 1529년에 츠빙글리는 구교 진영과의 전투에서 승리했을 뿐만 아니라 마르부르크 종교회의에서도 자신이 승리했다고 확신했는데, 혹 이것이 그를 너무 지나친 자신감에 취하도록 했던 것이 아닐까?

1530년 1월 21일자로 황제는 독일의 제국회의 의원들과 고관대작들을 1530년 4월 8일에 개최될 아우크스부르크 제국회의에 초대했다. 제국회의 석상에서 황제는 종교개혁 진영과 구교 진영의 목소리를 함께 듣기를 원했으나 구교에 충성하는 그의 신앙 때문에 객관적인 결론을 기대하기가 어려웠다. 그럼에도 불구하고 종교개혁을 지지하는 독일의 정치지도자들뿐만 아니라 종교개혁자들도 종교개혁의 신학적 정당성을 확보하기 위해 기민하게 움직였다. 츠빙글리는 이런 소식을 들어 알고 있었지만 그런 기민한 움직임에 편승하지 않았고 별다른 반응을 보이지도 않았다.

(Memingen), 린다우(Lindau)였다. 1530년에 황제에게 제출된 『4개 도시 신앙고백』의 필사본은 독일어와 라틴어로 작성되었다. 독일어와 라틴어 필사 원본의 비평편집 대조 인쇄판은 다음 참조. BDS 3, 36-185.

[9] 카펠 전투의 발발 배경과 과정 및 결과에 대해서는 다음 참조. 울리히 개블러, 『츠빙글리: 그의 생애와 사역』, 박종숙 역 (서울: 아가페출판사, 1993), 135-138; Gottfried Wilhelm Locher, *Die Zwinglische Reformation im Rahmen der europäischen Kirchengeschichte* (Göttingen & Zürich: Vandenhoeck & Ruprecht, 1979), 344-363, 502-542.

츠빙글리는 자신의 『신앙해설』의 서문에서 밝힌 것처럼 아우크스부르크 제국회의 참석을 요청하는 황제의 공식 초대장을 기대했으나 받지 못했다.[10] 당시 취리히는 종교개혁을 지지하는 "기독교 도시연맹"(Christliches Burgrecht)[11]의 중심 도시였고 4개 도시 신앙고백서에 서명한 스트라스부르와 콘스탄츠도 여기에 가입한 상태였다. 황제의 초대를 받아 스트라스부르의 대표 자격으로 제국회의에 참석하기 위해 그 해 5월 아우크스부르크에 도착한 시 장관 야콥 슈투름(Jakob Sturm)은 츠빙글리에게 서신으로 도시에서 진행되는 상황을 알리면서 그의 입장을 표명하도록 요청했다.[12] 츠빙글리는 1530년 7월 3일에 출간된 『신앙해설』이라는 문서를 제국회의에 제출함으로써 자신의 신학적 입장을 밝혔다.[13]

---

10 *Huldreich Zwinglis sämtliche Werke* VI/2, ed. Emil Egli, Georg Finsler, Walther Köhler, Oskar Farner, Fritz Blanke, Leonhard von Muralt, Edwin Künzli, Rudolf Pfister, Joachim Staedtke, Fritz Büsser (Zürich: Berichthaus, 1968), 790. = *Corpus Reformatorum* 93/2, 790. = Z 6/2, 790.

11 츠빙글리가 서문 초두에 언급한 "urbes Christianae civitatis"는 문자적으로 "기독교 도시 국가들"를 의미하이지만 또한 "기독교 도시연맹"을 의미하기도 한다. 츠빙글리의 작품 편집자들은 후자의 의미를 지지하는데, 친절하게도 당시 이 연맹에 가입한 도시들은 당시 스위스와 독일 남부 도시들인 콘스탄츠(Konstanz), 베른(Bern), 장크트 갈렌(St. Gallen), 비엘(Biel), 뮬하우젠(Mülhausen), 바젤(Basel), 샤프하우젠(Schaffhousen), 스트라스부르(Straßburg), 취리히(Zürich) 등이었다고 알려준다. 참고. Z 6/2, 790.fn.4.

12 Z 6/2, 791.fn.1. 당시 야콥 슈투름이 츠빙글리에게 보낸 편지는 다음 참조. *Huldrych Zwingli's Werke. Erste vollständige Ausgabe* VIII, ed. Melchior Schuler und Johannes Schulthess (Zürich: Fridericus Schulthessius, 1842), 458-459, 465-470. 슈투름은 루터의 『슈바바흐 조항』(Schwabacher Artikel)과 에크(Johannes von Ecken)의 『404개 조항』(404 Artikel)도 츠빙글리에게 보냈다. 참고. Z 6/2, 791.fn.5-6.

13 전체 책 제목은 다음과 같다. *Ad Carolvm Rom. Imperatorem, fidei Hvldrychi Zuinglij ratio. Eiusdem quoqeu ad illustriβimos Germaniae Principes Augustae congregatos Epistola* (Zürich: Officina Froschoviana, 1530) 1530년에 출간된 책의 속지 제목 아래는 마태복음 11장 [28절], "수고하고 무거운 짐 진 자들아, 다 내게로 오라! 내가 너희를 쉬게 하리라."는 말씀의 라틴어 인용문이 있다.

『신앙해설』의 구조와 특징

츠빙글리의 『신앙해설』은 "정의의 신성 황제 칼"(Carle iustitiae sacer Caesar)에게 호소하는 짧은 서문으로 시작한다. 이 문서는 츠빙글리가 1530년 6월 24일 혹은 25일에 쓰기 시작하여 6월 27일에 완성한 일종의 신앙고백인데, 7월 3일에 출간된 후, 아우크스부르크로 보내어져 7월 8일에는 콘스탄츠의 주교이자 독일의 종교 담당 부대법관 발타자르 메르클린(Balthasar Merklin)에게 전달되었다.[14] 츠빙글리는 비록 개인적인 신앙고백 형식으로 작성한 문서지만 한 사람이나 소수의 사람이 아닌, "그리스도의 전체 교회를 위한" 것임을 천명함으로써 서문을 마무리 한다.

서두의 짧은 인사말과 인사말보다 두 배나 긴 맺음말을 제외하면 『신앙해설』의 내용은 12가지의 주제에 대한 설명으로 구성되어 있다. 1530년에 아우크스부르크 제국회의에 제출된 종교개혁 진영의 세 신앙고백 가운데 『4개 도시 신앙고백』만이 설교를 위한 최고의 권위로 성경을 제시하면서 시작하고 다른 두 가지, 즉 루터 진영의 『아우크스부르크 신앙고백』과 츠빙글리의 『신앙해설』은 하나님에 관한 설명인 신론에서부터 시작한다. 이 셋 가운데 『신앙해설』의 분량이 가장 짧다. 『4개 도시 신앙고백』은 이보다 조금 길고 『아우크스부르크 신앙고백』이 가장 긴데, 후자는 전자의 두 배 정도 긴 분량이다.

『아우크스부르크 신앙고백』이 1부에서 교리를 다루고 2부에서 예배와 관습을 구분하여 다룬 반면에,[15] 츠빙글리의 『신앙해설』는 이런 구분 없

---

14 Z 6,2, 756.
15 *Die Bekenntnisschriften der evangelisch-lutherischen Kirche* (Gättingen: Vandenhoek & Ruprecht, 1952²), 50-137. 여기에 제시된 아우크스부르크 신앙고백서는 독일어와 라틴어 원문의 대조본인데, 각주를 통해 다른 사본들에서 상이하게 표기된 단어를 알려주는 본문비평적인 원문이다.

이 첫 째부터 열두 번째까지 사실상 교리를 집중적으로 다루고 예식이나 의식에 대해서는 아주 짧게 언급한다. 12가지 주제의 전체 내용은 다음과 같다. 첫째는 삼위일체 하나님, 둘째는 하나님의 주권, 셋째는 구원과 선택, 넷째는 아담의 타락과 인류의 범죄, 다섯째는 두 번째 아담 그리스도, 여섯째는 교회, 일곱째는 성례, 여덟째는 성찬, 아홉째는 기독교 예식, 열째는 설교, 열한째는 세상 정부, 열둘째는 연옥과 마지막 심판. 이 중에서 교회와 성례, 특히 성찬에 관한 설명이 가장 길다.

삼위일체 하나님의 창조와 섭리

가장 먼저 츠빙글리는 다음과 같은 고백으로 자신의 신학적 정체성을 설명하기 시작한다. "하나님께서 유일무이하시다는 것, 그분이 본성적으로 선하시고 진실하시고 강력하시고 의로우시며 가시적이고 불가시적인 만물의 창조자이시며 관리자이시라는 것, 성부와 성자와 성령께서 세 위격이시지만 그분들의 본질은 하나이시며 단순하시다는 것을 나는 믿고 안다."[16] 츠빙글리의 신론은 하나님께서는 한 분이시지만 세 위격이시라는 삼위일체를 가르치는 기독교 교리에 충실하다. 그래서 그는 이어서 삼위일체 하나님에 관한 니케아 신경과 아타나시우스 신경의 설명을 지지한다고 선언한다.[17]

그런데 여기서 그는 특이하게도 "흠이 없고 영원한 동정녀 마리아"라

---

[16] Z 6.2, 792: "credo et scio unum ac solum esse deum eumque esse natura bonum, verum, potentem, iustum, sapientem, creatorem et curatorem rerum omnium visibilium atque invisibilium; esse patrem, filium et spiritum sactum, personas quidem tres, sed essentiam horum unam ac simplicem."
[17] 여기에 언급된 '아타나시우스 신경'은 500년경에 출현한 것으로 아타나시우스와 무관한 문서다.

는 표현을 그대로 사용한다.[18] 이것은 마리아 숭배를 위한 중세교회의 '무흠수태' 교리와 직결된 표현이다. 츠빙글리의 이런 표현이 덜 개혁적인 것으로 보이는 이유는 종교개혁 신학은 마리아를 예수님처럼 죄가 없는 분으로 주장하는 로마교회의 '무흠수태' 교리를 인정하지 않기 때문이다. 츠빙글리가 마리아 숭배에 대해 어떤 비판적 첨언도 하지 않는다는 것이 아쉬운데, 이것은 종교개혁자들 가운데 유독 츠빙글리만의 문제로 보기는 어렵다. 개신교 교리는 마리아가 성경의 신실한 인물 가운데 가장 존경받아 마땅한 분이라는 사실을 인정하지만 그녀가 우리와 동일한 죄인이라는 것 역시 부인할 수 없는 성경적 진리라고 가르친다.

하나님의 아들이신 그리스도께서 인격의 통일성을 가진 완전한 사람으로 태어나셨기 때문에 하나님의 아들, 즉 성자의 위격에서 "나눌 수도 없고 분리할 수도 없으며 쪼갤 수도 없는"(inseperabilis, indivisibilis et indissociabilis) 사람이시다.[19] 그리스도의 양성 즉 신성과 인성은 각각 자신의 "성품과 속성"(ingenium et proprietas)을 유지하게 되겠지만 그 양성이 그분 안에 있다는 것은 확실하다. "두 본성의 구별된 속성들과 사역들이 인격의 통일성을 쪼개지 못한다."[20] 신성과 인성을 동시에 가지신 그리스도의 인격이 오직 하나라는 점을 강조하는 그와 같은 표현은 그리스도의 양성에 대한 츠빙글리의 견해를 네스토리우스(Nestorius)의 이단적 기독론으로 간주한 루터 진영의 공격을 방어하기 위한 것이다.[21]

츠빙글리는 그리스도 안에서 양성의 결합을 "사람 안에서 영혼과 육

---

18 Z 6.2, 793: "···, vere ex immaculata perpetuaque virgine Maria adsumpserit···"
19 이 표현은 그리스도의 신성과 인성을 분리하려는 경향을 이단으로 정죄한 칼케톤 신경의 전형적인 이중 부정 형식인데, 이것을 츠빙글리가 삼중적 부정 형식으로 강조하여 자신에 대한 비판을 방어하고 있다.
20 Z 6.2, 793: "··· naturarum distinctae proprietates et opera personae unitatem non dissociant."
21 츠빙글리에 대한 루터주의자들의 이런 오해에 대해서는 다음 참조. Köhler, *Zwingli und Luther* II, 82.

신이 두 인격을 구성하는 것과 같다"고 주장하면서 그 이유를 다음과 같이 설명한다. "[영혼과 육신은] 너무 다른 본성에 속한다. 그래서 [영혼과 육신은] 다른 속성과 사역으로 작동하는 것이다. 하지만 [영혼과 육신]으로 존재하는 사람은 두 인격이 아닌, 하나의 인격이다. 그러므로 하나님과 사람은 한 분 그리스도이시다.…[그는] 하나의 인격, 한 분 그리스도이시며, 완전한 하나님, 완전한 인간이시다."[22] 과연 그리스도 안에서 신성과 인성의 결합이 영혼과 육신의 결합과 유사한 것인지, 또한 영혼과 육신이 '두 인격'으로 간주될 수 있는지 의문이지만, 영혼과 육신이 결합해도 각각의 고유한 특성이 유지된다는 점은 비유로 적합하다.

신성과 인성이 그리스도 안에서 하나의 인격으로 통일된다는 츠빙글리의 주장에서의 강조점은 두 본성이 결코 혼합되거나 하나가 다른 하나에 흡수되는 알렉산드리아 학파의 방식이 아니라, 각각 자신의 고유한 성품과 속성을 유지면서 연합되는 안디옥 학파의 방식이라는 것이다. 츠빙글리에 따르면 인성을 가지신 그리스도께서는 인생의 희로애락을 경험하셨다는 점에서 우리와 동일하시지만 죄가 전혀 없으신 분으로 모든 죄와 벌을 짊어지셨다는 점에서 우리와 다르시다. 또한 지상 사역에서 신성적인 기적들과 인성적적인 고난과 죽음 모두 동일하신 한 분, 한 인격의 그리스도께서 행하시고 경험하신 것이므로 구분될 수는 있지만 분리될 수는 없다. 이것이 츠빙글리가 생각하는 그리스도의 인격의 통일성이다.

두 번째로, 츠빙글리는 하나님께서 만물을 자신의 뜻대로 다스리시는 분, 즉 전지전능하신 하나님을 고백한다. 하나님께서는 영원부터 영원까

---

[22] Z 6.2, 793: "Non magis quam in homine animus et caro duas personas constituunt (ut enim ista natura diversissima sunt, ita diversis quoque proprietatibus et operationibus pollent; attamen homo, qui ex his consistit, non duae personae, sed una est). Ita deus et homo unus est Christus, … Una persona, unus Christus; perfectus deus, perfectus homo."

지 단 한 번의 눈길로 우주를 통찰하시는 분이시며 삼라만상을 자유롭게 정하시고 관리하시는 섭리자시다. 즉 모든 것을 아시고 예견하시는 하나님께서 태초에 타락하게 될 인간을 만드셨지만 공정하게도 타락을 회복하실 자신의 아들에게 인성을 입히시기로 결정하셨다는 것이다. 츠빙글리는 이것이 바로 하나님의 선하심(*bonitas*)과 긍휼하심(*misericordia*)과 공의로우심(*iusticia*)이라고 강조한다.[23] 선하신 하나님은 죄를 벌하시는 공의로우신 분이시지만 죄인을 긍휼로 구원하시는 분이시다.

하나님은 어떤 죄도 결코 간과하지 않으시고 철저하게 처벌하시는 공의의 하나님이시다. 하지만 동시에 영원한 고통의 형벌을 받아 마땅한 죄인을 구원하시기 위해 자신의 아들도 아낌없이 내어주시는 사랑의 하나님이시다. 이분이 바로 선하신 하나님이시다. 그래서 츠빙글리는 반문한다. "누가 그와 같이 세상을, 즉 인류를 사랑하셔서 그들의 생명을 위해 자신의 아들을 버리신 하나님의 선하심의 부요와 은혜를 충분히 찬양할 수 있겠는가?"[24] 이것을 츠빙글리는 "복음의 근원이고 혈관"(*euangelii fontes ac venas*)이라 부르고 또한 그런 복음을 "시들어버린 영혼의 유일무이한 약제"로 간주한다.

그리스도의 구원

세 번째 신앙고백은 구원과 선택의 문제, 즉 중보자 그리스도에 관한

---

[23] Z 6,2, 796. 여기서 츠빙글리는 하나님의 속성을 선과 긍휼과 공의라는 세 가지로 요약하는 듯하다. 왜냐하면 그는 하나님의 창조와 섭리와 구원 사역 모두를 이 세 가지 속성으로 설명하기 때문이다. 또한 츠빙글리에 따르면 은혜를 베푸시고 사랑하시는 '긍휼'과 잘못과 죄를 정당하게 처벌하시는 '공의'는 모두 '선하심'이라는 하나의 속성으로 귀결된다. 그러므로 하나님의 사랑은 선하신 사랑이요, 하나님의 공의는 선하신 공의다.

[24] Z 6,2, 796: "Quis divinae bonitatis opes et gratiam satis miretur, qua sic dilexit mundum, hoc est humanum genus, ut filium suum exponeret pro illius vita?"

것이다. 츠빙글리는 죄를 용서 받기 위한 제물은 십자가에 달리신 그리스도밖에 없다고 주장한다. 하나님과 사람 사이에 유일무이한 중보자는 하나님이시면서 동시에 사람이신 예수 그리스도 한 분뿐이시다. 따라서 어떤 죄인도 자신의 공로로 의롭게 될 가능성은 전무 하다. 오직 구원은 하나님에 의해 선택 받은 자들만의 전유물이다. "왜냐하면 하나님께서 창세전에 그들을 선택하시되, 자신의 아들을 통해 친히 택하셨던 것과 같이 선택하시기 때문이다. 그분은 인자하시고 긍휼하신 것처럼 거룩하시고 의로우시기 때문이다."[25]

츠빙글리에 따르면 삼라만상이 하나님의 긍휼과 공의를 드러내듯이 하나님의 선택에서도 그와 같은 긍휼과 공의가 나타난다. "그분이 원하시는 자들을 선택하셨다는 것은 선하심에 속하지만 선택된 자들을 친히 자신의 아들을 통해 양자로 삼으시고 그들과 연합하시는 것은 공의에 속한다. 아들은 [우리를] 구원하시기 위해 우리 대신에 하나님의 공의의 희생제물이 되셨다." 여기서 하나님의 공의는 그리스도의 십자가 사건을 의미한다. 즉 하나님께서 죄를 범한 죄인을 대신하여 죄 없으신 자신의 아들 그리스도를 못 박으신 십자가는 분명 하나님 사랑과 공의가 동시에 실현된 장소라는 것이다.

네 번째로, 츠빙글리는 죄의 문제를 다룬다. 최초의 타락 사건에 대해 그는 첫 조상 아담이 악마의 속임수 때문에 하나님처럼 되고 싶은 유혹에 넘어가 금단의 열매를 따먹음으로써 하나님을 대항하는 죄를 짓고 하나님과 원수가 되었음에도 불구하고 하나님께서는 그를 당장 죽음으로 처벌하시지 않고 오히려 그보다 나은 노예 상태로 처벌하셨다고 설명한

---

25 Z 6.2, 796: "…; quos enim ille elegit ante mundi constitutionem, sic elegit, ut per filium suum sibi cooptaret. Ut enim benignus et misericors, ita sanctus et iustus est."

다. 따라서 아담의 모든 후손은 노예 신분으로 태어난다. 츠빙글리에게 "원죄"(peccatum originale)는 오직 첫 조상 아담이 지은 죄를 의미한다.[26] 그 후손들은 아담과 같은 원죄를 짓지 못한다. 다만 그들은 원죄 때문에 노예 신분인 진노의 자녀로 태어나고 죽을 수밖에 없다.

츠빙글리는 원죄를 "질병과 상태"(morbus et conditio)로 정의한다. 이것은 "죽음의 필수조건"(necessitas moriendi)이다. "모든 사람은 죄를 범했으므로 영광이 없다"는 말씀에서 '영광'이 없는 것을 츠빙글리는 "하나님의 선하심과 관대하심"(bonitas et liberalitas)이 없는 것으로 해석한다. 모든 범죄는 원죄라는 질병과 상태, 그리고 출생(nativitas)에 의해 발생하는 것이다. 최초의 타락 때문에 아담뿐만 아니라 그의 모든 후손에게도 죽음이 도래했다. 우리가 아담과 같은 죄를 지은 것도 아닌데 왜 죽어야 하는가? 왜냐하면 우리는 모두 아담이 받은 죽음의 저주, 즉 노예의 신분과 상태로 태어났기 때문이다.

다섯 번째로, 츠빙글리는 첫 아담 안에서 죽을 수밖에 없는 자가 어떻게 두 번째 아담이신 그리스도 안에서 생명을 얻게 되는지 설명한다.[27] 아담 속의 죽음은 그리스도의 죽음으로 죽음을 맞이한다. 그리스도께서 자신의 죽음으로 죽은 죄인을 다시 살리셔서 지옥의 심판으로부터 구원하신 것이다. 여기서 츠빙글리는 구원이 "하나님의 자유로운 선택 때문"(propter electionem dei liberam)이라고 강조한다. 즉 하나님의 자유로운 선택이 "믿음을 따르는 것이 아니라 믿음이 선택을 따른다."[28] 왜냐하면 하나님의 선택은 항상 사람의 믿음에 선행하는 것이요, 우선하는 것이기

---

26 Z 6.2, 797: "Hic de originali peccato sic sentio: Peccatum vere dicitur, cum contra legem itum est."
27 Z 6.2, 797-798.
28 Z 6.2, 799: "…, quae non sequitur fidem, sed fides electionem sequitur;…"

때문이다. 따라서 구원의 선택은 믿음의 결과가 아니다.

여기서 츠빙글리는 유아의 신앙 문제를 논하는데, 구원에 있어서 선택이 믿음에 우선한다는 원리에 근거하여 하나님의 선택이 감추어져 있기 때문에 우리는 유아의 구원 문제를 알 수 없다고 주장한다. 이것은 당시 신앙을 고백할 수 없는 유아에게 세례를 베푸는 것을 부당한 일로 판단하여 유아세례를 거부한 재세례파의 가르침에 대한 반론이다. 재세례파와 달리 츠빙글리에 따르면 모든 유아는 그리스도인의 아이든 이방인의 아이든 믿음을 입으로 고백할 수 없다는 이유로 저주의 대상으로 간주해서는 안 된다. "그리스도인들의 유아들은 아무리 많아도 하나님 백성의 교회에 속한 것이요, 하나님 교회의 일부이며 지체이다."[29]

츠빙글리는 하나님의 백성에게 하신 하나님의 약속이 어른과 아이들 모두에게 해당한다는 사실을 근거로 교회 안의 유아들을 성인과 같은 택한 백성으로 간주해야 한다고 강변한다. "그러므로 그리스도인들의 유아들이 성인들과 마찬가지로 그리스도의 가시적 교회에 속하기 때문에, 부모들과 마찬가지로 우리가 선택된 자들로 판단하는 그들의 수에 속한 것이 확실하다."[30] 재세례파 교회의 유아들은 불행하게도 자신의 입으로 신앙을 고백하기 전까지 그리스도 밖에 있게 되는 반면에 츠빙글리파 교회의 유아들은 행복하게도 스스로 신앙을 고백하기도 전에 태어나자마자 그리스도 안에 있게 된다.

---

29 Z 6.2, 799: "…quod Christianorum infantes, quotquot sunt, de ecclesia populi dei sunt eiusque ecclesiae partes et membra."
30 Z 6.2, 800: "Christianorum igitur infantes, cum non minus sint de visibili ecclesia Christi quam adulti, constat non minus esse de eorum numero, quos nos electos iudicamus quam parentes."

교회

여섯 번째로, 츠빙글리가 다루는 주제는 교회다. 교회란 "저 선택 받은 자들, 즉 하나님의 뜻에 따라 영원한 생명으로 예정된 자들"을 의미한다. 이처럼 흠도 티도 없는 교회는 오직 하나님만 아신다. "그럼에도 불구하고 이 교회의 지체인 자들은 믿음을 가지고 있기 때문에 자신이 선택받은 자요 이 첫 교회의 지체라는 것을 안다. 물론 자신들 이외의 다른 지체들에 대해서는 모른다."[31] 여기서 '첫 교회'란 초대교회를 의미하는 것이 아니라, 하나님께만 알려진 교회를 의미한다. 사도행전 13:48을 근거로 츠빙글리는 믿는 자들이 곧 영원한 생명에로 정해진 자들이라고 결론 내리는데, 여기서 믿는 자란 참 신자를 의미한다.

츠빙글리에 따르면, 참 신자들만의 모임인 교회와 달리, 그리스도를 고백하고 성례에 참여하는 자들이 모두 속한 지상교회는 마음으로 그리스도를 싫어하거나 잘 모르는 사람들도 포함되어 있다. 예컨대 가롯 유다 같은 사람도 이 교회의 일원으로 간주된다. 물론 그리스도께서는 누가 자신의 백성이고 누가 악마에게 속한 자인지 아신다. 그와 같은 교회가 바로 그리스도를 고백하는 사람들의 모임인 지상교회요, 지역교회다. 이것은 "사람의 판단에 따른 하나님의 교회"(*hominum iudicio ecclesia dei*)이며, 사도신경에서 고백하는 것처럼 "하나의 보편적이고 인식 가능한"(*universalis sensibilis unam*) 교회다.[32]

---

[31] Z 6.2, 800: "…; pro electis istis, qui dei voluntate destinati sunt ad vitam aeternam. …Sed nihilominus qui huius ecclesiae membra sunt, seipsos quidem, cum fidem habent, electos et primae huius ecclesiae membra esse norunt; verum alia a se membra ignorant."
[32] Z 6.2, 801-802. 여기서 츠빙글리는 그와 같은 "교회"를 "로마교회, 아우크스부르크교회, 리용교회와 같은 보편적이고 인식 가능한 교회의 모든 개별 모임"(ecclesia pro quovis praticulari coetu huius universalis ac sensibilis ecclesiae, ut ecclesia Romana, Augustana, Lugdunensis)으로 묘사하기도 한다.

츠빙글리에게 하나의 교회, 보편적인 교회라는 개념은 인식 가능한 가시적 지상 교회, 지역 교회를 의미한다. 여기에는 반드시 믿는 부모의 자녀인 유아들이 포함되어야 한다. "그러므로 나는 여기서 그들이 하나님 가족의 참된 유아들이라는 확신을 그들에게 주시는 동일한 성령을 가진 사람들로 구성된 하나의 교회가 있다는 것을 나는 믿는다. 또한 이것이 교회들의 첫 열매에 속한다.…나는 이삭과 야곱과 유다라는 유아와 아브라함의 씨에 속했던 모든 유아가, 교회의 첫 열매들 가운데 사도들의 설교로 그리스도의 편으로 넘어간 부모들의 모든 유아가 이 교회에 속한다는 것을 믿는다."[33]

츠빙글리는 그 모든 유아들을 '첫 교회', 즉 하나님께만 알려진 불가시적 교회에 속한 것으로 간주한다. 왜냐하면 부모들은 자신들의 신앙고백으로 유아들이 세례의 성례로 인침을 받도록 했기 때문이다. 그들을 부모가 하나님께 약속함으로 바쳤다는 것이다. 츠빙글리에 따르면, 신약의 교회에 주어진 유아를 위한 세례 약속은 구약 이스라엘 백성에게 주어진 할례 약속보다 훨씬 풍성하다. 구약의 할례와 신약의 세례는 하나님의 약속이라는 공통분모 때문에 깊은 상관관계가 있는 것이다. 이와 같은 츠빙글리의 주장에는 유아세례를 거부하는 재세례파의 논지를 무력화하기 위한 목적이 강하게 나타난다.

---

[33] Z 6,2, 802: "Hic igitur credo unam esse ecclesiam eorum, qui eundem habent spiritum, qui eos certos reddit, quod veri filii familiae dei sint; et haec est ecclesiarum primitiae… Credo infantem Isaac, Jacob, Judam et omnes, qui de semine Abrahae erant, eos quoque infantes, quorum parentes inter ecclesiae primordia praedicantibus apostolis ad Christi partes concedebant, de hac esse ecclesia."

성례: 세례와 성찬

일곱 번째로 츠빙글리는 성례를 고백하는데, 세례를 집중적으로 다룬다. 츠빙글리는 로마교회의 성례 교리인 '사효성'(*ex opere operato*), 즉 성례 자체가 은혜를 베푸는 능력이 있다는 교리를 정면으로 거부한다. "왜냐하면 은혜란 하나님의 영으로 생성되고 주어지는 것과 같이 그 선물로서 오직 성령께만 돌아가기 때문이다. 하지만 성령의 인도자나 통로는 필요가 없다. 왜냐하면 그분 자신이 능력이요 전달[수단]이시기 때문이다."[34] 이 말은 은혜의 임재와 효력이 성례 자체에 달린 것이 아니라, 오직 성령 하나님께만 달려 있다는 성경의 가르침을 강조하기 위한 것이지 성례가 무가치하다거나 불필요하다는 주장이 아니다.

츠빙글리는 은혜의 성령과 성례의 물질을 극단적으로 대조시킬 뿐만 아니라, 서로 완전히 다른 것으로 분리하길 원한다. 성례의 은혜가 성령의 역사 때문인가, 아니면 성례의 물질(세례의 물, 성찬의 빵과 포도주) 때문인가? 츠빙글리의 대답은 의심의 여지없이 '성령의 역사'다. 은혜는 오직 성령께만 달린 것이기 때문이다. 하지만 이 은혜는 사실 '성례 없이'(*extra sacramentum*)도, '성례 전에'(*ante sacramentum*) 받는다는 것이다. 성례가 집행되기 전에 이미 성령께서 자신의 믿음을 고백하는 자들에게 은혜를 베푸시기 때문에, 사실상 "성례란 모든 개인에게 먼저 임하는 은혜의 공적 증거로 주어지는 것이다."[35]

성례가 먼저 임한 은혜의 공적 증거라는 것을 증명하기 위해 츠빙글리

---

[34] Z 6.2, 803: "Nam gratia, ut a spiritu divino fit aut datur⋯, ita donum istud ad solum spiritum pervenit. Dux autem vel vehiculum spiritui non est necessarium; ipse enim est virtus et latio, ⋯"

[35] Z 6.2, 804: "⋯: sacramenta dari in testimonium publicum eius gratiae, quae cuique privato prius adest."

는 '믿음', 즉 세례 받기 전에 요구되는 신앙고백을 제시한다. 성인이 세례 받기 위해서는 먼저 믿음이 요구된다는 것이다. 유아세례의 경우에는 아이 대신에 부모의 대답이 요구된다. 성인세례든 유아세례든 하나님의 약속이 선행한다. 이 약속에 근거한 세례는 하나님께서 이미 은혜로 받아들인 사람을 교회가 공적으로 인정하는 의식이다. "따라서 세례란 은혜를 전달하는 것이 아니라, [은혜] 받은 사람에게 은혜가 주어졌음을 교회에 확증하는 것이다."[36]

츠빙글리에게 성례는 "이미 받은 은혜의 표징"(factae gratiae signum)이고 "불가시적 은혜의 가시적 형태 혹은 형식"(invisibilis gratiae visibilis figura sive forma)이며 "가시적 모범"(visibile exemplum)이요, "공적인 증거"(testimonium publicum)다. 즉 은혜는 불가시적인 것으로 성례 이전에 이미 받았다는 점과 성례는 이미 받은 은혜를 공적으로 인증하는 의식에 불과한 것이므로 결코 은혜의 전달 통로가 될 수 없다는 점이 츠빙글리의 핵심적인 주장이다. 성례의 가치에 대해서는 성례가 은혜를 베풀 수는 없지만 불가시적으로 이미 교회에 받아들여진 사람들을 가시적으로 교회와 연합하게 해준다고 본다.

"여덟 번째로, 나는 감사의 만찬에 그리스도의 몸이 믿음의 명상을 통해 임재 한다고 믿는다."[37] 여기서 '감사'는 '유카리스티아'(eucharistia)라는 그리스어에서 온 것으로 '감사기도' 혹은 '찬양기도'를 의미하기도 한다. 이 단어는 츠빙글리가 성찬을 말할 때 유별나게 그 의미를 고집할 정도

---

[36] Z 6.2, 805: "Non ergo adfert gratiam baptismus, sed gratiam factam esse ei, cui datur, ecclesiae testatur."
[37] Z 6.2, 806: "Octavo credo, quod in sacra eucharistiae (hoc est: gratiarum actionis) coena verum Christi corpus adsit fidei contemplatione, …" 이러한 주장은 "속성의 교류"(communicatio idiomatum)에 의해 부활 이후 그리스도의 몸이 어디든지 동시에 계실 수 있다는 부활체의 '무소부재'를 주장하는 루터의 공재설에 대한 반박이다.

로 좋아하는 표현이다. 여기서도 짐작할 수 있는 것처럼 츠빙글리 성찬론의 핵심은 "믿음의 명상"(*fidei contemplatio*)이다. 성찬이란 성자 안에서 받은 은혜를 감사하는 사람들이 그리스도의 모든 구원 사역을 인정하는 것이다. 즉 성찬은 "그리스도를 통해 수행된 모든 일이 믿음의 명상을 통해 마치 현존하듯이 그들에게 이루어지는 것이다."[38]

여기서 츠빙글리는 그리스도의 자연적인 몸이 성찬에 현존한다는 교리를 부인하고 반박한다. 그는 자신의 견해를 세 가지 방법으로 제시한다. 첫 번째로는 하나님의 말씀을 인용하는 것이다. 그다음으로는 인용한 말씀을 근거로 상대의 주장을 공격하는 것이다. 마지막으로는 고대 신학자들, 즉 교부들의 지지를 받는 것이다. 츠빙글리에 따르면 하나님만이 무소부재하시다. 그렇다면 성자의 신성은 하나님과 동일한 본질이기 때문에 무소부재하시지만 인성은 한곳에만 계시는 것이다. 따라서 그리스도의 몸은 한 장소에만 계신다. 그는 신성과 인성을 가지신 그리스도를 한 곳에 있지만 만물을 소성하게 하는 태양에 비유한다.

츠빙글리에 따르면 그리스도의 몸은 지금 아버지 우편인 하늘에 계시고 마지막 날에 심판자로 다시 이 땅에 오실 것이다. 루터가 부활하신 그리스도의 몸을 부활 전에 몸과 달리 무소부재하신 것으로 간주하는 반면에, 츠빙글리는 그리스도의 몸이 부활 전과 후에 크게 달라진 것으로 보지 않는다. 츠빙글리에게 부활하신 그리스도의 몸은 도마가 만진 것처럼 만질 수 있는 것이요, 제자들이 있는 곳에 친히 찾아오신 것처럼 한 장소에만 계실 수 있다. 그래서 츠빙글리는 무덤에서 한 천사의 말을 인용한다. "그가 여기 계시지 않고 말씀하시던 대로 살아나셨느니라. 와서 그가

---

[38] Z 6.2, 806: "… sic omnem rem per Christum gestam illis fidei contemplatione velut praesentem fieri."

누우셨던 곳을 보라!"(마 28:6)

성찬에 그리스도의 육체적 임재를 츠빙글리가 부인하는 것은 단지 교황주의자들을 공격하기 위한 것만이 아니다. 비록 츠빙글리가 루터의 성찬 교리를 언급하지는 않지만 그가 인용한 많은 성경구절과 반박하는 논리는 사실상 루터주의자들을 겨냥한 것으로 보인다. 예컨대 그는 "육은 무익하니라"(요 6:63)는 말씀을 인용한다. 이것은 츠빙글리가 루터와 논쟁할 때 인용한 주요 구절 가운데 하나지만 반대로 루터는 성찬과 무관하다며 인용을 거부한 구절이다. 츠빙글리는 주장하기를, 성찬에서 그리스도의 몸은 영적으로 먹어야 생명을 얻는다. 또한 영은 영에서 나는 것이므로 그것을 영적으로 먹어야지 육적으로 먹어서는 안 된다.

츠빙글리는 어거스틴의 말을 인용하면서 성찬에서 제공되는 빵, 즉 그리스도의 몸을 "자연적인 몸"(naturale corpus)이 아닌, "영적인 몸"(spirituale corpus)이라고 단언한다. 또한 "이것은 내 몸이다"(hoc est corpus meum)에서 "몸"을 "상징적인 것으로"(συμβολικως = symbolice) 이해한다.[39] "즉 영혼을 정결하게 할 수 있는 것은 성례전적인 먹음이 아니라, 예수 그리스도를 통해 하나님을 믿는 믿음, 즉 영적인 먹음이다. 그것의 이 외적인 것들은 상징과 모형이다."[40] 이것은 교황주의자들의 화체설(Transubstantiation)과 루터의 공재설(Consubstantiation)에 반대하는 츠빙글리의 전형적인 상징설(Symbolism)이다.

---

[39] Z 6.2, 811.
[40] Z 6.2, 812: "Puta, non quod sacramentalis manducatio mundare animum posset, sed fides in deum per Jesum Christum, quae spiritualis est manducatio, cuius externa ista symbolum est et adumbratio."

예배

아홉 번째로 츠빙글리는 예식과 예배의 문제를 다룬다.[41] 미신적이지 않고 신앙과 말씀에 위배되지 않는 예식이라면 무엇이든 사랑으로 관용할 수 있다고 선언함과 동시에 그 동일한 사랑으로 그 예식들이 폐지되어야 한다고 주장한다. 특히 예배를 위해 악용되는 성상들은 하나님의 말씀에 위배되기 때문에 반드시 철거되어야 한다는 입장이다. 다만 예배와 무관한 그림이나 조각은 하나님의 은사로 간주한다.

열 번째로 츠빙글리는 "예언이나 설교의 직무가 가장 거룩한 것"(prophetiae sive praedicationis munus sacrosantum esse)이라고 고백한다. 왜냐하면 믿음은 하나님의 말씀, 즉 복음 설교를 통해 생겨나기 때문이다. 물론 믿음은 오직 성령께서만 일으키시는 것이다. 따라서 "외적인 복음 설교"(externa euangelii praedicatio)를 듣고도 믿지 않는 것은 "성령의 결핍이 발생했기 때문이다."[42] 복음 설교자들이 있다는 것은 "하나님의 은혜의 표징"(signum gratiae dei)인 반면에 그들을 거부하는 것은 "두려운 진노의 표징"(signum imminentis irae)이다. 복음을 설교하고 가르치는 일뿐만 아니라, 성례를 집행하고 병자를 심방하며 가난한 자들을 돌보는 일을 위해 교회는 사역자들이 필요하다.

정부

열한 번째로 츠빙글리가 다루는 주제는 세상 정부다. 사회 질서를 유

---

41 Z 6.2, 812.
42 Z 6.2, 813: "···, quod spiritus penuria usu venit."

지하기 위해 필요한 것이 정부와 법이다.⁴³ 다른 종교개혁자들처럼 츠빙글리도 로마서 13장을 근거로 그리스도인은 악한 통치자든 선한 통치자든 반드시 그에게 순종해야 한다고 가르친다. 하나님께서 자신의 사역을 감당하도록 친히 그들을 세우시고 폐하시기 때문이다. 물론 폭군을 떠나 도피하는 것은 가능하다. 선지자, 즉 목사가 "하늘의 지혜와 선함을 위한 사역자"(*coelestis sapientiae ac bonitatis minister*)인 것처럼 세상 통치자도 역시 "선함과 공의의 사역자"(*bonitatis ac iusticiae ministrer*)다. 하나님과 같이 믿음과 온유로 다스리는 것은 선함이요, 불의한 자들의 무모함을 제압하고 무죄한 자들을 보살피는 것은 공의다.

우주적 심판

마지막 열두 번째로, 츠빙글리는 하나님의 심판을 다루는데, 여기서 로마교회의 연옥 교리가 허구라고 지적하면서 연옥 교리가 타당하다면 그리스도의 죽음도 믿음도 모두 헛된 것이라고 공격한다.⁴⁴ 물론 그가 "지옥"(*infernus*)의 존재를 부인하는 것은 아니다. 일부의 사람들은 그리스도의 최후 심판, 즉 "우주적 심판"(*universale iudicium*) 후에 "영원한 불"(*ignis sempiternus*)에 들어가게 되는데, 여기서 츠빙글리가 지옥을 끝없이 영원한 것이라고 강변하는 이유는 지옥이 영원하지 않다고 가르치는 재세례파의 잘못된 주장 때문이다. 지옥은 악마와 그의 수하들, 불경건한 자들, 사기꾼들, 이웃 사랑이 없는 자들이 들어갈 곳이다.

---

43 Z 6.2, 814.
44 Z 6.2, 814-815.

마지막 당부

츠빙글리는 여기서 설명한 『신앙해설』이 자신의 말이 아닌, 하나님의 말씀이라고 주장한다. 성경과 성령의 가르침을 벗어난 것은 모두 거짓인데, 이런 거짓으로 무장한 자들이 황제와 군왕들 주변에도 있다는 것을 경고한다. 츠빙글리는 자신이 순수한 복음을 가르칠 뿐만 아니라, 복음의 열매인 선한 삶을 살기 위해 최선을 다한다고 고백한다. "우리를 통해 주 하나님을 듣는 교회들은 정말 하나님의 말씀을 받았으므로 거짓과 부정직함이 사라지고, 교만과 사치가 줄어들며 비난과 다툼이 떠났다."[45] 마지막으로 순수한 복음의 선포를 통해 무너진 공의를 다시 세우도록 힘쓰고 하나님을 대항하여 싸우지 않도록 당부한다.

마치며

츠빙글리 생애 말년의 『신앙해설』을, 조용석 박사는 자신의 책에서 "루터주의와 대립되는 자신의 종교개혁 사상을 정리한" 것으로 간주한다.[46] 『신앙해설』은 1530년에 황제 칼 5세가 소집한 아우크스부르크 제국회의에 제출하기 위해 츠빙글리가 급하게 작성한 자신의 신앙고백이요, 취리히 종교개혁의 신학적 근거와 이유이다. 그것은 비록 급하게 작성된 것이지만 취리히 종교개혁자의 신학 사상을 압축적으로 요약한 글로써 전혀 손색이 없다.

---

45 Z 6.2, 817: "Profecto sic receperunt verbum domini ecclesiae, quae dominum deum per nos audiunt, ut mendacium et perfidia contrahantur, frangantur autem fastus et luxus et contumelia ac vitilitigatio εκποδων facessant." 이러한 현상을 츠빙글리는 "신적 영감의 참된 열매들"(veri fructus divini adflatus)로 간주한다.

46 조용석, 『츠빙글리: 개혁을 위해 말씀의 검을 들다』(서울: 익투스, 2015), 59.

『신앙해설』에서 츠빙글리 신학을 관통하는 섭리론이 변함없이 강조되고 있다. 츠빙글리의 초기 신학과 후기 신학이 내용상 큰 차이가 없고 또한 그의 신학적 특징이나 강조점도 별반 달라진 것이 없다. 츠빙글리 신학의 특징은 섭리하시는 성부 하나님과 구원하시는 성자 하나님, 믿음을 일으키시는 성령 하나님, 즉 삼위일체 하나님의 주권적 역사를 강조하는 것이다. 이런 논조는 말년의 『신앙해설』에서도 확인된다.

1520년대 중반부터 시작된 성찬논쟁을 통해 루터의 공재설과 달리 츠빙글리는 상징설을 주장하고, 기독론에서도 루터와 다른 길을 걷게 되는데, 이런 신학적 특징 역시 『신앙해설』에 그대로 반영된다. "속성의 교류"에 의해 부활 이후 그리스도의 몸이 시공간을 초월할 수 있다는 루터의 주장과 달리, 츠빙글리는 부활 이후에도 그리스도의 인성이 여전히 시공간의 제한을 받는다고 강력하게 주장한다.

■ 참된 종교와
거짓된 종교에
대한 주해

조용석

"인간의 지혜의 웅덩이가 아니라 하나님의 말씀인 하나님의 영의 빗줄기로부터 얻어낸 나의 신앙에 관해서 해명을 하는 것이 내게는 아주 쉽다." (츠빙글리,『저작선집3』, 56)

1525년에 출판된 츠빙글리(Huldreich Zwingli)의 저서『참된 종교와 거짓 종교에 대한 주해』(De vera et falsa religione Commentarius, 이하『주해』)[1]에는 그의 종교개혁 사상의 진수가 담겨 있다. 필자는『주해』의 핵심내용을 원문 중심으로 간략하게 요약하면서, 그가 어떻게 참된 종교로서의 기독교를 이해했는가에 대하여 소개하고자 한다.『참된 종교와 거짓 종교에 대한 주해』의 핵심 주제는 다음과 같다. 인간의 위선, 불신앙, 미신이 만들어 낸 종교를 거짓 종교와 달리, 참된 종교는 하나님의 말씀이다. 하나님의

---

1 츠빙글리의『참된 종교와 거짓 종교에 대한 주해』(De vera et falsa religione Commentarius)는 멜란히톤(Philipp Melanchton)의『신학총론』(Loci communes, 1521)과는 다른 신학적 입장을 피력하고 있다. 루터의 종교개혁 사상의 핵심주제인 "율법과 복음", "죄와 은혜"의 대립개념에 근거하여 전개되는『신학총론』과는 달리, 츠빙글리의『참된 종교와 거짓 종교에 대한 주해』는 "하나님의 인간의 명백한 차이" 원칙에 근거하여 전개되고 있기 때문이다. 멜란히톤의 신학총론이 루터교회에서 출판된 프로테스탄트 최초의 교의학 저서라면, 츠빙글리의 "주해"는 두 번째 프로테스탄트 교의학 저서이며 동시에 개혁교회에서 출판된 첫 번째 교의학 저서이다. 1536년에 처음으로 출판되었으며, 1559년 최종판이 출판된 칼빈(Johannes Calvin)의『기독교강요』(Institutio religionis christianae)는 멜란히톤의『신학총론』과 츠빙글리의『참된 종교와 거짓 종교에 대한 주해』를 비판적, 창조적으로 종합하여 통일된 입장으로 기독교 교리를 정리한 프로테스탄트 교의학 저서이다.

절대주권과 말씀에 대한 군건한 믿음이 바로 참된 종교이며, "주해"에 담긴 총 29개의 주제해설은 바로 이와 같은 참된 종교로서의 기독교를 설명하기 위한 것이다. 참된 종교의 특징은 한 분이신 하나님에 대한 진실한 신앙으로서, 그리스도를 인류의 참된 구원자로 영접할 때, 참된 하나님 인식이 완성된다. 그러나 거짓 종교는 하나님 말씀이 아니라, 인간의 말(교황, 주교, 교부들의 말)이 성경의 권위를 무시하는 거짓된 기독교이다. 그가 말하는 거짓 종교는 바로 로마가톨릭 교회이다. 그의 『주해』는 단순한 교리 모음집이 아니라, 설교자로서, 성경주석가로서 성경을 깊이 연구하며 얻게 된 귀한 복음의 진리에 대한 해설이다. 그에게 있어서 신학은 바로 성경 연구였으며, 복음적 설교였다.

종교의 개념

츠빙글리는 '종교' 개념을 사용하여, 참된 종교와 거짓 종교를 구분하며, 참된 종교로서의 기독교에 대하여 말하고자 한다. 그는 '종교'라는 개념을 기독교인들의 삶과 신앙의 방식이라고 이해한다. "내가 종교로 기독교인들의 경건 전체를 이해해는데, 곧 신앙, 삶의 방식, 명령, 예배 질서, 성례전을 말한다."(츠빙글리, 『저작선집3』, 57, 이하 쪽수만 표시) 여기서 그는 '참된', 혹은 '거짓'이라는 단어를 사용함으로써, 기독교를 미신과 구분하면서, 올바른 기독교 신앙의 모범을 제시하고자 『주해』를 출판했다고 말한다. "하지만 내가 '참된' 또한 '거짓'이라는 단어를 붙임으로 종교를 미신으로부터 구분할 때 내가 가진 목적은 이것이다. 하나님 말씀이라는 참된 샘에서 종교를 제시하고 나서, 마치 두 번째 조그만한 잔으로 미신도 제거하려는 것이다."(57)

종교의 주체와 대상

종교에는 두 개의 주체가 있다. 종교적으로 숭배를 받는 자와 그를 종교적으로 숭배하는 자가 존재한다. 피조물로서의 인간이 숭배되어서는 결코 안 된다. 오직 창조주이시며 구원자되시는 하나님만이 경배를 받으셔야 한다.

하나님

참된 하나님 인식은 하나님 자신으로부터 오며, 하나님 계시와 말씀이 믿음의 본질이다. 그뿐만 아니라 인간에 대한 인식의 근원 또한 하나님 인식이다. 어느 누구도 하나님의 존재를 부인할 수 없다. "하나님이 무엇인가는 어쩌면 인간 이해력을 넘어서지만, 그가 계시다는 것은 인간의 이해력을 넘지 않는다."(59) 하나님께서는 모든 존재들의 근원으로서, 본성 그 자체로 존재하시며, 다른 존재들의 도움을 받아 존재하지 않으시는 최고의 선이시다(*summum bonum*). 이와 같은 하나님 인식은 우리의 믿음이 없다면, 무의미하다. 그 믿음은 절대적 하나님에 대한 굳건한 신뢰이다. "그래서 내가 지금까지 하나님 인식에 관해서 제시한 것은 거기에다가 믿음이 더해지지 않으면 분명히 무의미하다."(77)

인간

하나님이 되고 싶은 인간의 욕망이야말로 인간이 가진 이기심의 근원이다. 따라서 인간이 하나님이 되고 싶은 욕망을 버리고, 오로지 절대자 하나님만을 바라볼 때만 인간은 자신의 본래적 상태에 대한 깨달음을 얻게 된다. "인간의 창조주 하나님으로부터 우리는 인간을 알게 되기를 간구해야 한다. 곧 하나님 인식과 마찬가지로 말이다."(79) 바로 하나님이 되고 싶은 그 인간의 본성이 바로 우리에게 유전되는 원죄이다. "인간은 본성이 자기를 사랑하지만, 여기서 본성은 하나님에 의해서 인간이 갖추었던 그 본성을 말하는 것이 아니라, 아담이 하나님이 주신 운명에 만족하지 않고, 자기 마음에 선과 악을 알도록, 심지어 하나님과 같아지고 싶어 하도록 만든 그 본성을 말한다."(81)

종교

그는 아담이 상징하는 인간의 이기적 본성을 매우 구체적으로 다음과 같이 표현한다. "하나님께서 아담을 내어 버리셨다고 전제하고는 아담은 자기가 도망쳐온 그분께 다시는 돌아가려고 하지 않는다."(93) 여기서 그는 하나님이 되고자 하는 인간의 욕망 그 자체가 우리의 원죄라고 이해한다. "모든 사람은 자기 스스로에게 자기의 하나님이기 때문이다."(93) 그러나 참된 종교로서의 기독교의 진리는 우리에게 다시금 올바른 구원의 길을 보여 준다. "참된 종교는 인간이 하나님을 아버지로 두고 최고선이신 그분을 확고부동하게 신뢰하는 그러한 의지함이다."(95) 그는 종교를 단지 이론적 차원이 아니라, 구체적인 삶의 영역 속에서 이해하고자 하며, 참된 종교와 참된 경건을 동의어로 사용한다. "참된 종교와 참된 경건은 바로 사람이 유일하신 하나님을 떠나지 않는 것에 있다."(97) 참된 종교는 인간이 하나님을 떠나지 않는다는 것을 의미한다. 바로 이것은 하나님 말씀을 오로지 붙들고 사는 것이다. "경건한 자는 하나님의 말씀이 아니고서는 그 어떤 다른 말씀으로 양분을 공급받을 수 없다는 것이다."(99) 이와 달리 거짓 종교 혹은 거짓 경건은 창조주이시며 구원자이신 하나님을 바라보지 않고, 유한하며 사멸한 운명의 피조물을 하나님으로 착각하며 경배하는 것이다. "거짓 종교, 거짓 경건은 하나님 아닌 다른 자를 의뢰하는 것이다."(103)

기독교

기독교야말로 참된 인간의 구원의 길을 제시하는 참된 종교이며, 인간이 구원자이신 그리스도를 인식하는 것은 전적인 하나님의 은혜이다. "하나님 인식은 본질적으로 그리스도 인식보다 앞서기 때문이다."(105) 하나님께서는 자신의 공의로움을 만족시키시기 위하여 한 분을 우리에게 보내 주셨다. 그분 즉 그리스도께서는 우리의 위선과 잘못을 용서하시고, 우리의 참된 구원을 위한 대속적 제물이시다. 그는 왜 그리스도께서 동정녀 마리아로부터 출생하셔야만 했는가에 대하여 다음과 같이 말한다. "그런데 그리스도는 두 가지 이유로 동정녀에게서 태어나지 않으면 안 되었다. 첫째, 위에서 지적한 바와 같이 그분의 신성은 죄의 허물과 접하는 것을 감당할 수 없었기 때문이다. 둘째, 제물의 본성 때문이다. 제물은 철저히 순결해야 하기 때문이다."(120)

복음

복음이란 무엇인가? 복음은 그리스도께서 우리의 구원자라는 사실로서, 이것이야말로 참 되고 기쁜 소식이다. 그리스도께서는 우리를 위하여 죽으셨으며, 부활하시고 승천하셨다. "그리스도께서는 이 모든 것을 우리를 위해서 우리를 위해서 겪으셨다. 우리의 공로와 우리의 죄 없음으로 인해서 우리가 구원을 벌 수 있었다면 그는 헛되게 죽은 것이다."(127) 오직 그리스도로 말미암아 우리에게 구원, 복, 은혜, 용서가 주어진다. 바로 그때 공의로우신 하나님께서는 우리가 필요한 것을 공급해 주신다.

회개

회개는 고해신부에게 납부하는 돈이 아니라, 세상과 과거의 삶에 대해 죽었으며, 그리스도 안에서 새로운 삶을 시작하는 것을 의미한다. "우리도 세례에서 장사된다면, 세상과 과거의 삶에 대해서는 죽었다는 것을 말한다. 그런데 물 밖으로 인도되고 나서 우리는 새로운 삶, 곧 그리스도께 걸맞은 삶을 시작해야 하는 것이다."(145) 이것은 단순히 이론적인 것이 아니다. 바로 우리의 삶 전체의 전적인 변화이다. 그리스도를 믿는 믿음과 기독교 복음의 순결함은 이론이 아니라, 바로 삶 속에서 실현되는 성령의 능력이다. 이와 같은 진정한 의미의 회개는 성도들 앞에서 공개적으로 해야 한다.

율법

율법은 무엇인가? 그는 결코 구약의 율법이 유효하다고 말하지 않는다. 오히려 그리스도 안에서 성취된 사랑의 법이 제일 중요하다고 인간의 내면에서 활활 불타오르는 그리스도의 사랑을 실천하는 것, 그것이야말로 하나님의 영원한 뜻이다. "그리스도를 모시고 섬기는 자는 사랑이 명하는 바를 행할 의무가 있다. 사랑이 명하지 않거나 거기서 나오지 않는 것은 명령이 되지 않았다면 무익하다."(150)

죄

죄란 무엇인가? 죄는 바로 우리에게 전가된 병이며, 철저한 이기심의 산물이다. "하나는 병, 곧 첫 사람에게서 우리에게로 전가되어 받은 병이고, 우리가 철저하게 자신들을 사랑하는 가운데 거기에 굴복하는 병이다."(150) 인간이 자기 자신을 사랑하는 것이 바로 죄이며, 이것이야말로 아담 이후로 우리에게 전가된 병이라는 것이다. 이와 같은 죄의 의미를 율법을 통하여 깨닫게 되며, 율법을 인식하는 순간 우리는 죄의 필연성을 절대 간과할 수 없다. "죄라는 말은 법을 어김을 뜻하고 있다. 율법으로 인해서 죄를 깨달음이 온다."(151) 인간의 이기심으로 인한 죄의 병으로 인하여, 인간은 순수하게 율법을 실천할 수 없다. 그러나 여기서 하나님의 반전이 일어난다. 죄의 병으로 인하여 시달리는 인간을 위하여 하나님께서는 우리와 같은 죄의 병은 없지만 우리처럼 연약한 인간의 육체를 가지신 자신의 아들을 보내셔서 우리에게 참된 구원의 길을 보여주셨다. "우리 육체의 연약함의 결과로 지금까지 우리는 율법의 행위로는 구원을 받을 수 없기 때문에 하나님께서 죄의 병을 제외하고는 우리의 약한 육체와 비슷한 육체를 입힌 자신의 아들을 보내주셨다."(161)

성령훼방죄

그는 하나님을 모독한 것을 성령을 훼방한 것이라고 생각한다. 그에게 있어 가장 큰 하나님 모독은 바로 하나님을 믿지 않는 것이다. 하나님을 믿지 않으면, 그리스도 또한 믿을 수 없다. "그래서 가장 큰 하나님 모독은 이것이다. 하나님을 의지하지 않음이다. 바로 여기서 노골적인 모독이 나온다."(168) 이 세상을 창조하시고 우리를 구원하시기 위하여 독생자 그리스도를 보내주신 하나님을 믿지 않는 것이야말로 결코 용서할 수 없는 성령훼방죄이다.

열쇠 권세

그는 교황만이 성경말씀을 해석할 수 있는 최종적인 권한이 있다는 중세 로마가톨릭교회의 전통을 강하게 비판한다. "말하자면 교황은, 그들이 상상하는 것에 따르면 그 사람만이 성경말씀을 해석할 수 있다는 것이다."(172) 교황의 권위는 예수님의 제자 베드로가 유일하게 천국 열쇠를 받았다라는 그들의 전승에 기초한다. 그러나 츠빙글리는 예수님께서 베드로에게만 천국 열쇠를 약속하신 것이 아니라, 모든 제자들에게 천국 열쇠를 약속하셨다고 역설한다. 진정한 천국 열쇠는 그리스도의 가르침, 즉 복음이다. 복음으로 인하여 우리는 회개하며 그리스도의 사랑과 용서를 선포할 수 있다. 그는 교황을 추종하는 이들에게 다음과 같이 외친다. "기만에 찬 교황의 열쇠와 함께 하는 믿는 자들의 공동체에서 신속히 떠나라!"(193)

교회

그는 인간의 교만이 교회를 교회답게 만들지 못하게 만들었다고 비판한다. 그것은 바로 인간의 권력욕이다. "인간의 오만함은 교회와 말씀과 관련된 일을 몇몇 사람에게 한정시켜 버렸다."(194) 한두 사람이 교회를 지배해서는 안 된다. 오로지 교회의 주인은 예수 그리스도이시다. 예수 그리스도를 주인으로 모신 "교회는 공동체요, 모임 전체이고 백성 전체이며 모인 무리 전체이기 때문이다."(194)

교회 –「엠저 반박」

교회는 무엇인가? 바로 하나님의 백성이요, 믿음의 공동체이다. 절대로 한두 사람의 소유가 될 수 없다. "교회는 그리스도의 백성이요, 그리스도의 모임도 그리스도의 공동체 아닌 다른 것이어서는 안 된다."(196) 그러나 교회는 도덕적으로 완전한 사람들이 모인 곳이 아니다. 주님의 품 안에는 알곡과 쭉정이가 섞여 있다. 이것이 바로 이 땅 위에 존재하는 교회의 현실적인 모습이다. "물론 이 교회는 그 티도 주름도 없지 않다."(199) 교회에 모인 하나님의 백성 전체가 한 사람도 빠짐없이 도덕적으로 완전해야 한다는 생각은 하나님의 생각이 아니라 인간의 생각이다. 즉 그것은 인간 스스로 도덕적으로 완전해지고 싶은 욕망을 투영한 것에 다름이 아니다. 알곡과 쭉정이가 섞인 교회를 거룩하게 하시는 분은 하나님이시다. 결코 인간이 아니다! "그분으로 말미암아 우리가 그분과 하나님을 이룰 수 있게 하기 위해서 그분이 우리를 거룩하게 하셨기 때문이다."(201) 교회 안에서 하나님의 백성을 양육하는 목자는 오로지 그리스도뿐이시다. 하나님으로부터 교회가 만들어졌기 때문이다. "오직 하나님, 곧 자기들의 목자의 음성을 듣는 교회만이 흔들리지 않게 굳건하고 무오하다. 이 교회만이 하나님으로부터 왔기 때문이다."(205) 그리스도의 목회 방법은 바로 복음을 전하는 것이다. 복음이 아닌 것을 가르치는 자는 진정한 목자가 아니다. 교회는 오로지 하나님 말씀, 즉 복음만을 듣기를 원한다.

성례전

그는 하나님의 은총이 전달된다고 가르쳤던 중세 로마가톨릭교회의 성례전론을 거부했다. 그에 의하면, 성례전은 그리스도의 계명을 진정으로 따르는 삶을 살겠다는 공동체 앞에서 선언하는 예식이다. "그리스도의 승리를 기억하는 성만찬으로 우리가 그의 교회의 구성원이라는 것을 알린다. 세례에서 우리는 상징, 곧 우리로 하여금 그리스도의 계명을 따른 삶을 꾸리도록 구속하는 징표를 받는다."(222)

결혼

그는 결혼에 대한 거룩한 의미를 부정하는 것이 아니라, 가톨릭교회가 결혼 문제에 대하여 개입할 수 없다는 사실을 강조한다. 그에 의하면, 결혼은 하나님 앞에서 당사자들이 진정한 사랑의 마음으로 삶을 함께 하기 위하여 하는 사회적 약속이다. "혹시 결혼은 그리스도와 교회의 모형이기 때문에, 결혼을 성례전이라고 주장한다면 나는 이의를 달지 않겠다. 하지만 결혼은 성별과 구속의 행위는 아니고, 오히려 그것은 삶의 계

약, 재산공유, 공동의 주사위 던짐이다."(223)

세례

세례는 무엇인가? 그것은 진정한 그리스도인으로서의 삶의 전환을 결단하는 예식이다. 그는 물세례보다 성령세례를 강조한다. 첫 번째 성령세례는 성령충만한 삶을 의미한다. "성령세례로 말미암아 그리스도를 믿는 사람은 모두 내적으로 젖게 된다."(226) 두 번째 성령세례는 바로 방언이다. "성령으로 주는 두 번째 세례는 물로 주는 세례와 마찬가지도 외적인 세례이다.…곧바로 방언을 말하기 시작했다."(226) 그러나 방언은 필수적인 성령세례의 증거가 아니다. 그것보다 중요한 것은 성령충만한 삶이다! "성령으로 일어나는 두 번째 세례는 꼭 필요하지 않다. 하지만 성령으로 베풀어지는 첫 번째 세례는 아주 필요해서 이것 없이는 아무도 복되게 할 수 없다."(227)

성만찬

성만찬은 그리스도의 죽음과 그의 보혈의 공로를 기념하는 예식으로서, 이를 통하여 우리의 믿음은 강해진다. "그리스도의 죽음과 피는 언약이다. 그러나 언약의 규칙과 본질을 담고 있는 기록물은 이 성례전이다. 말하자면 이 성례전 안에서 우리는 그리스도의 죽음과 그의 피흘리심이 이루어낸 선한 것을 기념한다."(275) 따라서 결코 성만찬은 우리의 죄를 속하는 공로나 희생제물이 아닌 것이다. "미사에서 이 빵을 매일 바침으로 인해서 우리의 죄를 속하는 공로나 희생이라고 우리를 가르치는 것은 거짓된 종교이다."(280) 왜 그는 이렇게 생각했을까? 왜냐하면 성만찬을 구성하는 빵과 포도주가 하나님처럼 경배되는 것이 잘못된 것이라고 생각했기 때문이다. 즉 이것은 창조주 하나님이 아니라 피조물을 경배하는 것이나 다름이 없다고 주장한 것이다. 물질은 단지 물질일 뿐, 이것을 신격화시키는 것은 일종의 우상숭배요, 미신이라고 주장한 것이다. 이와 같은 그의 성찬론은 중세 가톨릭교회의 토대를 붕괴시키는 효과를 낳았다. 인간인 교황을 예수 그리스도의 대리자로 둔갑시켰던 중세 가톨릭교회를 직접적으로 비판한 것이기 때문이었다. "그런데 자기들은 빵이 아니라 그리스도의 몸을 예배한다고 주장하는 말은 도대체 무엇이란 말인가? 그것은 피조물을 숭배하는 것이 아니란 말인가?"(298)

고백

그는 돈과 탐욕에 물든 중세 가톨릭교회의 종교적 관습을 비판하며, 진정한 고백은 하나님을 신뢰하며, 그가 세우신 자로부터 복음을 듣는 것이라고 주장한다. "성령은 선지자의 말대로 인생이 자기를 깨닫고 자신을 하나님의 자비에게 맡기는 고백 말고는 다른 고백을 말하고 있지 않다."(302)

그 외의 성례전들

주교는 종교권력을 가진 자가 아니라, 하나님 말씀을 선포하는 직분을 부여받았을 뿐이다. "주교의 직분은 직분이지 신분은 아니다. 말하자면 말씀에 대한 봉사직이다. 말씀을 관장하는 자가 주교이다."(306)

사제의 결혼

사제(목사)는 하나님의 형상을 가진 소중한 인간으로서 결혼을 자격이 있다. 따라서 사제들의 결혼을 금지한 중세 가톨릭교회를 비판한다. 동시에 그는 상당수 가톨릭 사제들이 자신들의 정욕을 참지 못하고, 매춘을 하고 있는 현실을 고발한다. 동시에 사제들이 교회에서 얻는 수입을 매춘에 사용하지 말고 차라리, 가난한 사람들을 위하여 사용하라고 권고한다. "현재 살아 있는 사제들은…그렇게 해서 남는 수입은 가난한 자들을 위해서 사용하여야 한다."(309) 마지막으로 그는 이렇게 말한다. "기독교인들은 오직 그리스도의 사제직만 가져야 한다. 그분은 영원한 대제사장이시다"(310)

서원

하나님과 자신과의 약속을 서원 혹은 맹세의 형태로 표현하는 것을 인간의 자기교만이다. 인간 스스로 하나님의 뜻을 실천할 수 없기 때문이다. 그것은 오직 하나님의 능력으로 인하여 가능할 뿐이다. "신앙의 사람은 하나님의 뜻을 이루려고 노력해야 하는데, 그 이유는 자기 하나님이 이렇게 저렇게 명령하셨기 때문이지, 자기가 하나님의 명령을 이루겠다고 스스로 약속했기 때문에 하는 것이 아니다."(313)

하늘에 있는 죽은 자들에게 도움을 간구함

중세 로마가톨릭교회는 신앙적으로 모범이 되었던 그리스도인들을 성인으로 지정하여, 후대 사람들이 그들의 삶과 믿음을 본받게 하였지만, 그러나 성인들이 숭배의 대상이 되어 버리면서, 순수한 기독교 신앙은 오염이 되었다. 그들은 하나님과 인간의 유일한 중보자가 오직 예수 그리스도이시라는 진리를 망각했기 때문이다. "죽은 자들에게 하는 간구에 찬성하는 논거로 갖다 대는 것은 아무런 가치가 없거나 아니면 뻔뻔하고도 육체적인 지혜로 억지로 꾸민 것이다."(323) 그 성인들 또한 한낱 피조물이었을 따름이다. "피조물 전체를 당신 눈 앞에 두라. 그리고 당신은 이들 중 누구도 아들을 통하지 않고는 아버지께 올 수 없다고 고백하지 않으면 안 된다."(322)

공로

우리를 구원으로 인도하시는 하나님의 섭리를 전적으로 믿는다면, 우리의 인간적 공로는 무의미하게 된다. 인간의 능력으로는 절대로 구원에 이르는 길을 발견할 수 없기 때문이다. 그뿐만 아니라, 우리의 구원을 위하여 성인들의 공로에 의지해서도 안 된다. "자기들의 소망을 성인들에게 두는 자들은 주로 그들의 공로에 의지하는 것이며"(329) 만사를 이끄시는 하나님의 섭리에 우리의 삶을 완전히 맡겨야 한다. "바로 이 과정들 뒤에 자유롭게 우리와 만물을 사용하는 하나님의 섭리가 있다."(330) 오직 하나님의 은혜만이 우리를 구원하신다. 우리의 공로, 혹은 선행은 단지 하나님의 은혜와 축복의 증거일 뿐이다. "우리의 공로 때문이 아니라 오직 하나님의 은혜로부터 우리에게 축복이 주어진다는 것…"(337)

기도

결코 기도는 복을 구하기 위한 수단이 아니다! "심지어 기도하는 것이 무엇을 얻기 위한 수단으로 전락한 것은 아주 놀라운 일이다." (342) 기도는 하나님과의 인격적 대화이다! "기도는 그러니까 우리가 믿음으로 인해서 우리 아버지로 최고로 의지할 수 있는 분이신 하나님과 나누는 대화이다."(345)

연옥

연옥은 없다! 연옥은 인간의 공로로 천국에 갈 수 있다고 믿게 만들기 위한 중세 로마가톨릭교회의 교활한 교리이다. 성경은 연옥을 모른다. 중세 가톨릭교회의 연옥교리는 죽음에 대한 인간의 공포심을 이용하여, 돈을 벌기 위한 일종의 종교 사업이었다. "연옥은 장사꾼들이 내놓은 엉터리약과 비슷하다."(349) 천국과 지옥행을 결정하는 권리는 오직 하늘에 계신 하나님에게만 있다! "돈 보따리 뒤에서 알짱거리고 이 모든 것을 배를 불리기 위해서 하는 그 영혼을 괴롭히는 자들, 양심 파괴자들은 저주받아야 한다."(357)

정부

그는 기독교 정부 수립을 위하여 노력해야 하며, 불신앙의 권세가 정부의 권력을 장악하고 있다면, 우리의 믿음과 양심에 따라 불복종해야 한다고 역설한다. "불신앙의 권세에게 불복종하는 것이 양심의 일이라면, 기독교 권세에게 복종하는 것도 양심의 사안이 아닐까?"(386) 우리는 세상을 통치하는 권세가 그리스도의 법에 따를 수 있도록 최선을 다해 기도해야 한다.

실족

믿음이 약한 자가 실족하지 않도록, 오히려 당당하게 그에게 다가가서 복음의 진리를 알려주어야 한다. "당신의 이웃이 약한지, 아니면 굳센지, 아니면 하나님을 경외하는지를 먼저 파악해야 한다. 약한 자는 당신에게로 이끌어야 하는데, 곧 손을 내밀어서 당신의 깨달음의 수준에 그도 이를 수 있게 만들어야 한다." (395) 그럼에도 불구하고 우리는 억지로 믿음이 연약한 형제에게 권면하며, 그에게 자유로운 행동을 강요하면 안 된다. 즉 복음의 자유를 이야기해야 하지만, 분명히 믿음이 연약한 자에 대한 배려를 잊으면 안 된다. 우리는 무조건 믿음이 연약한 자에게 양보해야 한다. "당신의 형제가 고집스럽고 굳세다면 당신의 음식이 어떻게든 그를 불안하게 할 수 있을 경우에는 다시금 양보해야 한다."(395)

성상들과 성화들

그는 성상들과 성화들을 반대한다. 왜냐하면 이것들은 우상숭배이기 때문이다. 그는 교육적 용도로 성상과 성화들의 존재를 상대적으로 인정했던 루터와 전적으로 다른 입장을 취했으며, 칼빈은 이와 같은 츠빙글리의 신념을 받아들였다. "성화가 아니라 그것이 가리키는 인물들이 숭배를 받는 것이다."(406) "경건한 정신을 해치거나 하나님 신앙을 해하는 성화들은 제거해야 한다."(411) 면죄부를 만드는 돈으로 차라리 가난한 자들을 도우라는 루터의 외침처럼, 츠빙글리는 다음과 같이 강력하게 외친다. "성화 숭배에 쓸 돈을 가난한 자들을 위해 쓰라!"(404)

마치며

그는 마지막 결론에서 서두에서 언급했던 "하나님과 인간의 인식"을 다시금 되새기며 강조한다. "만일 사람의 삶에서 하나님 인식을 제거한다면 짐승의 삶과 다르지 않다."(412) 즉 하나님과 피조물 인간이 전적으로 다르다는 사실을 인식하는 것이야말로 참된 기독교 신앙의 출발점인 동시에 궁극적인 목표가 된다. "하나님께서는 인간이 하나님에 대한 인식 없이 지내는 것을 원하지 않았고, 그래서 하나님을 잊은 것 같으면 곧바로 지체 없이 다시 인간을 부르며 꾸준히 가르치셨다."(413) "두 번째는 우리 자신을 아는 것이다. 그러니까 자기 인식이 없이는 마찬가지로 율법을 받아들이지 못한다."(414) 이와 같은 올바른 하나님과 인간에 대한 인식은 우상숭배가 제거된 참된 그리스도 신앙으로 우리를 초대한다. "하나님은 우리에게 곧 믿음과 순결만 요구하시기 때문에 우리에 의해서 만들어진 다양한 형태의 신들을 숭배함보다 더 해로운 재앙은 생각해 낼 수 없었다."(417) 우리가 하나님 말씀을 통하여 스스로 한낱 죄인일 뿐이며, 오직 하나님만이 창조주이시며 구원자이시라는 사실을 깊이 깨닫고 인정할 때, 비로소 우상과 미신을 버리게 된다.

이상 소개한 츠빙글리의 "하나님과 인간에 대한 인식"은 그의 종교개혁 사상의 핵심 모토로서, 칼빈의 1559년 『기독교 강요』 최종판 서두를 장식하게 된다. 칼빈은 츠빙글리의 사상을 이어받고 있는 듯하면서도 혁신적인 방식으로 이를 새롭게 전환시킨다. 절대자 하나님을 먼저 강조하며 인간을 논했던 츠빙글리와는 달리, 칼빈은 죄악으로 물든 인간의 원초적인 비참한 모습을 우선적으로 강조하면서 이를 통하여 하나님의 구원사역의 비장한 아름다움을 그의 수려한 신학의 언어로 표현하고 있다. "우리는 우리 자신의 죄악들을 생각할 때, 하나님의 선하신 일들을 생각하게 된다. 그리고 우리는 자신을 미워하기 전에는 진실로 하나님을 간절히 사모할 수 없다."(『기독교 강요』 I권 1장 1절)

개혁파 교회에 대한 츠빙글리의 기여

이승구

취리히의 종교개혁은 츠빙글리(Huldrych Zwingli, 1484-1531)와 함께 시작되었다고 해도 과언이 아니다.[1] 취리히를 비롯하여 루체른(Oswald Myconius, 1488-1552), 바젤(Myconius, Johannes Oecolampadius, 1482-1531), 베른(Berchtold Haller, c. 1492-1536), 스트라스부르(Wolfgang Capito, c. 1478-1541, Martin Bucer, 1491-1551) 제네바(Farel, Viret, Calvin 등) 등 각 도시들이 이룬 종교개혁의 성과는 놀랍다. 후에는 종교개혁을 지지하는 스위스 연방들(the Swiss Confederation)이 함께 스위스의 종교개혁을 하게 되었다. 이들 중 상당수가 1528년 1월에 베른에 모여서 개신교 회합을 가졌다.[2] 그리고 이들은 결국 유럽의 개혁파 교회의 모습을 형성하는 데 큰 기여를 하였다. 이 일의 앞자리에 서 있는 츠빙글리의 개혁파 교회에 대한 기여라고 말할 수 있는 것은 무엇일까?

---

1 라토렛은 아예 "개혁파 교회들의 시작: 츠빙글리"라는 제목으로 그에 대한 논의를 하고 있다. Kenneth S. 라토렛, *A History of Christianity*, vol. 2 (New York: Haper & Row, 1953, rev. 1975), 윤두혁 역, 『기독교사 중』(서울: 생명의 말씀사, 1980), 373.
2 바젤에서 외콜람파디우스와 펠리칸이 참석하고, 취리히에서 불링거, 스트라스부르에서 카피토와 부쳐, 콘스탄스에서 블라러(Ambrosius Blarer, 1492-1564), 샤프하우젠(Schaffhausen)에서는 호프마이스터(Sebastian Hofmeister, c. 1494-1533), 그리고 베른에서는 할러가 참석한 이 1528년 베른 회의에 대한 포터의 다음 평가는 매우 의미심장하다. "어떤 의미에서 프랑스 위그노와 네덜란드 개혁파와 스코틀랜드 장로교도들과 어쩌면 온 세상의 자유 교회들의 운명이 1528년 1월 이 베른 모임의 결과에 달려 있었다"(G. H. Potter, *Zwingli* [Cambridge: Cambridge University Press, 1976], 257).

먼저 그의 생애에 대해서 간단히 언급하면 1484년 1월 1일에[3] 장크트 갈렌(St. Gall) 지역의 빌트하우스(Wildhaus)의 부유한 농부의 가정에서 태어난 그는 바젤과 베른에서 라틴어 학교를 다녔고, 1498년에 비엔나 대학교에서 공부하기 시작하여, 1502에는 바젤 대학교에서 공부하고[4] 바젤에서 1504년 9월 18일에 학사 학위를, 그리고 2년 뒤인 1506년에 석사 학위를 수여받았다.[5] 이 때까지도 그는 아마도 중세의 비아 안티쿠아(via antiqua) 방식에 익숙한 선생님들의 영향을 받았다고 추정된다.[6] 그는 이런 교육을 당대의 뛰어난 인문주의자들로부터 받았으니, 베른에서는 하인리히 뵐프린(Henrich Wölfflin)에게서, 비엔나에서는 당시 독일의 최고 인문주의자라고 불리던 콘라트 켈티스(Conrad Celtis)에게서, 그리고 바젤에서는 토마스 비텐바하(Thomas Wyttenbach, 1472-1526)에게서 교육 받았다.[7]

그랄루스 칸톤의 제일 도시인 그랄루스(Gralus)에서 10년 동안 천주교 사제직을 수행하면서[8] 고전과 교부들 특히 어거스틴을 읽던 그는 이곳에서도 1513-1516년 사이에 에라스무스의 글을 읽었으며,[9] 용병 제도를

---

[3] 그는 루터보다 6주 후에 태어난 것이다. 이는 아주 일반적인 정보이지만 이를 Philip Benedict, *Christ's Churches Purely Reformed: A Social History of Calvinism* (New Have, CT: Yale University Press, 2002), 22에서 확인하여 인용한다.
[4] Cf. Steven Ozment, *The Age of Reform, 1250-1550* (New Haven and London: Yale University Press, 1980), 318.
[5] 일반적 정보이나 이를 가장 명확히 말하는 Ozment, *The Age of Reform*, 318을 보라.
[6] 이제는 아주 일반적인 정보이지만 이를 Benedict, *Christ's Churches Purely Reformed*, 22를 참조하여 제시하였다. Ozment도 *via antiqua* 방식으로 공부하면서 아퀴나스의 저작들을 읽고 Duns Scotus의 명제집에 대한 주석들을 읽고 논의하면서 공부했다고 한다(Ozment, *The Age of Reform*, 318). 그는 후에 언급할 비텐바하의 영향으로 오캄의 유명론 보다는 고대적 접근을 더 선호하게 되었다고 한다.
[7] 이는 Ozment, *The Age of Reform*, 318에서 온 정보이다.
[8] 초임 자리로 이런 유력한 자리를 얻게 된 것은 아마도 베센(Weesen)의 지방 부감독(dean)으로 있던 그의 삼촌 바돌로뮤 때문이었으리라고 추정하는 Ozment, *The Age of Reform*, 320을 보라.
[9] 이를 지적하는 Ozment, *The Age of Reform*, 320을 보라.

비판한 것을 말미암아 그랄루스 통치자들과의 불화 때문에 1516년 4월
에 이로부터 15마일 떨어진 작은 시골 마을인[10] 아인지데른(Einsiedeln)으
로 옮겨가 사제로[11] 사역하면서 (의사요 St. Gall의 시장을 여러 번 역임한) 요아
킴 바디안(Joachim Vadian)과 (당대의 지리학자요 시인으로 에라스무스와 친구였
던) 하인리히 글라레아누스(Heinrich Glareanus)와의 서신 교환을 통해 더
욱더 에라스무스의 영향을 받고 희랍어를 공부하기 시작했다고 한다.[12]
1516년에 에라스무스에게 보낸 편지에 나타난 그의 존경심과 그의 헌신
이 흥미롭다. 그러나 이때도 그는 오늘날 우리가 말하는 에라스무스적인
관점을 가진 것을 아니라는 것이 더 올바른 견해이다.[13] 이때부터 그는
성경의 가르침을 최고의 권위로 여기고 있었기 때문이다.[14] 1519년 오스

---

[10] 이 점은 Ozment, *The Age of Reform*, 321에 언급된 정보에 근거해 말하는 것이다. 또한 라토
렛, 『기독교사 중』, 374도 보라.

[11] 이 때도 후에 취리히에서와 같은 "시민 사제"(*Leutpriester*)였다고 한다(Ozment, *The Age of Reform*, 321). 라토렛도 이를 말하면서 아인지델른이 천주교 순례 중심지의 하나였음도 밝히고 있다(라토렛, 『기독교사 중』, 374).

[12] 그리하여 알프스 북부에서는 그 누구에게 못지않은 희랍어 학자가 되었다고 한다. 이는 Potter, *Zwingli*, 43의 주장이고, 이를 따라서 언급하는 Ozment, *The Age of Reform*, 321, n. 5를 보라.

[13] 에라스무스가 자유의지에 대해 글을 쓴 것이 1524년이니 그제서야 오늘날 우리가 말하는 에라스무스 주의 입장이라는 것이 명확하지 그 이전에는 이를 말하기 어렵다는 근거에서 이를 강하게 주장하는 Benedict, *Christ's Churches Purely Reformed*, 23을 보라. 더구나 그의 편지의 내용을 살펴보면 1519년 취리히에서 사역을 시작하기 이전부터 루터와 그의주장을 흥미를 가지고 알고 있었으며, 곧바로 루터의 책자들을 읽었으며 그의 용기를 깊이 있게 존경하며 언급하고 있음을 발견할 수 있다. Cf. Benedict, *Christ's Churches Purely Reformed*, 24. 그는 천주교회가 루터를 공정하지 않게 핍박한다고 하면서 루터를 위해 천주교회에 반박하는 일도 하였고, 1520년에는 천주교회의 성직록 수납을 거부하였다(Benedict, *Christ's Churches Purely Reformed*, 24; 라토렛, 『기독교사 중』, 375).

[14] 이는 일반적인 논의이나 이를 가장 잘 강조하고 드러낸 W. P. Stephens, *The Theology of Huldrych Zwingli* (Oxford: Clarendon Press, 1986), 51 - 52을 보라. 츠빙글리는 자신이 루터의 이름을 듣기 전부터 복음을 선포하였는데 그것이 1516년이라고 말한 적도 있다. Cf. Raget Christoffel, *Zwingli; Or, the Rise of the Reformation in Switzerland. a Life of the Reformer, with Some Notices of His Time and Contemporaries*, trans. John Cochran (Edinburgh: T & T Clark, 1858), cited in C. P. S. Clarke, *A Short History of the Christian Church*, New Edition (London, New York, Toronto: Longmans, 1948), 276-78. 또한 G. R. Potter, "Zwingli and Calvin," in *The Reformation Crisis*, edited by Joel Hurstfield (New York: Haper Torchbooks, 1966), 35도 보라. 여기서 그는 다음과 같은 츠빙글리의 말을 인용하고 있다. "나는 교황주의자들에 의

왈트 미코니우스(Oswald Myconius)의 도움과 취리히 시 대표자들의 투표로[15] 35세의 나이로 취리히의 시민 사제(*leutpriester*, people's priest)로 선임된 그는 취리히 시의 종교개혁을 의미 있게 전개시킨다. 이 때부터 그가 행한 일들이 오늘날의 개혁파 교회에 어떤 기여를 하는 것인가? 바로 이것이 내가 이 글에서 언급하려고 하는 주제이다.

연속적 성경 읽기와 강해(*lectio continua*)의 회복

개혁파 교회에 대한 츠빙글리의 첫째 기여는 역시 성경에로 가고, 처음 신약 교회의 모습에로 다시 돌아간 것과 관련된다. 그것은 교회 안에서 성경을 연속적으로 읽고 강해하던 그 처음 모습을 회복한 것이다. 이 일은 1세기 신약 교회가 그 예배를 시작할 때 아마도 그에 근거하여 십자가와 부활의 빛에서 개혁을 시도했던 유대인들의 회당 예배의 전통과도 관련될 것이다. 매주 토라와 선지서의 상당 부분을 연속해서 읽던 회당 예배의 전통을 십자가와 부활의 빛에서 개혁하면서 처음 신약 교회는 구약과 함께 사도들의 글들을 읽어 가기 시작했을 것이다. 그리하여 구약과 신약으로 정착된 책들을 계속해서 읽으면서 그것을 강해하는 것이 예배의 중요한 한 부분이 되었다. 그것이 1세기 후반 이후 고대 교회의 중요한 전통이라고 할 수 있다. 정확히 그 모든 정황을 알 수는 없지만 알렉산드리아의 클레멘트(150-215)의 설교들이나 역시 알렉산드리아에서

해서 루터파라고 불려지는 것을 거부한다. 왜냐하면 나는 그리스도의 가르침을 루터로부터 배운 것이 아니라 하나님의 말씀으로부터 배웠기 때문이다." 이에 대해 그는 다음 같은 문헌 정보를 주고 있다. *Huldreich Zwinglis sämtliche Werke*, eds., E. Egli and G. Finsler (Leipzig, 1908), II, 149 (*Corpus Reformatorum*, vol. 89).

15 1518년 취리히 시의 시민 사제가 공석이 되었을 때 최종적으로 물망에 오른 사람이 츠빙글리와 6명의 자녀를 둔 로렌스 매르(Laurence Mär)라는 신부였다. 결국 17:7의 표를 얻은 츠빙글리가 1518년 12월에 결정되었다고 한다(Ozment, *The Age of Reform*, 322).

활동했던 오리겐의 설교들(185-254)이 연속 강해 설교로 남아 있는 것을 보면 2세기 후반부터 3세기에도 연속 강해 설교가 예배 중에 행해졌음을 알 수 있다. 요한 크리소스톰(347-407)이 안디옥 대성당에서 사역할 때 (385-97) 그는 마태복음에 대해서 89회의 연속 강해 설교를 하였고, 요한복음에 대해서 90회 연속 강해 설교를 하였으며, 사도행전에 대해서 44번, 바울서신에 대해서 250회의 연속 강해 설교, 창세기에 대해서 67회의 강해를 하고, 시편과 이사야서에 대해서도 그렇게 연속 설교를 했다고 한다.[16] 어거스틴(354-430)도 산상 수훈에 대해서 연속 설교를 하고, 요한복음에 대해서 124회의 연속 강해 설교를 하였으며, 요한일서 주석과 시편 주석도 이런 연속적 강해에서 나온 것이라고 한다.[17] 그러므로 4세기와 5세기에도 예배 중에 성경을 연속해서 강해하는 것이 일반적인 것이었다고 생각한다.

로마교회에서 선택적 성구 목록(lectionary)이 만들어지기 시작한 것은 3세기 때부터라고 여겨지고, 어거스틴 때에는 제한된 날을 중심으로 이것이 사용되다가, 5세기 레오 대제(440-461년 재위)와 그레고리 대제(540-604, 590부터 재위) 때에 아주 본격적으로 소위 선택적인 읽기(lectio selecta)가 보편화되었다고 한다.

그러므로 츠빙글리가 1519년 1월 첫째 주부터 취리히의 그로스뮌스터에서 예배를 인도하면서 "취리히에서 이전에 한 번도 그리하지 않던 방

---

[16] 이제는 이것이 아주 일반적인 정보이나 이를 가장 상세히 논의하고 있는 Hughes Oliphant Old, *Worship* (Atlanta: John Knox, 1984), 63; 그리고 그의 *The Reading and Preaching of the Scriptures in the Worship of the Christian Church*, vol. 2: *The Patristic Age* (Grand Rapids: Eerdamsnd, 1997), 171-202를 보라. 또한 이를 인용하며 언급하는 이승구, "예배에 있어서 '연속적 읽기와 설교'",『한국 교회가 나아갈 길』(서울: CCP, 2018), 123, n.13도 보라.

[17] Cf. Old, *Worship*, 65f.; idem, *The Reading and Preaching of the Scriptures in the Worship of the Christian Church*, vol. 7: *Our On Time* (Grand Rapids: Eerdamsnd, 2010), 172; 그리고 이를 인용하는 이승구, "예배에 있어서 '연속적 읽기와 설교'",『한국 교회가 나아갈 길』, 123, n.14.

식으로"¹⁸ 마태복음 강해 설교를 시작하여 간 것은 중세의 관례를 의도적으로 극복하는 아주 획기적인 시도를 한 것이다. 이 때 그는 크리소스톰과 어거스틴이 성경을 한 절씩 강해 설교해 간 것을 의식하면서 의도적으로 그 전통으로 돌아가 그리했다고 한다.¹⁹ 이렇게 마태복음에 대한 연속 강해 설교를 마친 그는 사도행전을 강해하였고, 그 후에 서신서들을 강해하였는데, 디모데전서, 베드로 전후서, 히브리서, 그리고 1524년까지 요한복음과 바울서신의 다른 부분을 강해했다. 이런 식으로 7년 동안 신약성경을 강해한 후에 1524년 중반부터 시편 강해를 시작하였고, 1526년 7월 중순부터 모세오경을 강해하기 시작하였으며, 역사까지 한 후에 1528년 3월부터 이사야서를 강해하기 시작했다고 한다.²⁰ 취리히 시는 이 방법을 받아들여서 1520년에는 취리히의 모든 사제들이 다 이런 방법으로 성경을 연속해서 강해하도록 시 의회가 결정했다고 한다.²¹

후에 스트라스부르에서 활동했던 종교개혁자 볼프강 카피토(Wolfgang Capito, 1478-1541)가 스트라스부르로 오기 전 바젤에 있을 때인 1518년에 이미 로마서 7장까지를 강해한 일이 있다고 하니,²² 볼프강 카피토와 츠빙글리가 이런 일을 다시 회복하는 일에 있어서 매우 중요한 역할을 했다고 볼 수 있다. 카피토와 츠빙글리는 1523년 바젤의 성 마가 교회에서

---

18 Potter, *Zwingli*, 61, 그리고 그를 인용하는 Ozment, *The Age of Reform*, 323, n.12.
19 이를 잘 지적한 것으로 Old, "Preaching by the Book: Using the *Lection Continua* Approach in Sermon Planning," *Reformed Worship* (June 1988)과 그의 책 *The Reading and Preaching of the Scriptures in the Worship of the Christian Church*, vol. 4 (Grand Rapids: Eerdamsnd, 1998), 46을 보라.
20 이상의 내용은 이승구, "예배에 있어서 '연속적 읽기와 설교'",『한국 교회가 나아갈 길』, 127에 있는 정보를 활용해 언급한 것이다. 그 글이 근거하고 있는 Old의 책들과 논의를 보라.
21 Ozment, *The Age of Reform*, 323. 당시 7,000명 인구를 가진 취리히에는 3개의 교구에 57명의 사제들과 24명의 canon들과 200여명의 종단에 속한 남녀 수도사들이 있었다고 한다(R. Tudur Jones, *The Great Reformation* [Downers Grove, Ill.: IVP, 1985], 50).
22 Old, *The Reading and Preaching of the Scriptures in the Worship of the Christian Church*, vol. 4, 68-69. 스트라스부르에 와서는 선지서, 특히 호세아, 이사야, 예레미야, 에스겔에 대한 연속 강해 설교를 하였다고 한다(71-77).

이사야서를 강해한 외콜람파디우스(John Oecolampadius, 1482-1531), 스트라스부르의 마토이스 첼(1477-1548)(4복음서와 마태복음 강해), 카피토(선지서 강해), 부처(1491-1551, 시편과 로마서, 마태복음, 요한복음, 베드로전서, 에베소서), 그리고 그들에게 영향을 받은 칼빈(1509-64)과 함께 이런 연속적 읽기와 설교의 회복자라고 할 수 있을 것이다.

이러한 "연속적 성경 읽기와 강해"(*lectio continua*) 식의 예배는 또한 중세의 교회력을 중심으로 한 예배를 개혁한 것이라는 점도 중요하다. 성경이 제대로 가르쳐지지 않으므로 교회력에 따라 신도들이 예수 그리스도의 생애를 따라가면서 그 의미를 생각하고 그것을 체험하면서 그 의미에 동참하도록 하려던 것은 고육지책으로 나온 것이기는 하지만 결국 성경을 가르치지 않은 것을 보충하려는 시도였다면, 성경을 차례대로 강해하면서 그리스도의 생애와 그 사역의 의미를 체계적으로 가르쳐 나가며 그 의미에 동참하게 하는 일은 개혁파 교회의 특성이라고 할 수 있다. 그런데 그것이 본래 처음 교회가 하던 일에로 돌아간 것이라는 점에 종교개혁의 한 의미가 있는 것이다. 그는 처음부터 교회는 하나님의 말씀인 성경을 차례로 공부해 나가는 공동체라는 것을 분명히 했다.

그리하여 츠빙글리와 개혁파 목회자들은 "말씀을 통해 하나님과 교통하는 공동체"를 회복시켰다고 할 수 있다. 츠빙글리는 다른 개혁파 지도자들과 함께, 교회는 말씀을 통해서 하나님과 교통하는 공동체라는 것을 아주 분명히 한 것이다. 그래서 개혁파 교회는 모여서 하나님의 말씀을 공부하며 하나님으로부터 가르침을 받는 일에 상당한 시간을 투자하였다. 천주교회와 고교회의 성공회, 그리고 후에는 일부 루터파까지도 의식(ritual) 중심의 예배를 하였다면, 개혁파 교회는 츠빙글리와 다른 개혁자들의 강조를 잘 받아들이면서 말씀 중심의 교회를 이루었다. 이런 교회 공동체는 하나님의 말씀을 같이 해석하며 구체적으로 적용해 가는 해석 공동체라고 할 수 있다.

자국어로 하는 예배 시도와 그 정착

츠빙글리의 둘째 기여는 역시 자국어로 하는 예배의 시도와 그 정착이라고 할 수 있다. 그것은 우리에게 매우 자명한 것이지만, 중세 유럽 교회에서는 그렇게 자명한 것이 아니었다. 중세 유럽 교회들은 어디서나 라틴어로만 예배를 하였고, 그것이 옳은 것이라고 여겨졌다. 예배에 참여하는 민중들이 알아들을 수 없는 것은 전혀 고려의 대상이 안 되었고, 또 민중 편에서도 그렇게 알아들을 수 없게 하는 것이 적절한 것이고 심지어 영적인 것이어서 효과를 가져다준다고 여겼다. 이는 잘못된 전통이 낳은 잘못된 전통의 고착화의 대표적인 예라고 할 수 있다. 1세기 신약 교회가 십자가에서 이루어진 구속에 근거하여 그 십자가 구속에 감사하면서 구약과는 다른 방식으로 하나님께 예배하기 시작했을 때 그들은 그들의 언어로 하나님을 예배했었다. 다른 지역에 나가서 복음을 전하여 십자가 구속을 믿고, 삼위일체 하나님을 믿는 사람들이 있게 되었을 때도 그들은 그 지역의 언어로 예배하거나 적어도 그들이 공유하는 통상어였던 코이네 희랍어로 예배하였다. 그러다가 아마도 350년 경부터는 서방 교회에서 라틴어로 예배하는 것이 보편화 되었을 것인데,[23] 그 이후로 라틴어로 예배하는 것이 전통적인 일이 되어서 자국어로 하는 예배가 사라져 버렸다. 중세에는 이것이 매우 고착화 되어서 예배는 늘 라틴어로

---

[23] Cf. Nick R. Needham, "Worship through the Ages," in *Give Praise to God*, eds., P. G. Ryken, D. W. H. Thomas, and J. Ligon Duncan, III (Phillipsburg, NJ: P&R, 2003), 384.

드려졌고, 주일 저녁 예배에 한 순서로 자국어로 설교하는 일이 가끔 있었다(이를 "the Prone"이라고 했다).

취리히 시의 시민 사제로 섬기게 된 츠빙글리는 이 가끔 있던 일을 보편화하여 모든 예배를 당시 취리히 시민들이 일상적으로 사용하는 스위스 어투의 중세 독일어로 인도하고 모든 신도들이 잘 이해하는 가운데서 예배에 참여하게 하였다. 일상적 언어로 예배한 것이며, 자국어로 예배를 한 것이다. 당시 상황으로서는 이는 가히 혁명적인 일이라고 할 수 있다.

그런데 이 일도 츠빙글리가 취리히에 오자마자 이루어진 것은 아니다. 1525년에 취리히 시가 츠빙글리의 지도 아래서 천주교 미사를 새로운 형태의 예배 형식으로 대체하면서 이 일이 보편화된다. 1525년 4월 13일 소위 세족 목요일(Maundy Thursday)에 츠빙글리는 그의 동료들과 이 새로운 방식으로 성찬 예배를 집례하였다. 물론 후에 종교개혁이 된 곳마다 다 자국어로 예배를 드리게 된다.[24] 성경도 자국어로 번역하여 읽고, 예배도 자국어로 하여 자신들이 무엇을 믿는지를 알며, 자신들이 예배식에서 무엇을 하는지를 알고서 참여하게 된 것이다. 이것이 개혁자들을 따르는 사람들, 특히 개혁파 그리스도인들의 특징이었다. 자국어 성경을 가지게 된 것에 못지않게 자국어로 하는 예배의 참석이 그것을 가능하게 한 것이다. 사실 츠빙글리가 이 일을 시작할 때 당시 취리히 사람들은 자국어로 된 성경을 가지고 있지 않았었다. 자국어로 하는 예배가 결국 자국어 성경을 요청한 것이고, 후에 루터가 독일어로 성경을 번역하여 주었을 때 개혁파 성도들이 열심히 그것을 읽고 그 뜻이 무엇인지

---

24 루터는 1526년에 독일어로 인도하였다(라토렛, 『기독교사 중』, 341), 제네바에서는 1535년에 미사가 폐지되었다(라토렛, 『기독교사 중』, 374).

를 탐구하는 결과를 내었던 것이다.

모국어로 예배하게 되는 일이 츠빙글리에게서 본격화되었다고 말씀하였다. 이 첫째 기여는 사실 처음 교회가 시작되었을 때의 예배의 모습에로 돌아간 것이라고 할 수 있다. 처음의 본래적 그 모습을 회복한 것이다. 종교개혁은 항상 성경에 의한 개혁이면서 교회의 초기 모습에로 되돌아가는 것이었다. 말씀으로 되돌아가고, 처음 교회의 모습으로 되돌아간 것, 그것이 종교개혁의 의미라고 할 수 있다.

바른 종교와 거짓된 종교를 구별하여 제시하는 일의 공헌

셋째로, 츠빙글리는 "참된 종교와 거짓 종교"를 구별하여 제시하는 일의 선구자였고, 이로써 큰 기여를 했다고 할 수 있다. 이 때 종교라는 말은 모든 개혁자들이 그 말을 그런 의도로 사용하듯이 하나님과의 관계, 경건을 지칭하는 말이다. 현대인들이 생각하는 이 세상의 여러 종교를 생각하면서 하는 말이 아니라는 것에 주의해야 한다. 중세 말기에 "종교"라는 말은 삼위일체 하나님과 관계하여 하는 생각들과 활동들과 관련된 것이었다. 그들에게 있어서 종교는 "기독교 종교"(Christian religion)뿐이었다.[25] 그런데 그런 것 가운데도 참된 것이 있고, 거짓된 것이 있다는 것을 츠빙글리가 앞장서서 드러낸 것이다.

요약하여 말하자면, 참된 종교는 하나님 말씀에 일치하는 대로 하는 종교이고, 거짓된 종교는 삼위일체와 관련한다고 말하면서도 하나님의

---

[25] Cf. Calvin, *Institutes of the Christian Religion* (1559), LCC edition, edited by John T. McNeill, translated by Ford Lewis Battles (Philadelphia: Westminster, 1960). 이 제목의 의미를 생각하라.

말씀인 성경을 따라 하지 않는 것을 많이 허용하는 것이다. 츠빙글리는 이렇게 말한다. "신실함은 무엇보다 먼저 어떤 방식으로 하나님을 기쁘게 하고, 어떤 방식으로 그를 섬길까에 대해서 하나님으로부터 배우는 것을 요구한다. 그 다음에는 그로부터 배운 것 외에는 그 어떤 것도 더하지 않고, 그 어떤 것도 제거하지 아니할 것을 요구한다.…참된 종교, 또는 경건은 한 분이고 유일하신 이 하나님을 붙잡는 것이다."[26] 그러므로 말씀을 공부하고 그것에 근거해서 믿는 내용과 예배하는 것과 교회의 제도들과 사회와 국가의 삶을 사는 것을 강조하면 최소한으로라도 그런 방향으로 나아가는 것이 츠빙글리가 말하는 "참된 종교"이다.

그렇게 하지 않고 삼위일체 하나님과 관련한다고 하고, 성경과 관련한다고 하면서도 성경의 가르침에 다른 것을 더하거나 성경의 가르침에 충실하게 따라가지 않으려고 하는 것은 거짓 종교라는 말이다.

그러므로 "츠빙글리의 개혁의 원칙은 전통적인 의식들과 관례들과 가르침의 성경적 토대를 점검하고, 그것들이 신약성경의 중요한 가르침인 예수 그리스도의 구속을 잘 드러내고 증진시키는 데 도움이 되는지를 묻는 것이다"라고 말하는 오즈먼의 말은 정확한 것이다.[27]

1522년에 일어난 사순절 기간 동안 어떤 음식을 먹고 먹지 못하고 하는 문제[28]에 대한 츠빙글리의 성경에 따라서 성경이 금한 것에는 절대적

---

26 Huldrych *Zwingli*, *Commentary on True and False Religion*, ed., Samuel Macauley Jackson (reprint, Durham, N.C.: Labyrinth Press, 1981), 92–93.
27 Ozment, *The Age of Reform*, 324.
28 1522년 2월에 출판업자 크리스토퍼 프로샤우어(Christopher Froschauer)의 집에서 5명이 사순절 기간 동안 소시지를 먹은 것 때문에 일어난 그들에 대한 체포와 이에 관련해 논쟁을 말한다(Ozment, *The Age of Reform*, 325). 이에 대한 1522년 3월 23일의 츠빙글리의 설교가 "음식의 선택과 자유에 대하여"이다. 이에 대한 분석으로 Walton, *Zwingli's Theocracy*, 76–86을 보라. 오즈먼은 이 사건 때문에 츠빙글리는 "원하는 개혁이 성공하려면 많은 추종자들이 원하는 것 보다 좀더 조심스러워야 할 것이라는 것을 의식하게 되었다"고 한다(Ozment, *The Age of Reform*, 325).

으로 순종해야 하지만 성경이 금하지 않은 것에 대해서는 자유롭다는 입장은 온전한 의미의 기독자의 자유에 대한 입장을 잘 드러낸 논의이자 활동이라고 할 수 있다. 사람들의 마음을 얻는 방식으로 천천히 그러나 성경적 입장으로 취리히 통치자들의 동의를 이끌어낸 츠빙글리는 9명의 다른 스위스 설교자들과 함께 1522년 7월 2일에는 사제들의 혼인에 대한 허락을 요청하는 데로 나아갈 수 있었다.[29]

이로부터 츠빙글리는 유물들을 존숭하는 것(the veneration), 성자들에게 기도하고 그들의 중보를 기대하는 것, 그리고 결국에는 화체설과 교황의 수위성에 대해서까지 성경에 비추어 비판하여 간 것이다.[30]

1522년에 취리히 시에서 있었던 공개 논쟁에서 그는 콘스탄쯔 주교의 대리자(vicar-general)인 파베르(John Faber)와 논쟁하면서 자신의 입장을 성경에 근거해서 독일어로 잘 표현하였고, 그 내용을 통치자들과 대중에게 잘 제시하였다.

예배당 안의 상들을 제거한 취리히 교회 공동체

넷째로, 그 결과, 하나님의 말씀에 비추어 자신들이 모여서 예배를 드리고 있는 그 건물을 둘러보았을 때, 앞자리에 있는 십자가에 예수의 상(像)을 비롯해서 수많은 상(像)들이 예배당 안팎에 있음을 보고서, 츠빙글리는 그것이 하나님을 어떤 형상으로 만들어 그 앞에 절하지 말라는 십계명의 조항을 위반한 것이 된다는 것을 제시했다. 츠빙글리의 말씀을 듣고서 성도들과 온 도시 전체가 잘못된 것이 있음을 깨닫고 고치는 일

---

29 Ozment, *The Age of Reform*, 326.
30 Cf. G. R. Potter, "Zwingli and Calvin," in *The Reformation Crisis*, edited by Joewl Hurstfield (New York: Haper Torchbooks, 1966), 34.

들이 있게 된 것은 말씀에 의해 개혁된 교회 공동체의 매우 가시적인 모습을 볼 수 있는 예다. 여기 중요한 세 사람이 있다.

첫째는 하나님 말씀의 뜻을 제대로 해석하여 가르치는 목회자이다. 그가 십계명에 있는 상(像) 금지 조항을 당시의 교회와 관련하여 가르치지 않았으면 사람들은 천년 이상의 관습 속에서 무엇이 잘못된 것일 줄 알지 못했을 것이다.

둘째는 말씀을 듣고 그 말씀을 깨닫고 그 말씀에 근거한 교회의 모습이 있도록 하려고 한 백성들이 있다. 이런 분들이 없었으면 설교자의 목소리는 공허한 메아리만 울리는 것이 되었을 것이다. 말씀을 듣고 바로 실천하려는 민중들이 중요하다. 말씀은 말씀이고 우리의 삶은 우리의 삶이라고 생각하는 사람들은 이런 획기적인(ephocal) 역사를 이루지 못한다.

셋째는 이것이 폭도들에 의한 파괴처럼 보이지 않고, 말씀을 듣고 실천하는 것이 되도록 질서를 잡아 취리히 시 전체의 예배당에서 체계적으로 상을 제거하도록 결의하고 이 일을 이룬 취리히 시의 경건한 정치 지도자들이 있다. 1523년 1월 논의와 10월 논의가 있은 후 8개월이 지난 1524년 6월 15일에서야 "취리히 예배당으로부터 상들을 질서 있게 제거하는 일이 공식적으로 시작되었다."[31] 이런 분들이 있어서, 취리히 시에서 일어난 일이 후에 뮌스터에서 재세례파에 의해서 일어난 것과 같은 소요로 기억되지 않고, 취리히 시 전체의 종교개혁으로 자리 잡게 된 것은 이와 같은 건강한 정치 지도자들 덕분이라고 할 수 있다.

이 세 종류의 사람들이 각기 자신들의 역할을 제대로 감당할 때 그들은 결국 하나님의 뜻을 실현하는 교회 공동체의 모습을 이 땅에 드러낼

---

31 Ozment, *The Age of Reform*, 328.

수 있었다. 여기 하나님의 일이 이루어지는 묘한 방식이 나타난다. 세 종류의 사람들이 각기 자신들에게 주어진 은사에 따라 최선을 다한다. 설교자는 부지런히 순전한 말씀을 가르치고, 백성들은 그 말씀이 과연 하나님의 뜻인가 듣고 성경적임을 확인하였으면 그것대로 하려고 하고, 경건한 정치 지도자들이 가장 질서 있는 방식으로 그 일이 구현될 수 있는 방안을 제시하고 실천하는데 하나님께서 그 배후에서 일하셨다. 그 결과 취리히에 개혁된 교회가 세워졌다.

츠빙글리에게서 아쉬운 점

제일 안타까운 것이 그의 성찬관이다. 물론 오랫동안 널리 오해된 것과는 달리 츠빙글리의 이해에도 칼빈 등이 후에 논의하는 영적 임재설에 해당하는 내용이 암묵적으로 들어 있다는 것이 이제는 일반적으로 받아들여지고 있다.[32] 그러나 그것은 잘 찾아보아야 하는 것이고, 츠빙글리의 표현 방식은 그의 후계자요 동료인 불링거의 표현보다는 좀 오해되기 쉬운 것도 사실이다. 그래서 마르부르크 회담(the Marburg Colloquy, 1529년 10월 1일-4일)이 별로 좋은 결론 없이 끝났다고 볼 수 있다.[33] 불링거와 칼빈이나 베자가 동의한 그런 성찬관이 좀더 일찍 잘 표현되고 그것이 잘 논의될 수 있었으면 종교개혁교회 전체가 하나일 수 있는 가능성이 더 있었을 것이다. 오늘날 많은 분들이 잘 발견하고 논의한 바와 같이 츠빙글

---

[32] Potter, "Zwingli and Calvin," 35: "Christ was spiritually (and in that sense 'really') present."
[33] 1529년 10월 1일-4일에 마르부르크에서 루터파와 개혁파가 만나 논의하도록 한 헷세의 필립 대공(Landgrave Philip of Hesse)의 시도가 성공할 수 있었다면 개신교는 정치적으로나 군사적으로 좋은 위치를 점할 수 있었을 것이다. 그러나 츠빙글리나 루터가 서로 양보하지 않으리라고 미리 결단하고 마르부르크에 왔다는 포터와 오즈먼의 분석은(Potter, *Zwingli*, 228, 322; Ozment, *The Age of Reform*, 335, n. 42) 옳은 것이고, 그래서 안타까운 마음을 가지게 된다.

리의 의도도 결국 일종의 영적 임재성을 드러내는 것이었다면, 그가 이를 모호하게 표현한 것이 사실이기에 안타까운 마음이 든다. 불분명하고 오해하게 하는 표현들과 루터의 너무 강한 공재설적 표현들이 결국 종교개혁의 교회들을 나누고 만 것이기 때문이다. 이 시기에 멜란히톤나 불링거와 같은 이들이 이탈리아에서 온 베르미글리와 같이 중요한 위치에서 협의를 할 수 있었다면 좀더 공고한 종교개혁교회의 형성이 있을 수 있지 않았을까 하는 생각을 하게 된다.

둘째로 츠빙글리가 예배에서 회중 찬송을 허락하지 않은 것이 아쉽다. 음악을 잘 알았고 여러 악기를 다룰 수 있었던 그래서 뛰어난 음악가로도 언급되는[34] 그가 이렇게 한 것은 아마도 이렇게 음악을 잘 알기에 그 역기능도 생각하면서 예배 가운데서는 이런 것을 사용하지 않으려고 한 것 같다. 그는 악기를 예배 중에 사용하는 것을 하나님께서 허락하지 않으셨다는 근거에서 금했다.[35] 또한 그는 주로 사제들이 노래하는(priestly chanting) 것과 수사들의 성가대(monastic choirs)를 비판한 것이다. 이런 것들이 성도들의 관심을 참된 영적인 예배로부터 분산시킨다는 것이다. 그래서 같은 동기에서 그것을 대신할 회중 찬송을 잘 생각하지 않은 듯하다. 그러므로 초기 종교개혁기의 취리히의 예배는 우리에게 익숙한 회중 찬송이 있는 예배와는 다른, 그러므로 아직 절충기에 있던 예배라고 볼 수 있다.

셋째로, 그 당시 거의 모든 개혁자들과 같이 그도 그 시대에 너무 충실하게 생각하여 교회와 국가를 거의 동일시하는 태도로 논의를 하는 것은

---

34 이를 특별히 언급하는 C. P. S. Clarke, *A Short History of the Christian Church*, New Edition (London, New York, Toronto: Longmans, 1948), 275를 보라.
35 Cf. John H. Leith, *Introduction to the Reformed Tradition: A Way of Being the Christian Community* (Westminster John Knox Press, 1980), 210-11.

그가 속해 있는 시대적 상황에서 나온 것이라고 하지 않을 수 없다. 예를 들어서, 그는 이렇게 말한다. "복음에 선포되면, 통치자들을 비롯한 모든 사람들이 그것에 주의를 기울이여야 한다. 그리스도인은 신실하고 좋은 시민이고, 기독교 도시는 바로 기독교회이기 때문이다."[36] 물론 그 시대에는 국가의 거의 모든 사람들이 다 교회의 회원이기에 그런 시대적 한계를 벗어나 표현하기 어려웠을 것이다. 그러므로 이런 점에서 츠빙글리를 비롯한 이들 개혁자들이 당시의 교회와 국가의 관계에 대해서 말하는 바를 곧바로 우리 사회에 적용하는 것은 아주 왜곡된 결과를 낼 수 있다. 그때와 우리 시대는 처한 정황과 목회적 상황이 매우 다르다. 그들은 거의 모든 이들이 외적으로는 기독교인이라고 하고 주일에는 예배를 참여하는 기독교권(Christendom)에서 생각하고 표현한 것이고, 우리는 세속 국가 속에서 생각하고 표현해야 한다.

넷째로, 아직도 사제라는 용어를 유지한 것의 문제를 언급하지 않을 수 없다. 1525년에 이미 희생제를 미사에서 드린다는 생각을 버리고, 그래서 천주교적 미사를 폐지하고 자국어 예배를 드리는 것을 매우 강조한 그가 더 나아가서 사제라는 용어도 옳지 않다는 것을 적극적으로 언급해야 하는데, 그는 이를 그렇게 심각한 문제로 여기지는 않은 듯하다.

---

[36] 이는 교회와 국가 관계에 대한 츠빙글리의 견해를 잘 제시한 것의 고전으로 언급되는 Robert W. Walton, *Zwingli's Theocracy* (Toronto: Toronto University Press, 1986), 169에서 재인용한 것이다. 이 책의 2장에서 왈튼은 츠빙글리가 목사들은 말씀을 설교하는 일에 집중해야 하고, 기독교 통치자들이 공동체의 도덕적 증진을 위해 힘쓸 책임이 있다고 논의했음을 잘 드러내고 있다. 모든 이들이 형식적으로는 기독교인인 이 상황에서 하는 그의 말은 매우 에라스투스(Erastus)주의와 같이 들리는 것이다. 이것이 그가 처해 있는 상황에서 나오는 모습이라고 할 것이다.

한국 교회를 향한 제언

이상으로 성경의 가르침을 따라 개혁된 교회를 이 땅에 드러내는 일에 있어서 츠빙글리가 한 기여들을 네 가지로 나누어 생각해 보고, 혹시 그에게서 아쉬운 것이 있다면 그것이 무엇인지를 고찰해 보았다. 한 사람이 완벽하지 않을 수 있어서 우리에게 여러 개혁자들이 있었고, 이 여러 개혁자가 각기 기여를 하여 우리에게 가장 성경적인 교회가 어떤 모습을 지니고 있는 것인지를 잘 제시해 주었다. 우리들은 츠빙글리에게서도 배우고 또 다른 개혁자들에게서도 배우고, 그리하여 가장 성경적인 교회를 이 땅 가운데서 구현하려고 노력할 사명이 주어진 것이다. 성경이 그 누구를 영웅으로 만들지 않듯이, 진정한 교회사는 그 어떤 사람을 영웅으로 만들지도 않는다. 우리는 각각의 개혁자들에게서 각기 독특한 점들을 배울 수 있고, 그들을 잘 조화시키며 결국은 성경에 비추어서 그들의 문제점도 말할 수 있다. 이제 우리는 이 시대에 성경 말씀을 잘 배워서 이 땅 가운데 가장 성경에 충실한 교회를 눈에 보이는 형태도 드러내는 일에 최선을 다해야 할 것이다.

이 일에 있어서 스위스에서 이런 일을 제일 처음 시작한 츠빙글리에게서 우리는 다음과 같은 점을 잘 배우면서, 우리도 그런 일을 더 성경적으로 해야 할 것이다.

(1) 자국어 예배의 시도와 관련하여, 신자들이 참으로 우리의 예배를 십자가와 부활 사건을 중심으로 온전히 성취된 구속 사건과 그 의미를 온전히 이해하고, 그 구속에 참으로 감사하여 예배 하는 일이 이루어지도록 해야 한다. 이미 16세기에 자국어 예배가 시작되어 계속해서 우리의 경우에는 한국어로 예배하지만, 듣기는 들어도 듣지 못하며 보기는

보아도 그 의미에 충실하지 않은 예배라면 그것이 심각한 개혁을 필요로 하는 것이라는 것을 심각하게 생각해야 한다.[37]

(2) 성경에 대한 연속적 읽기와 강해(lectio continua) 방식의 부활과 관련하여, 우리들도 다시 고대 교회의 그 전통과 종교개혁의 이 연속적 성경 읽기와 강해 전통에 따라 성경을 공부하고, 그런 방식으로 예배하는 일을 다시 회복해야 할 것이다. 이와 관련하여 두 가지 일이 강하게 요청하고자 한다. 그 하나는 성경 본문 외의 신구약성경을 매우 상당 부분 연속해서 읽는 순서가 회복되어야 한다. 또 하나는 주일 아침 설교에서도 연속적 강해의 방식으로 설교하는 일이 좀더 적극적으로 시도되고 수용되어야 한다. 언제부터인가 우리에게 연속적 강해는 주일 저녁이나 수요 기도회나, 새벽 기도회에서 설교하는 방식이 되어서 주일 아침과 잘 맞지 않는다는 이상한 의식이 형상되었다. 부디 그런 것이 깨어지고 우리 모두가 성경을 중심에 두고 들러앉아 하나님의 말씀을 잘 해석하는 해석 공동체가 되어, 말씀을 배우고 그것에 의해 우리의 모든 것이 형성되는 사람들이 되어야 한다.

(3) 참된 종교와 거짓 종교에 대한 츠빙글리의 구별과 관련하여, 우리들도 삼위일체 하나님과 관련하여 한다고 하면서도 성경에 무엇을 더하거나 그것이 심각한 문제가 아닌 것처럼 생각하는 것들이 온전히 제거되어야 한다. 사순절을 지키는 것이나 다른 인간적 규례들을 따르는 것은 결국 말씀에 순종하지 않는 것이다. 우리는 철저히 진리의 사람들, 즉 성경의 사람들이 되어야 한다. 그런데 진정한 성경의 사람들은 (a) 성경을 늘 배우려는 사람들이며, 동시에 (b) 구체적인 실천에서는 가장 따뜻하고

---

[37] 참으로 성경적인 예배가 어떤 형태로 어떤 정신으로 이루어져야 하는지에 대해서는 이승구, "성경적 공예배를 지향하며", 『한국 교회가 나아갈 길』(서울: CCP, 2018), 47-84를 보라.

사랑에 넘치는 사람이라는 것을 명심해야 한다. 늘 배우려고 하지 않고, 사랑하지 않는 사람들은 결국 거짓 종교를 가진 사람들인 것임을 참으로 심각하게 생각하고 진정으로 회개하고 참된 종교로 돌이켜야만 한다.

(4) 취리히 예배당들에서의 상(像) 파괴와 관련하여, 우리들도 우리의 마음에 있는 거짓된 하나님에 대한 이해를 파괴하고 진멸하며, 우리의 구체적인 상황 속에서 성경에 따라 하나님을 기리지 않는 모든 것을 괴멸시키는 데 최선을 다해야 한다.

이와 같이 할 때 우리는 개혁파 운동을 최초로 취리히 시에서 일어나도록 한 츠빙글리를 잘 따라가는 사람들이라고 할 수 있을 것이다. 그러므로 우리는 스스로 물어야 한다. 우리는 과연 츠빙글리가 말한 참된 종교를 가지고 있는가, 아니면 또 다른 방식으로 (삼위일체를 말하고 십자가와 예수님을 말하면서도) 성경의 가르침과는 다른 거짓 종교를 드러내고 있는가? 이것이 이전 시대의 개혁파 선배들이 늘 묻던 질문이기도 한다. "개혁파인가 아닌가?(To be or Not to be Reformed)[38]

그러나 진정으로 개혁을 하는 사람들은 인내를 가지고 조절을 잘 해나가야 한다. 사순절에 소시지 먹는 문제에 대한 츠빙글리의 대답도 그것은 자유이지만 또한 질서를 지키는 방식으로 그 자유를 드러낼 것을 요구하였듯이, 바르트부르크에서 비텐베르크로 돌아온 루터도 1522년 3월에 미사는 "반드시 없애야 할 악한 것이지만," 동시에 "우리는 먼저 사람들의 마음을 얻어야 한다.…그 누구도 강제로 억압할 수는 없다"고 했던 것을 기억해야 한다.[39] 사람들의 마음을 얻지 못하는 방식으로는 성경

---

[38] Cf. Rienk Bouke Kuiper, *To be or Not to be Reformed. Whither the Christian Reformed Church?* (Grand Rapids, Zondervan Pub. House, 1959).

[39] Martin Luther's Sermon, in *Luther's Works*, 51: *Sermons* 1 (Philadelphia: Fortress, 1959), 75–77. 츠빙글리와 루터의 응답을 비교하면서 개혁과 인내를 잘 논의하는 Ozment, *The Age of Reform*, 326을 보라.

이 말하는 개혁을 이룰 수 없다.[40] 우리는 과연 어떤 사람이 될 것인가? 츠빙글리가 잘 제시한 방향을 따라가되, 그보다 더 온전한 성경적 기독교를 제시하기 위해 노력하는 사람들이 되기를 간절히 바란다.

---

[40] 그렇게 하지 못하고 너무 급하게 과격하게 개혁하기 원했던 분들이 초기 루터의 동료였으나 과격파가 된 칼슈타트(Andreas Bodenstein von Karlstadt, 1486-1541)와 취리히의 재세례파를 생각할 수 있다.

츠빙글리의
성경관과
스위스 종교개혁의
특징들

김재성

2019년은 츠빙글리의 개혁 사상이 선포된지 오백주년이 되는 역사적인 해이다. 이미 1984년에 츠빙글리 탄생 오백주년에 즈음해서, 그동안 잊혀진 그의 사상과 남다른 기여에 대해서 새로운 관심과 평가가 쏟아져 나왔다. 특히 츠빙글리의 여러 저서들이 영어로 새롭게 번역되었다.[1] 최근에 종교개혁 오백주년 대회가 활발하게 개최되었고, 역사적 교훈들과 신학적 추적들이 진행되고 있다. 2017년도에는 루터의 95개 조항 선포를 기념하면서, 종교개혁 오백주년 대회에서 거의 모든 종교개혁자들의 신학과 사상들이 재조명되었다. 2004년도에는 츠빙글리의 후계자 불링거(1504-1575)의 탄생 오백주년을 맞이하여 전 세계 신학계에서는 스위스 종교개혁의 특징들을 검토하는 학술 대회를 전개하였다. 2009년에는 역시 칼빈 탄생 오백주년(1509-1564) 기념대회가 열린 제네바에서도 스위스 종교개혁자들의 사상과 중요한 내용들을 다루었다.

오직 성경만을 최종 권위로 의존하겠다는 것이 종교개혁자들의 공통된 관점이었다. 루터를 비롯한 종교개혁자들은 하나님의 말씀을 최종 권위의 근거로서 호소했다. 하지만 다소 종교개혁들 사이에는 성경에 대해

---

[1] *Selected Writings of Huldrych Zwingli*, vol. 12: *The Defense of the Reformed Faith*, ed. E. J. Furcha (Allison Park, PA: Pickwick Press, 1984), vol. 13: *In Search of True Religion: Reformation, Pastoral and Eucharistic Writings*, ed. H.W. Pipkin.

서 다른 강조점들이 있고 차이점들도 간과할 수 없다. 그럼에도 불구하고 교회를 개혁하려는 혁신적인 주장들을 제시할 때에 모두 성경에 근거하였다.

중세시대 로마가톨릭교회는 성경에 의존하기보다는 교황제 직분자들의 권위와 결탁해 있었다. 거의 모든 성직자들은 성경을 충분히 공부하지 못했다. 더구나 도덕적으로 비열했을 뿐만 아니라, 학문적으로도 겸손하지 못했다. 중세 말기에 이르게 되어서도, 로마 고위 성직자들이나 신학자들은 죄와 부패함이 얼마나 큰 심판을 자초하고 있었던가를 제대로 알지 못했다. 순결하신 하나님의 개입이 없었다면 벌써 소돔과 고모라처럼 멸망하고 말았을 것을 인식하지 못하고 있었다. 오직 성경을 연구한 자들만이 도저히 이런 상태로는 로마교회가 지탱할 수 없다는 사실을 인식하였고 닥쳐온 위기를 깨달았다. 그러나 이처럼 말씀을 깨우친 종들이 증거하는 외침들은 결국 인간의 본질적인 타락과 악행들을 드러내는 것들이라서, 권세와 재물에 취해있던 자들에게는 방해물이라고 여겨질 뿐이었다. 중세 말기에 종교개혁이 일어나는 시기는 천년동안 누적되어 온 인간의 오만함과 실패, 인간의 어리석음과 하나님의 심판을 적나라하게 보여준다.

루터와 츠빙글리, 칼빈 그리고 모든 종교개혁자들은 로마 교황의 선언이나 종교회의 결정에 많은 오류가 있음을 간파하였다. 심지어 종교개혁자들이 인용하고 많은 가르침을 얻게 된 초대 교부들이나 신조들마저도 무작정 따라가지 말아야 하고, 오직 성경의 최종 권위와 그 절대 진리에만 의존할 것을 호소하였다. "오직 성경으로만!"(*Sola Scriptura*)은 최고 권위에 대해서 호소할 때에 종교개혁자들이 최우선적으로 제기하는 공식이었다.

츠빙글리의 성경관

인문주의 신학문과 전통적인 로마가톨릭신학을 교육 받은 후 츠빙글리(1484-1531)는 루터와는 전혀 독립적으로 스위스에서 자신의 개혁신학을 제시하였다. 츠빙글리는 루터의 가르침을 통해서가 아니라, 성경과 스위스 지역 사회가 당면한 문제 해결을 시도하면서 종교개혁자가 되었다.[2] 츠빙글리가 루터의 작품을 읽고 참고했지만, 그는 루터를 자신의 동료개혁자로 생각하였다. 츠빙글리가 루터로부터 깊은 신학적 영향을 받았다는 증거는 거의 없으며, 훗날 츠빙글리는 자신이 성경에 기초하여서 전혀 루터와 관련성을 갖지 않은 채 독립적으로 개혁신학을 발전시켰다고 주장했다. 루터 역시 츠빙글리에 대해서 "다른 정신을 가진 사람"이라고 취급하였다.[3]

하나님의 말씀에 근거한 개혁 운동

츠빙글리의 종교개혁에서 결정적으로 두드러진 점은 성경의 절대 권위에 바탕을 두고 전개 되었다는 점이다. 로마 가톨릭에서 벗어나게 만들어준 그의 놀라운 종교개혁 사상들과 빛나는 기여들은 모두 다 성경 해설과 설교 속에서 주어진 것들이다. 그는 깊은 성경연구를 통해서 그리스도의 복음 안에 담겨진 하나님의 은혜에 대해서 압도되어지는 감화를 받았다. 성경의 독특한 특성과 기능에 대한 신념을 확실하게 터득한 츠빙글리는 전통이라는 허울로 혼란을 부채질하던 로마가톨릭과 결별하

---

[2] Gottfried W. Locher, *Zwingli und die Schweizerische Reformation*(Göttingen: Vandenhoeck & Ruprecht, 1982), 18.
[3] Carter Lindberg, *The European Reformations*(Chichester: Blackwell, 2010), 164.

였다. 츠빙글리는 개혁주의 교회의 중요한 핵심적인 신학의 주제들로써 말씀과 성령에 의한 예배, 그리스도와 구원 사역으로서의 미사철폐, 성례와 상징적 인식, 용병 제도의 철폐, 국가와 세속 군주 등에 대해서 강조했다.

츠빙글리는 스위스 전 지역에서 가장 앞장서서 로마 교황청의 오류를 용감하게 지적했고, 미사의 철폐와 성상 제거를 위해서 투쟁하였다. 츠빙글리는 예배에서 말씀 강해를 중심으로 하는 최초의 개혁교회를 정착시켰고, 그러한 교회의 변화만이 아니라 사회의 병폐를 고치고 국가를 새롭게 정비하도록 새로운 인식을 불러일으켰다. 그는 가난한 사람들이 교황청을 위해서 전쟁터에 나가는 용병 제도를 중단할 것을 호소했다. 전통을 중시하고, 교황의 가르침에 의존해서 행동하던 로마가톨릭파 칸톤들은 츠빙글리 진영을 무찌르고자 군대를 파견하였기에 여러 지역에서 전쟁이 벌어졌고, 사회정치적으로 엄청나게 큰 파장을 일으켰다.

츠빙글리는 비엔나와 바슬레에서 인문주의를 수학하는 동안 에라스무스와 만났고 그에게 큰 영향을 받았다. 에라스무스는 "그리스도를 본받는 삶"이라는 기독교 철학을 발전시켰는데, 도덕적 윤리적 중생과 개혁에 희망을 가졌다. 이러한 에라스무스의 사상적인 뿌리는 초대 교부들 중에서 제롬과 오리겐의 영향을 받았다고 추정하고 있는 바, 어거스틴의 영향력은 다소 미약하다고 평가되어진다. 바젤 대학교에서 고전적인 스콜라주의 학자들과 일부 인문주의자들에게 수학한 츠빙글리는 철학적 체계로서 생활과 도덕에 대한 관심이 지대하였다. 츠빙글리는 에라스무스가 펼쳤던 "그리스도의 철학"이라는 운동, 본질적으로 교회에서의 생활에 관한 것들이었다. 츠빙글리의 초기 사상에서 강조하는 도덕적 갱신

은 에라스무스와 일맥상통하는 것이다.[4]

츠빙글리는 1516년부터 글라루스 근처 아인지델른 교구에서 성경을 강해하면서 유명한 강사가 되었다. 그는 원어성경 연구에 관심을 가지고, 자신의 신학과 철학을 새롭게 개발하였으며, 에라스무스와 같은 박식함과 성경적인 열정을 바탕으로 프란체스코 수도회 소속의 베르나르드 삼손이 면죄부를 판매하는 것에 대해 비판했다. 설교자로서의 명성을 얻는 츠빙글리는 1518년 취리히 대성당의 목회자로 청빙을 받았다.

1519년 1월 1일 (토요일)에 츠빙글리는 취리해 대성당에서 취임식을 가졌고, 그 다음 날 주일부터는 로마 가톨릭의 절기에 따라서 전통적인 본문을 다루지 않고, 마태복음을 순서대로 강해하기 시작하면서 본격적으로 종 교개혁의 이정표를 세우게 되었다.[5] 츠빙글리에게 있어서 성경을 가르치는 일은 교회 개혁의 본질이었다. 개인적으로나 공동체에 있어서든지 생활의 모든 부분들이 성경의 규범을 따라야 한다는 점을 확고히 제시하였다. 성경적인 규범들을 생활에 적용하려는 츠빙글리의 설교는 로마교회의 권위를 무작정 따라가던 흐름을 바꿔놓았다. 오직 성경의 가르침에만 순종하여야 한다는 확신들을 갖게 되자 로마교회와의 단절에 이르게 되었고, 복음적인 성찬 예배가 미사를 대체하였다. 츠빙글리의 설교 사역이 진행되면서, 성경의 권위가 교회의 권위보다는 훨씬 더 우월하다는 인식을 갖게 되어졌다. 교황권으로 제정이 되었던 것들은 모두 제거되었다. 면죄부 비판, 성인들과 성상숭배의 제거, 스콜라주의 신학 비판, 용병 제도의 철폐 등이 모두 성경에 충실하기 위해 진행되었다.

---

[4] Ulrich Gäbler, *Huldrych Zwingli: His Life and Work*, tr. Ruth L. Gritsch(Philadelphia: Fortress, 1986), 37.

[5] Huldreich Zwinglis Sämtlich Werke (Berlin, Leipzig, Zurich, 1905–), VII:106,3-4. cf. W.P. Stephens, *The Theology of Huldrych Zwingli* (Oxford: Clarendon Press, 1986), 28, n.73.

1522년 이후 츠빙글리는 교황의 권위나 교회의 상하 질서를 인정하지 않았다. 츠빙글리는 시 의회가 승인하게될 교리의 유일한 원천은 성경이어야 한다고 선언했다. 취리히 종교개혁은 1523년 1월 29일 공식적으로 시 의회에서 결의되었고, 성직자들에게 오직 성경만을 설교하라고 명령했다. 츠빙글리의 개혁 사상은 "67개 조항",『신앙조항들의 해설』(*An Exposition of the Articles*, 1523),『간추린 기독교 입문』(*A Short Christian Introduction*, 1523),『참된 종교와 거짓 종교에 대한 해설』(*Commentary on True and False Religion*, 1525),『신앙의 고찰』(*An Account of Faith*, 1530) 등의 저술로 확장되어 나갔다. 이러한 저술들 가운데서 특히 말씀과 성령에 대한 강조가 츠빙글리의 신학 전반에 걸쳐서 광범위하게 강조되어 있다.

츠빙글리의 성경 해석에서 주목되는 것은, 인간을 구원으로 인도하는 성령의 자유로운 사역을 강조했다는 점이다. 이 점에 대해서 루터는 성령과 말씀을 분리하는 듯한 해석들이 나타난다고 주장하면서 츠빙글리를 비판하였다. 츠빙글리는 로마가톨릭에서 무시한 성령의 역할과 사역에 대해서 성경적으로 온전하게 회복을 시도하려고 했다. 이런 문제점에 대해서도 루터는 츠빙글리를 비판했다. 츠빙글리는 요한복음 3:8, "바람은 어디로부터 불어오는지 알 수 없다"는 구절을 자주 인용했는데, 하나님의 영은 자유롭게 각 개인들에게 나눠주시는데 그분의 자유에 달려있다고 풀이했다. "하늘 아버지께서 우리 마음 가운데 선포하시는 그 말씀을 통해서만 우리가 의롭게 된다는 사실이 분명하다. 이 말씀을 사용하셔서 그분은 우리가 이해할 수 있도록 조명하시며, 우리가 따르도록 우리를 가까이 이끄신다."[6]

---

6 Zwingli, *Commentary on the Ture and False Religion*, 3:761.

성경의 명료성과 확실성

츠빙글리는 1522년 9월 6일, 『하나님의 말씀의 명료성과 확실성』이라는 설교를 출판했다.[7] 이 설교문에는 하나님의 말씀에 대한 확실성과 능력이 핵심 내용으로 강조되어 있다. 츠빙글리는 서론에서 "성경은 하나님으로부터 온 것이요, 사람으로부터 나온 것이 아니다"는 명백한 선언을 하였다.

이 설교의 첫 부분에서 츠빙글리는 외형적인 말씀(written)과 참되게 듣는(spoken) 하나님의 말씀을 구분했다. 하나님의 말씀이 성취하고자 하는 목표를 위해서 효력을 발휘하는 데 결코 실패하지 않는다. 그리고 이어서 구약과 신약에서 하나님의 말씀이 큰 효과를 발휘했던 사례들을 열거하였다.

츠빙글리는 단순하게 성경의 명료성에 대해서 집중해서 풀이하였다. 루터는 성경의 두가지 명료성을 언급했는데, 하나는 성경 본문 안에서 명료성이 있으며, 성경을 읽는 사람의 마음 속에 내적인 명료성을 말하였다. 츠빙글리는 "하나님의 말씀이 사람의 이해에 비춰질 때에, 하나님의 말씀을 이해하고 고백하도록 빛을 통과시켜 주시어서 사람은 그 말씀의 확실성을 알게 된다"는 점을 강조했다.[8] 명쾌하게 성도들이 파악할 수 있기 때문에 하나님의 말씀은 권능을 발휘하게 되며 탁월한 적용에까지 효력을 끼친다. 하나님의 말씀을 통해서 주권적인 하나님께서는 시의 적절하게 어두움에서 빛으로 이끌어내어서 이해하도록 만들어주신다.

---

7 Zwingli, *Von der gewüsse oder kraft des worts gottes*(1522) in *Zwingli and Bullinger: Selected Translations with Introductions and Notes*, ed. G. W. Bromiley, LCC 24(Philadelphia: Westminster, 1953), 68.
8 Zwingli, *Von der gewüsse oder kraft des worts gottes* in *Zwingli and Bullinger*, 75.

모든 성도들은 성경에서 "하나님의 가르침"(*theodidacti*)을 받아야만 한다고 츠빙글리는 강조했다.[9] 성경은 하나님 자신의 증거를 갖고 있다고 츠빙글리는 역설했는데 이는 훗날 칼빈이 제시한 것과 거의 흡사하다. 하나님께서는 아브라함에게도 빛을 비춰주셔서 하나님의 말씀을 파악할 수 있도록 하셨다. 이처럼 체험적으로 하나님의 말씀을 깨닫게 되었던 열 두 가지의 사례들을 성경에서 발견할 수 있다고 츠빙글리는 열거하였다.

무엇보다도 눈에 띄는 것은 츠빙글리가 성령의 사역을 특별히 주목했다는 사실이다. 고린도전서 2:12-13과 요한일서 2:27들은 하나님의 말씀이 어떻게 성도들에게 가르쳐지는가에 대해서 정확하게 설명한 것이라고 츠빙글리는 주장했다.

츠빙글리는 하나님의 말씀만이 최종 권위를 가진다는 확신에 기초하여서 목회 사역을 전개하였고, 강해 설교와 저술에 힘을 기울였다. 1519년부터 1531년까지 12년 동안에 연속적으로 거의 모든 성경에 대해서 강해설교를 지속했다. 또한 목회자들을 양성하고자 라틴어, 히브리어, 헬라어 등 성경 원어를 가르쳤고, 독일어 사용 시민들에게 가능한 한 모든 삶의 영역에 확산시키도록 준비시켰다.

성경만이 최종 권위를 가진다

스위스 종교개혁은 하나님의 말씀에 대한 확신을 근간으로 성취된 것임을 잊지 말아야 한다. 처음에는 츠빙글리가 선도하였고, 외콜람파디우스, 파렐, 불링거, 칼빈, 피에르 비레, 테오도르 베자가 창조적으로 계승

---

9 Ibid., 89.

하여, 성경적인 제도와 윤리적인 사회 개혁을 추진하였다. 스위스 동맹이 강화되면서, 취리히에서 츠빙글리가 선포한 복음이 주변에 확산되면서, 베른과 바젤을 거쳐서 마침내 제네바에서 칼빈이 혁신적으로 성취하였다. 스위스 종교개혁은 하나님의 영광을 위하여 도시 전체를 체계적으로 조직화하고, 교회제도와 예배를 크게 변화시켰다.

로마가톨릭에서도 성경의 무오성과 권위를 인정한다고 말하였지만, 정작 그들은 교황과 종교회의에 더 의존하였다. 인간의 권위를 더 높이고 있었기에, 루터와 칼빈은 교황이야말로 거짓 교사라고 정면에서 비판하였다. 인문주의에서 토대를 닦은 후에, 종교개혁자들은 라틴어 번역 성경이 아니라 헬라어와 히브리어 원어 성경을 파고 들어가서 새로운 신학 사상을 제시할 수 있었다. 16세기 종교개혁자들을 배출한 대학교에서는 대부분 15세기 르네상스 인문주의라는 토양이 구축되어 있었다. 성경에 대한 연구에서 획기적으로 중세와는 다른 흐름을 만들었지만, 이들 두 가지 흐름에는 연속성과 불연속성이 있다.

종교개혁자들이 강조하던 신학적인 사상들은 철학적이고 인식론적이며 추상적인 개념을 개발한 것이 아니라, 당시 일반 시민들의 문제와 고통을 해결하려는 대안이자 위로였다. 성경의 내용은 구체적인 삶의 현장 속에서 고민하던 문제들을 다룬 것이고, 일상생활의 고뇌와 아픔을 해결하는 해답들이다. 믿음에 의한 칭의와 하나님의 은총에 대한 강조, 섭리와 예정, 예배와 설교를 중요시하는 것들은 모두 생활의 현장에서 일반 성도들이 해답을 찾지 못하고 혼란을 겪던 것들이었다.

인문주의 언어학자들이 성경의 바른 해석을 위해서 스콜라주의와 논쟁을 시작하였고, 이것을 계승한 종교개혁자들이 기독교 신학을 새롭게 제시했다. 인문주의자들은 "근본으로 돌아가라"(*ad fontes*)라는 핵심적인 가르침을 가지고 헬라어 성경 본문의 정확한 번역에 집중하였다가, 점차 그 의미와 해석으로 그들의 관심이 확산되었다. 고전 연구를 중요시하는 분위기가 기독교 인문주의(Christian humanism)자들에게까지 확산되면서, "근원으로 돌아가라"는 구호에 시인, 문필가, 화가, 건축가, 어학자, 고고학자, 철학자들이 공감했다. 지성적인 기독교 철학, 윤리와 도덕적 갱신 운동에서 영향을 받은 그들은 중세 로마 스콜라주의를 거부하고 새로운 기독교 신학 사상을 정착시켰다. 15세기에 이탈리아로부터 확산되기 시작한 기독교 인문주의는 신학에도 깊은 영향을 끼쳤다. 헬라어와 히브리어로 된 원서들을 읽고서 수사학을 발전시키는 탁월한 어학자들이 배출되었다. "근원으로 돌아가라"는 정신은 유럽인들에게 익숙했던 라틴어를 넘어서서, 거의 칠백 년 동안 잊혀져 있었던 고전 언어들, 헬라어와 히브리어를 집중적으로 연구하는 기회를 제공했다.

에라스무스와 루터 등 인문주의 학자들과 초기 종교개혁자들에게 많은 영향을 준 신학자는 로마가톨릭 신부 로렌조 발라(Lorenzo Valla, 1406-1457)였다. 루터가 최초로 독일어 성경 번역을 시도한 신학자는 아니었지만 결국 그가 신구약 완역본을 출간해냈다. 루터보다 한 세기 정도 앞서서 살았던 로렌조 발라는 정확한 성경 본문의 이해를 촉구하고, 교황을 적그리스도라고 비판하여(살후 2:8) 루터에게 확신을 주었으나, 그의 공헌은 충분하게 인정을 받지 못하고 있다.

츠빙글리가 선도적으로 앞서 전개한 성경 중심의 교회 개혁은 그가 서거한 1531년 이후로 스위스 여러 지역으로 확산되었다. 우리는 츠빙글리와 그의 성경적 개혁 사상의 확고한 정립이 이뤄지기까지, 엄청난 격동과 갈등의 시대를 통과했음에 주목해야만 한다. 이것은 결코 쉽지 않았다. 츠빙글리를 비롯하여 외콜람파디우스, 불링거, 칼빈 등 많은 종교개혁자들은 격동기에 최전선에 나서서 하나님의 말씀을 선포함으로써 교회와 국가를 개혁하는 영향을 남겼다.

인간 사회의 역사와 그 가운데 흐르는 모든 것은 하나님의 주권 하에서 유지되고 움직인다. 때로는 기독교 교회나 신학자들이라 하더라도 혼란에 빠져서 갈등과 대립 가운데 단 한 치의 개선을 이룩하지 못했다 하더라도, 혹은 사람의 지혜나 지식으로 모든 것을 다 성취하거나 파악하지 못했다하더라도, 하나님께서는 필요한 사람들에게 힘을 주셔서 오묘한 뜻을 간직하고 펼치도록 하셨다. 사도 바울은 주님께서 곁에 계시며 힘을 주셨고 사자들의 입에서 구해내셨다고 회고하였는데(딤후 4:17), 츠빙글리의 경우에도 그와 같은 생애의 업적과 시련을 동시에 맛보았다.

츠빙글리의 성경의 적용과 성취들

우리는 츠빙글리가 교회의 전통보다는 성경의 권위에 대해 확고한 판단을 갖고서 철저하게 노력했음을 한번 더 확인하고자 한다. 여기서는 그가 성경적 확신을 가지고 16세기 종교개혁의 시대에 얼마나 큰 공헌을 하였는가를 살펴보자.

성경을 최종 권위로 인정했다는 것은 단순히 참된 지식의 근거만을 발견한 것으로 그치는 것이 아니다. 성경은 지혜의 보고라거나 구원의 복음으로만 그치는 것이 아니다. 츠빙글리와 스위스 종교개혁자들은 성경이 제시하는 사회의 건설과 시대적 과제를 해결하는 일에도 엄청난 변화를 가져왔다.

츠빙글리의 성경적 확신은 하나님의 주권적 통치와 그 적용을 위해서 교회가 시 정부당국과 일반 정치문제에 대한 깊은 관여를 불러일으켰다.

츠빙글리의 선도적인 역할로 인해서 스위스 종교개혁자들과 개신교 진영에 가담한 목회자들은 로마가톨릭교회의 전통을 비판하고, 시대적 변화를 깨닫게 되었다. 스위스 지방의 정치적인 문제는 곧바로 교회의 독립권과 자치권을 확립하는 것과 깊이 연계되어 있었다. 세속 정부와 교회 사이의 관계는 언제나 균형을 잃어버린 상태로 유지되어 왔었고, 로마가톨릭 교황청의 위상에 따라서 세속 통지자들의 맞대응이 혼란을 가져왔었다.

성경의 권위를 가장 신뢰하였다 하더라도, 많은 구절들에 대한 정확한 의미 파악과 해석들은 결코 쉬운 일이 아니다. 츠빙글리의 성경 해석과 개혁적인 신학 사상은 지속적으로 발전되어 나갔다. 무엇보다도 16세기 신학의 핵심 쟁점이었던 성만찬 해석에서 츠빙글리의 상징설은 가장 두드러진 가르침으로 남았다. 1525년 이후로 츠빙글리는 루터에게 몇 차례 의견을 표시하였고, 여러 편의 글과 저술을 발표하였다. 츠빙글리는 성만찬이 자신을 주님의 군사로 다짐하는 의식이라고 주장했다. 고린도전서 10:3에 대한 해석에서도 츠빙글리는 단지 믿음으로 그리스도의 몸과 피를 기념하면서 상징하는 것들을 서로 나누는 것이라고 풀이했다.

츠빙글리는 하나님의 말씀이 가장 중요한 역할을 감당한다는 확신을 가졌는데, 이는 말씀에 신실한 자들을 통해서 눈에 보이는 교회를 창조하고 보전하기 때문이다. 츠빙글리는 교회의 기초가 하나님께서 택한 백성과 맺으신 언약이라고 확신했다. 각 지역의 교회들이 연합하여 우주적인 교회가 형성된다. 1530년에 저술했으나, 츠빙글리가 서거한 후 1536년에 출판된 『믿음의 해설』을 보면, 프랑스 국왕 프랑수아 1세에게 보내는 헌정문이 담겨있는데, 그는 여기에서 교회의 개혁을 강력하게 주장하였다.

츠빙글리는 새로운 방식으로 성경을 해석했고, 개신교회의 확립을 위해서 취리히 교회의 설교자로서 노력했다. 하지만 그의 탁월한 지도력은 박해를 받았던 종교개혁자들의 상황타개를 위해 여러 차례 모임에 나가서 중요한 발언과 저술을 발표하면서 더욱 크게 발휘되었다. 1525년 이후로 루터의 성만찬 교리와 츠빙글리의 새로운 해석이 큰 차이를 보이면서, 신적인 임재에 관한 이해의 골이 깊어졌다. 츠빙글리는 1529년에 마르틴 부처의 주선으로 회집된 마르부르크 개신교 지도자 모임에서 츠빙글리는 스위스 종교개혁자들을 이끌고 나가서 독일에서 온 루터를 비롯한 다른 종교개혁자들과 서로 중요한 교리적 기초를 확립했다. "마르부르크 종교화의"(the Colloquy of Marburg)에서 츠빙글리는 루터파 지도자들과 함께 개신교회의 교리적 기초를 세웠다.

유럽의 종교개혁은 로마가톨릭교회와의 논쟁으로 그치지 않고, 막강한 권세를 가진 황제와의 사이에 정치적 긴장관계를 유발하였다. 1530년에 합스부르크 황제 찰스 5세가 개최한 "아우크스부르크 종교회의"(the Diet of Augsburg)는 유럽의 정치와 로마가톨릭에 대항하던 독일 지역 개신교의 문제를 주로 다뤘다. 황제는 독일 개신교회들에게 자신들의 입장을 설명하도록 요청했다. 멜란히톤은 6월 25일, 루터파의 입장을 요약해서 "아우크스부르크 신앙고백서"를 제출했다. 츠빙글리는 7월 11일에 자신의 개신교 입장을 담아서 『신앙의 해설』(Fidei Ratio)을 제출했다. 독일 남부 지방에서는 부처와 볼프강 카피토가 쓴 신앙고백서를 제출했다. 로마가톨릭에 속해 있던 황제는 1531년 4월 15일까지 모두 로마가톨릭 신앙으로 복귀하라고 명령했다. 루터를 지지하는 독일 군주들은 슈말칼덴 동맹을 맺었고, 아우크스부르크 신앙고백서를 채택하였다. 부처의 스트라스부르도 이 동맹에 참여했으나, 츠빙글리와 스위스 개혁교회들은 가담하지 않았다. 츠빙글리는 부처가 너무나 루터파 신앙고백에 가까운 입장이라서 불신하게 되었다.

스위스 지역 개혁자들은 츠빙글리의 영향을 받고 있었기에, 아우크스부르크 신앙고백서를 받아들이지 않았다. 1531년 10월 11일, 스위스 가톨릭 진영에 속한 군대가 두 번째 카펠 전투에서 개신교 진영의 군대를 제압하였고, 츠빙글리는 사망했다. 그리고 11월 24일 외콜람파디우스가 흑사병으로 사망했다.

츠빙글리의 핵심적인 교리들은 스위스 종교개혁에 지대한 영향을 끼쳤다. 그의 입장을 계승한 "제1 헬베틱 고백서"가 불링거에 의해서 정리되어서 1536년에 나왔고, 칼빈의 『기독교 강요』와 1549년의 『제2 헬베틱 신앙고백서』로 연속되어졌다. 성만찬에서 빵과 포도주가 그리스도의 몸과 피를 "상징"하는 것이냐 "임재"하는 것이냐의 해석 차이는 끝내 간격을 좁히지 못하였다. 스위스 지역에서 광범위하게 영향을 끼친 츠빙글리의 신학은 그 성경 해석과 적용에 있어서 루터와도 다르고, 부처와도 차이가 있다. 취리히 교회가 처한 개혁 과제가 달랐기 때문이고, 반대파들과의 쟁점이 달랐다.

유아 세례에 대해서 가장 강력하게 주장한 종교개혁자가 츠빙글리이다. 골로새서 2:11-12에 근거하여, 할례와 유아세례의 연관성이 있음을 강조했다. 아브라함의 자녀들에게는 이미 믿음이 존재하고 있었기에 할례를 통해서 입증할 수 있었다(롬 4:11-2). 그는 재세례파 후프마이어와 캬스파르 쉬벤크펠트의 저술을 비판하면서, 성도들이 구세주에 대하여 확고한 지식을 가진 후에 받는다는 믿음의 세례와 그 이전의 상태에서 받는 세례를 구별하는 것에 대해서도 반대하였다. 믿음을 가진 자들은 그가 어떤 연령에 속해 있다고 하더라도, 은혜의 언약에 참여한 자들이다. 세례란 하나님께서 전적인 우선권을 가지고 그의 자녀들과 언약을 맺는 "상징"(sign)이라고 츠빙글리는 확신했다.

츠빙글리도 처음에는 루터와 거의 비슷한 사상을 가지고 있었으나, 1523년과 1524년에 성만찬의 빵과 포도주가 그리스도의 몸과 피를 "상징"하는 것이라고 하는 다소 급진적인 해석을 내놓았다. 아마도 그가 이러한 변화된 견해를 갖게 된 것은 네덜란드 법학자이자 인문주의 해석자였던 코넬리우스 호엔(Cornelius Henrici Hoen)의 편지를 읽었기 때문이라고 추정되며, 루터와는 달리 같은 비텐베르크 대학교 교수였던 칼 쉬타트가 성만찬에서는 아무런 실제적 임재가 없다고 주장하는 것을 알게 되었기 때문일 것이다. 츠빙글리는 1524년 11월에, "성만찬에 관하여 매튜 알베르에게 보내는 편지"를 작성했다.

요한복음 6장을 보면 예수님께서는 말씀하신 것은 육신의 양식이 아니라 생명의 양식을 언급한 것이며, 영적인 양식임을 가장 중요한 출발점으로 삼아야 한다고 츠빙글리는 지적했다. "이것은 내 몸이다"(마 26:26)는 구절에 대해서 츠빙글리는 사람이 필요한 생명의 양식으로 주님의 살을 먹는 것이 아니므로, "이것은 내 몸을 상징하는 것이다"고 해석하였다. 상징하는 것을 가지고 그것의 본체라고 말할 수는 없다는 것이다.

츠빙글리의 해석과 비슷한 견해를 가진 신학자는 네덜란드 법학자 호엔과 바젤의 개혁자 외콜람파디우스였는데, 물질적인 음식을 나누면서 동시에 영적인 식사를 하는 것이라고 주장했다. 스트라스부르그 개혁자 마틴 부처는 성만찬에 대해서 그리스도의 죽으심을 기념하는 것이며, 불신자들이 아무런 의미도 없이 먹고 마시는 것은 효력이 전혀 없다는 입장이었다.

츠빙글리와 루터의 성만찬에 관련된 주요 저작들과 그 안에 담긴 성경 해석의 차이점들은 1527년 2월에 거의 동시적으로 출판되었다. 츠빙글리의 『친절한 주해, 즉 마르틴 루터의 성만찬 해석에 대한 고찰』에 그가 강력하게 주장하는 대부분의 내용들이 담겨있다. 츠빙글리는 루터의 주장들을 요약해서 설명했고 예수님의 말씀들 가운데서 성만찬 해석과 관련된 것들을 다시 제시하였다. 그는 요한복음 6장을 가장 중요한 해석적 기반으로 제시하면서 그동안 설명해 온 입장을 요약하였다.

츠빙글리가 이해한 예수 그리스도는 인간적인 몸을 실제로 가졌으며 적나라한 사람의 몸으로 세상에서 지내는 동안에 유한한 신체로서 활동하다가 하나님의 우편 보좌에 앉으셨다. 따라서 그의 몸과 피는 만물 가운데 편재할 수 없으며 성만찬의 빵과 포도주 안에 임재할 수도 없다는 것이다.

츠빙글리의 유산과 스위스 종교개혁의 특징들

이제 마지막으로 츠빙글리의 독특성과 그가 남긴 성경적 개혁신학의 유산을 살펴보자. 츠빙글리는 신학적인 요소들과 도시의 정치적인 요인들을 결합시켜서 지역 공동체의 최고 지도자로서 능력을 발휘하였다. 취리히의 교구 목회자로서 교회당 안에서 성직자 제복을 입고서 활동하던 것에 그치지 않고, 전쟁터에 나가서 위험을 감수하면서 지역화 된 공동체의 최후 보루를 지키는 데까지 동참함으로써 전혀 다른 종교개혁자의 모습을 남겼다. 성경의 교훈 및 지역의 정치적 문제들을 포함하여 개선을 모색하는 방식으로 스위스 종교개혁의 성격을 결정짓는 데 결정적으로 크게 이바지하였다.

가장 탁월한 츠빙글리 해석자로서 널리 알려진 로허(Gottfried W.

Locher) 교수는, "츠빙글리언주의"라고 부르는 특별한 도시 중심 개혁 운동의 전형이 취리히, 제네바 등 스위스 여러 지역에서만 성취되었다는 것에 주목하라고 강조한다. 그 전형은 먼저 세례와 성찬, 예배를 개혁하는 과정에서 특징적인 성경 해석을 확연히 드러났고, 츠빙글리가 취리히의 "예언자"로서 바른 정치를 하도록 세속 정부를 이끌어 나갔다는 점이다. 츠빙글리가 1518년 취리히에 신부로 추천을 받아서 처음 부임했을 때에는 마리그나노 전투(1515)의 치명적인 패배 이후여서 로마교회가 더욱 영향력을 장악하고 있을 시기였다. 츠빙글리는 1513년부터 계속된 전쟁에서 로마 교황권이 프랑스 군대에 패배하게 된 과정을 충분히 인식하고 있었다.

1519년부터 1531년 사이에 유럽의 종교개혁이 치열하게 전개된 당시에 스위스는 16개의 지역별 세속 정부 즉 자치주, 자치도시, 봉건적 지방 분권체들로 구성되어져 있었다. 오랫동안 법적으로는 신성 로마 제국의 일원이었고, 종교적으로는 로마교황청의 감독 하에 있었다. 스위스 지역 칸톤들은 1499년 바젤 평화조약을 맺고, 유럽의 정치를 좌우하던 제국의 명령대로 따라가야만 한다는 의무적인 조항들로부터 자유를 얻어냈다. 결국에는 스위스 동맹에 속한 지역들은 상호 연합을 통해서 영토와 사람들을 지켜내야만 하는 군사적인 보호 조치를 강구해야만 되었다. 스위스 동맹체에서는 일관된 외교적 정책이 아직 마련되어 있지 못했었다.

츠빙글리와 취리히 세속 정부가 종교개혁으로 변화하는 결정적인 시기가 몇 가지 단계로 진행되었다. 1520년 7월 15일부터 츠빙글리는 프란체스코파 설교자 프란츠 램버트와 성경 해석과 설교에 대해서 치열한 논쟁을 벌였다. 그 결과로 취리히 시 의회는 오직 성경에 합당한 설교만을 허용하기로 결정했는데, 여전히 로마가톨릭에 속한 자들도 있었다. 그래서 1521년 여름에 취리히는 다시 한번 교황을 지키기 위해서 이탈리아의 파르마와 피아첸자로 군대를 파견했다. 이 전쟁은 취리히가 마지막으로 용병을 파송한 것이다. 그러나 1522년 1월 11일에 더는 결코 용병을 파송하지 않겠다고 결정을 내렸다. 츠빙글리는 스위스 젊은이들을 고용해서 그들의 피를 팔아 이득을 챙기는 추기경들을 "늑대들"이라고 공개적으로 지적했다. 처음에는 츠빙글리가 용병 제도를 반대하는 설교를 하더라도, 세속 정부는 용병 파송을 금지하기로 결단을 내렸다. 1522년 4월, 금식기간에 소시지를 먹은 사례를 해결하기 위해 교황청의 대표자들이 도착했고, 마침내 1523년 10월에 츠빙글리의 신학과 설교가 성경적이라고 취리히 시 의회로부터 인정을 받았다.

스위스 종교개혁자들이 성경을 근거로 삼는 교회의 개혁을 성취하지 않았더라면, 스위스 연합체는 각 지역마다 나눠 갖고 있었던 법적인 결정 사항들을 하나로 묶어낼 수 있는 국가적 통합 원칙들을 제정할 수 없었다. 각각의 칸톤들은 독립적으로 결정하여 나가는 자치권을 행사하면서도 주변의 도시들과 지역들에게 연대를 추구하고 있었다. 취리히, 베른, 바젤, 제네바 등 각각 상호 결정들을 공유하였고, 츠빙글리의 영향은 제네바에까지 전달되어서 제네바는 1535년에 개혁 신앙을 받아들였다.

1531년에 두 번째 카펠 전투에서 취리히의 개신교 진영이 패배하자 츠빙글리의 꿈이 무산되는 것처럼 보였다. 취리히와 브렘가르텐이 포함된 아르가우 지방은 다시 로마가톨릭으로 회귀했다. 불링거와 다른 두 명의 목회자들도 역시 추방당했다. 이듬해에 스위스는 츠빙글리를 지지하는 개혁주의 진영과 로마가톨릭에 지속적으로 연대의식을 갖고 있는 칸톤들이 정면으로 대립하였다. 개혁교회 진영은 본질적으로 경제적으로 급속하게 성장하는 네 도시들(취리히, 바젤, 베른, 샤프하우젠)을 중심으로 하는 칸톤들이 주축을 이루었다. 로마가톨릭에 가담한 도시들은 다섯 개의 농촌 지방들(루체른, 유리, 운테르발덴, 쉬크이즈, 주크)을 중점지 역으로 삼았다.

취리히를 포함하여 종교개혁 진영으로 자신들의 입장을 정리한 도시들에서도, 교회의 주요 사항들은 모두 시 정부, 귀족 정치가들에 의해서 결정되었다. 취리히에서는 츠빙글리의 제자로서 하이델베르크 대학교의 교수이던 토마스 에라스투스가 제안한 바에 따라서, 교회의 출교권은 세속 정부의 통제 하에 있다고 받아들였다. 신앙고백서의 내용들, 목회자들의 활동 사항, 교회의 권징, 교육, 교회 재산의 관리 등 모든 결정을 세속 정부가 주도적으로 그 지역 관내에 소관된 업무 사항으로 다뤘다. 기독교 공동체와의 교류를 통해서 추진했지만, 깊은 충격을 받은 칸톤들에서는 목회자들이 정기적으로 총회를 열고 교회의 독립성을 구현하고자 시도하였다. 세속 정부와 지방 시 의회에서도 어느 정도까지 목회자의 자문 사항을 용인할 것인가를 놓고서 거듭된 토론을 하였다. 취리히에서는 거의 사십 여년을 목회했던 불링거가 개인적인 설득력을 발휘해서 시 정부에 자문하였다.

오늘날에는 교회의 성직자 임명이나 직분자들을 세우는 결정을 각 교회가 총회의 규정에 따라서 질서 있게 진행하고 있다. 이것은 오직 교회의 재량권에 속한 일이기에, 당연한 일이 되었다. 그러나 16세기 유럽에서는 그렇지 않았다. 취리히, 바젤, 샤프하우젠, 베른 등 개혁 진영에 합류한 칸톤에서는 시 정부와 교회 사이 심각한 대립과 다툼이 끊이지 않았다. 칼빈은 베른 시 당국의 결정에 대해서 번번이 반대하였다. 왜냐면 베른 시 정부가 목회자들로 하여금 교회의 권징을 독자적으로 시행하도록 전혀 허락하지 않았기 때문이다. 신앙고백의 내용이라든가, 예배의 예전적 구성에 대해서도 다툼이 발생했다. 제네바에서는 1540년부터 칼빈이 독립권을 쟁취하고자 노력하였기에, 그 주변에서 큰 도시로 영향력을 행사하던 베른 시 당국과의 사이에 민감한 대립을 지속하였다. 1558년에 이르게 되면서, 스위스 개혁 진영 내에서는 취리히와 제네바가 가장 영향력 있는 교회로 두드러진 활약을 하였다.

츠빙글리의 서거 이후에, 취리히와 제네바의 종교개혁자들은 상호 깊은 연대의식을 가지고 상호 신뢰하면서 놀라운 협력을 이뤄냈다. 오늘날 세계 모든 개혁교회에 주는 교훈이 크다. 1549년에 불링거와 칼빈이 상호 존중의 정신에서 발표한 "협화신조"(Consensus Tigurinus)야말로 소중한 가치를 지닌 협력 사역의 결과물이 아닐 수 없다. 독일 마르부르크에서 모인 1529년의 회합(Marburg Disputation)이 결렬된 이후에, 성만찬 신학의 차이는 크게 부각되었다. 유럽 전 지역에서 츠빙글리와 스위스 개혁교회의 사상을 받아들이는 군주들이 많지 않았고, 개신교 진영 사이에서도 신앙고백의 차이로 인해서 크게 흔들리게 되는 위기에 직면하게 되었다. 칼빈은 루터파 신앙고백서와 츠빙글리의 입장 차이가 그렇게 심각한 것이 아니라고 생각했고, 상호 조율을 통해 조화롭게 만들어 낼 수 있다는 확신이 있었다.

1544년에 이르게 되면서 성만찬 신학의 정립을 놓고서 루터파와 츠빙글리파 사이에 새로운 논쟁이 격화되었다. 이 해에 루터는 『성만찬에 대한 간단한 고백서』를 출간했는데, 취리히 교회의 신학이 이단적이라며 거칠게 비판하였다. 루터의 글의 영향력이 확대되면, 취리히와 제네바로부터 나온 성만찬 해석은 크게 위축되어지게 될 뿐만 아니라 정치적으로도 영향력이 위축되어지는 결과가 초래될 수 있었다. 하이델베르크 지방과 같이 독일어 사용권 지역에서 루터파의 신앙고백을 따르지 않는 개혁교회들은 합법적인 교회의 지위를 보장받을 수 없었다. 루터의 권위와 영향력으로 인해서 적어도 독일 지방이나 그 주변의 지역에서는 루터파 교회들과 개혁교회 진영 사이에 내적인 교류가 단절될 형편이었다.

불링거는 1545년에 주변 지역의 교회 지도자들에게 비록 루터가 자신들의 신학을 이단적이라고 비난하였으나 결코 그렇지 않다고 적극 옹호하고 홍보하였다. 칼빈도 양 진영이 합의에 도달할 수 있다는 희망을 완전히 포기하지 않았다. 불링거와 칼빈은 개혁교회의 지위가 위태롭다는 것을 거듭 인식하게 되고, 이로 인해 취리히와 칼빈의 제네바가 공동체로 단결하게 되었다.

츠빙글리의 후계자로 탁월한 지도력을 발휘했던 불링거와 제네바의 칼빈은 수십 년간의 우호적 관계를 유지했다. 불링거와 칼빈은 1536년 2월 처음으로 바젤에서 만났다. 1537년부터 1564년 칼빈이 사망할 때까지 불링거에게 보낸 직접 친필로 작성해서 편지가 무려 168통에 이른다. 그 내용들에는 개인적인 것들도 있고, 신학적인 것, 정치적인 것, 교회에 관련된 주제들이 핵심을 이루고 있다. 두 사람은 스위스 내부적인 것들만 상의한 것이 아니라, 유럽 전체의 움직임과 사건들에 대해서 의견을 교환했다. 불링거는 목회 경험과 현실 문제에 대응하는 전략이 탁월했고, 칼빈은 영특하고 예리한 신학 지식을 제시하였다.

그러나 1540년대 후반에 앞에서 설명한 것처럼 개혁교회 진영이 전체적으로 존립의 위기에 직면하게 되자, 1549년 5월 칼빈과 파렐은 취리히를 직접 방문하였다. 불링거와 직접 대면하여 신학적 합의를 도출하려고 노력했는데, 두 사람은 만난 지 불과 두 시간 이내에 서로 합의를 이루었다. 칼빈의 제안은 취리히 시 의회에서 논의된 후에 공식적인 지지를 얻었고, 정치적인 동지애를 형성하는 계기가 되었다. 곧바로 "협화신조" 20개 항목이 발표되었다. 칼빈은 불링거의 용어들과 교육 방식을 받아들였기에 손쉽게 합의에 도달했다. 성만찬에서 그리스도와의 교통은 성령을 통해서 실현되며, 믿음을 통해서 받은 것이라는 점이 핵심 내용이다. 스위스 개혁 진영은 견고한 통일성의 기반을 확립하게 되었다.

취리히와 제네바에서는 점차 교회의 독립권이 허용되었으나, 베른에서는 전혀 받아들여지지 않아서 모든 교회 업무가 사실상 시 의회의 결정에 따라서 좌우되었으며 특히 교회가 독자적으로 시행하는 권징을 허용하지 않았다. 베른에서는 츠빙글리에게서 영향을 받은 요한네스 할러가 루터파에게 가까웠던 스트라스부르 교회 쪽으로 기울었다.

1558년 12월, 로잔의 목회자들은 베른 시 당국의 결정에 대해서 거부한다는 결정을 내렸다. 베른 시 당국의 반응은 극각적인 보복이었다. 복종하겠다는 목회자 몇 사람을 제외하고는, 1559년 2월, 모든 개혁교회 목회자들을 직위 해제시켰다. 아카데미에서 원장을 맡아서 종교개혁의 정신을 확산시키던 피에르 비레 역시 물러났다. 제네바와 베른은 똑같이 종교개혁의 사상을 받아들였으면서도, 내적으로는 교회의 지위가 너무나 판이하게 달랐다.

취리히와 제네바는 공동체 의식을 가지고 성만찬 신학의 정립을 위해서 루터파에 대응 방안을 모색했지만, 그 외에 각론적인 사항들에 대해서는 각기 다른 방향으로 개혁 신앙을 발전시켜 나갔다. 제네바에서는 교회 권징과 예정론이 지속적으로 논의가 되었고, 취리히에서는 불링거가 앞장 서서 독일어를 사용하는 지역들과 동유럽에 관련된 사항들을 많이 다루었고, 칼빈은 프랑스어 사용 지역의 문제들에 대해서 관심을 기울였다.

마치며

　로마 가톨릭 신부였던 츠빙글리가 모든 오류들을 간파하고 결정적으로 낡은 전통에서 돌아서서 종교개혁자가 된 계기는 성경을 통해서였다. 사람의 말이 아니라, 하나님의 말씀으로 돌아서게 된 것이다. 츠빙글리는 사탄을 정복한 하나님의 말씀이 지닌 권능을 확신했다. 하나님의 전지 전능하신 능력은 때로는 역사 현장 속에서 사람의 눈에는 보이지 않는다. 그러나 그리스도의 십자가 속에서 구원의 은총이 담겨져 있었음을 확신하게 되었다. 성경을 통해서 믿을 만한 합당한 근거를 찾은 후에, 츠빙글리는 지속적으로 생활의 개혁과 윤리적인 갱신으로 구체화 되어야만 할 것을 역설하였다. 츠빙글리의 복음적인 발견은 회개하라는 하나님의 말씀에 순종하는 모습으로 특징지워졌다. 부당함과 불공정에 맞서서 역사 속에서 참된 의로움을 시행하는 하나님의 전지전능하심에 순종하라는 것이 츠빙글리의 메시지에 담긴 특징이다. 이 점에 있어서 츠빙글리의 개혁은 전 세계적으로 각성과 연계되어져 있었다.

　츠빙글리는 새로운 방식으로 성경을 해석하였고, 사회정의와 인권을 존중하는 감각을 새롭게 하였다. 그의 안타까운 죽음은 스위스 지역 종교개혁자들의 연대를 묶어내는 요소가 되었고, 후대 종교개혁자들, 특히 제네바의 칼빈과 그를 따르는 주변의 지도자들에게 큰 영향을 끼쳤다. 취리히 지역의 종교개혁이 모든 기독교 세계의 개혁 운동으로 확산되게 하는 강력한 파급력을 일으켰다.

츠빙글리의 성찬론

박찬호

벌코프의 설명

루이스 벌코프(Louis Berkhof, 1873-1957)가 츠빙글리의 성찬론에 대해 소개하고 있는 내용은 우리가 지금까지 상식적으로 생각하였던 것과 합치하면서도 츠빙글리를 새롭게 해석할 여지를 열어주고 있다. 벌코프는 츠빙글리가 그리스도께서 성찬시에 육체적으로 현존하신다는 점을 절대적으로 부인하면서, 성찬 제정의 말씀을 하나의 비유로 해석하였다고 말하고 있다. 이는 전형적인 츠빙글리의 상징설 내지는 기념설적인 성찬에 대한 견해를 지적하는 말이라고 할 수 있다. 하지만 벌코프는 바로 이어서 츠빙글리가 그리스도께서 신자의 믿음에 대하여 영적으로 임재하신다는 사실을 부인하지 않았음을 첨언하고 있다.[1]

벌코프는 츠빙글리의 성찬론에는 아주 결함이 많다는 것이 지배적인 생각인데 이런 생각이 전혀 근거가 없는 것은 아니라고 말하고 있다. 하지만 벌코프는 츠빙글리가 성찬이란 하나의 표징 또는 상징으로서 영적인 진리와 복을 비유적으로 표현하고 상징하는 것에 지나지 않으며 그 상징을 받는 것은 그리스도께서 죄인들을 위하여 행하신 일을 단순하게

---

[1] 루이스 벌코프, 『조직신학 (하)』, 이상원 · 권수경 역 (고양: 크리스챤다이제스트, 2000), 909.

기념하는 그리스도인의 신앙고백의 표(badge)에 지나지 않는다고 가르친 것으로 알려져 있으나 이는 츠빙글리를 오해한 것이라고 지적하고 있다. 츠빙글리가 한 말 가운데 일부는 성례가 단순한 기념 의식으로서 신자들이 서약하는 표지와 상징일 뿐이라는 사상을 전하고 있는 것이 사실이기는 하지만, 보다 깊은 의미의 성찬의 의미를 주장하고 있다는 사실을 놓쳐서는 안 된다고 벌코프는 주장하고 있다. 츠빙글리의 글 가운데는 성찬을 하나님께서 신자들을 위하여 하시는 일에 대한 인 또는 보증(pledge)으로 간주하고 있는 내용이 들어 있다는 것이다. 벌코프는 츠빙글리가 사실상 시간이 지나면서 성찬에 대한 자기의 생각을 조금씩 바꾸어 간 것 같기 때문에, 이 문제에 대하여 츠빙글리가 생각했던 내용을 정확히 결정하는 것은 매우 어려운 일이라고 말하고 있다.[2]

츠빙글리가 모든 반(反)지성적인 신비주의를 성찬론에서 제거하고 소박하고 단순하게 성찬을 표현하려는 경향으로 과도하게 기울어졌던 것이 분명하다고 벌코프는 보고 있다. 츠빙글리는 성찬을 인 또는 보증이라고 말하기도 하지만 그것을 충분히 발전시키지는 않았다. 뿐만 아니라 츠빙글리에게는 성례에서 하나님이 보증하신 것보다는 신자들이 서약한 것이 더 중요하였다. 츠빙글리는 그리스도의 몸을 받아 먹는 것과 그를 믿고 그의 죽으심을 의지하는 것을 동일시하였다. 츠빙글리는 그리스도께서 육체적으로 성찬시에 임재하신다는 사실을 부인했다. 그러나 그는 그리스도께서 영적으로 신자의 믿음에 임재하신다는 사실을 부인하지는 않았다. 그리스도는 다만 그의 신성으로만, 그리고 성찬에 참여한 신자들의 이해에만 임재하실 뿐이다.[3]

---

2 벌코프, 『조직신학 (하)』, 917.
3 벌코프, 『조직신학 (하)』, 917.

이러한 츠빙글리의 성찬론에 대한 벌코프의 설명은 우리의 논의를 위한 좋은 출발점이 된다. 츠빙글리의 성찬론의 한계를 인정함과 동시에 칼빈을 비롯한 후대의 개혁신학의 성찬론의 발전에 츠빙글리가 어떻게 기여했는지를 말해주고 있기 때문이다. 루터와 츠빙글리가 성찬론에서 대립한 것은 너무나 유명한 사실이다. 성찬론에서의 이견은 결국 종교개혁 세력의 양분으로 이어졌고 첨예한 대립은 마르부르크 회담(1529)의 결렬을 가져왔다. 칼빈은 몇 가지 부분에서 츠빙글리를 오해한 것으로 보인다. 특별히 칼빈은 츠빙글리의 성찬론을 싫어했고 루터의 영향으로 츠빙글리를 제대로 읽지 않은 것으로 보인다. 우리에게 가용한 츠빙글리의 성찬에 대한 글들을 살펴보면 츠빙글리의 성찬론은 칼빈의 영적 임재설을 예견하고 있다고 할 수 있다. 그렇기 때문에 후대에 츠빙글리의 취리히 후계자였던 불링거와 칼빈 사이에 취리히 합의서(Consensus Tigurinus, 1551)가 도출될 수 있었으며 그런 맥락에서 보면 지금 개혁신학에서 신종하고 있는 영적 임재설은 칼빈이 츠빙글리의 입장을 더 발전시킨 것이라고 할 수 있을 것이다.

루터와 츠빙글리

종교개혁은 서로 무관하게 출발한 일련의 개혁 운동들로 이해하는 것이 가장 좋다고 할 수 있다. '개신교'라는 개념은 16세기 초에 일어난 일련의 사건들을 연결하여 '변화'라는 공통 주제를 지닌 하나의 이야기(narrative)를 만들어내려는 시도에서 유래했다.[4] 츠빙글리는 1519년 1월

---

4 알리스터 맥그래스, 『기독교, 그 위험한 사상의 역사』, 박규태 역 (서울: 국제제자훈련원, 2007), 105f.

1일 스위스 취리히 대성당에서 '민중의 사제'(people's priest)로 취임함으로써 자신의 35번째 생일을 축하하였다. 츠빙글리는 옛 스콜라주의 사상이 인문주의 사상으로 대체되어 가고 있던 시기에 비엔나 대학교에서 공부하였으며 스위스 동부의 인문주의자 그룹들과 유대를 맺었다. 슈테판 츠바이크(Stefan Zweig, 1881-1942)는 에라스무스(Desideius Erasmus, c. 1466-1536)에 대한 츠빙글리의 다음과 같은 말을 인용하고 있다. "당신의 글을 읽을 때면 마치 당신의 이야기를 직접 듣고 있는 기분입니다. 그리고 작지만 귀여운 체구인 당신이 정말 호감이 가는 모습으로 변해가는 것을 보고 있는 듯합니다."[5] 츠빙글리를 사로잡은 것은 완전히 새로운 모습으로 태어나 사도 시대의 소박함과 생명력을 회복한 '거듭난 기독교'(Christianismus renascens)라는 인문주의적 이상이었다. 츠빙글리의 개혁 비전은 1510년대 중반에 아인지델른(Einsiedeln)의 베네딕트 수도원에서 '민중의 사제'로 있을 동안 전개되기 시작했다. 츠빙글리도 루터를 비롯한 다른 개혁자들과 같이 성경을 자신의 개혁 프로그램의 중심으로 여겼다.[6]

하지만 개혁을 도덕적 차원에서 이해하는 츠빙글리와 하나님의 은혜를 강조하는 루터 사이에 엄연한 긴장 관계가 존재하였던 것이다. 그런 면에서 츠빙글리의 개혁에 대한 생각은 희랍 및 로마의 고전들과 신약성경을 가르쳐 제도와 도덕 개혁을 이루려고 했던 에라스무스의 이상에 훨씬 더 가까웠다.[7] 1520년대 스트라스부르에서 개혁 운동을 이끌고 있던 마르틴 부처(Martin Bucer, 1491-1551)도 성경으로 돌아가자는 루터의 입장을 기꺼이 따랐지만 루터의 이신칭의보다는 제도의 소박함과 도덕 갱신

---

5 슈데판 츠바이크, 『에라스무스 평전』, 정민영 역 (서울: 아롬미디어, 2006), 65.
6 맥그래스, 『기독교, 그 위험한 사상의 역사』, 113f.
7 맥그래스, 『기독교, 그 위험한 사상의 역사』, 116.

에 관심을 기울였던 에라스무스로부터 더 큰 영향을 받았다. "부처는 루터의 이신칭의 교리에 미묘하면서도 중대한 변경을 가하여 하나님이 죄인을 받아주신 뒤에는 도덕적 거듭남이 중요하다는 것을 강조했다."[8]

루터와 츠빙글리의 차이점은 성상(聖像)을 바라보는 태도에서도 나타났다. 루터는 교회 안의 성상에 대해 관용을 베풀 준비가 되어 있었으나, 츠빙글리는 모든 형상을 금지하는 구약의 말씀이 모든 그리스도인을 구속한다고 주장했다. 1524년 취리히 시는 모든 성상을 교회에서 제거하도록 하였고 성상파괴폭동이 베른(1528), 바젤(1529), 스트라스부르그(1530), 제네바(1535) 등지를 휩쓸었다. 대중들의 폭력과 신성 모독행위가 종교개혁을 확산시킨 것이다.[9]

하지만 루터와 츠빙글리의 긴장 관계를 가장 잘 보여준 것은 성찬 때 예수 그리스도가 떡과 피에 "실제로 임재하신다"는 말의 의미가 무엇인가를 놓고 루터와 츠빙글리 사이에 벌어진 논쟁이었다. 이 논쟁은 종교개혁 당시 라이벌 진영 사이에서 벌어진 가장 중요한 토론들 가운데 하나였다.[10] 이 논쟁은 독일의 개혁 운동과 스위스의 개혁 운동을 갈라 놓았다. 대립하는 양측의 견해를 조정하려는 시도가 마르부르크 회담(Marburg Colloquy, 1529)에서 이루어졌다. 헤센 공 필립(Philipp von Hessen, 1504-1567)이 소집한 이 회담에는 부처, 루터, 루터의 동역자 필립 멜란히톤(Philip Melanchton, 1497-1560), 바젤의 개혁자 외콜람파디우스(Johannes Oecolampadius, 1482-1531), 그리고 츠빙글리 같은 개신교 내의 쟁쟁한 인물들이 참석했다.[11] 주지하는 바와 같이 헤센 공 필립의 중재 노력에도

---

8   맥그래스, 『기독교, 그 위험한 사상의 역사』, 123.
9   맥그래스, 『기독교, 그 위험한 사상의 역사』, 115.
10 맥그래스, 『기독교, 그 위험한 사상의 역사』, 116.
11 맥그래스, 『기독교, 그 위험한 사상의 역사』, 124f.

불구하고 회담은 결렬되었다.

15개 항의 합의문 가운데 14개에 대해서는 이견이 없었다. 문제는 마지막 15번째 항목이 문제가 되었다.

> 그리스도의 몸과 피의 성례에 관하여: 그리스도의 말씀에 따라 성만찬의 두 가지 형태를 사용해야 한다. 미사는 죽었거나 살아 있는 다른 사람들을 위해 얻을 수 있는 업적이 아니다. 참 몸과 피의 성례와 이 몸과 피를 영적으로 먹고 마심은 각 신자에게 필요하다. 말씀과 마찬가지로 전능하신 하나님이 주신 성례는 연약한 양심들이 성령을 통하여 믿음에 이르도록 하기 위해 주어진 것이다. 그리스도의 참 몸과 피가 빵과 포도주 안에 몸적으로 임재하는가에 대한 우리의 생각은 일치하지 않지만, 우리는 서로 사랑을 보여야 하며, 하나님께서 그의 영을 통해 올바른 이해를 우리에게 주시기를 간구해야 할 것이다.[12]

이 15번째 항의 거의 모든 내용에 루터도 동의하였다. 하지만 그리스도의 육체적 임재를 인정하지 않는 표현인 "영적으로 먹고 마심"이란 표현을 루터는 결코 수용할 수 없었다. 루터에게 이 표현은 성찬을 상징과 회상의 영적 사건으로 보려는 츠빙글리의 입장을 반영하는 것으로 보였다. 이에 루터는 츠빙글리에게 결별을 선언하였고, 그럼에도 우리는 한 형제요 그리스도의 지체들이지 않느냐는 헤센 공 필립의 회유를 거부하며, 우리는 한 형제와 그리스도의 지체들은 아니지만 서로 평화롭게 호의를 가지고 지낼 수 있을 것이라고 말하였다.

한 걸음 물러나서 이 문제를 바라보면 루터가 지나쳤다는 생각을 지울

---

[12] 김균진, 『루터의 종교개혁』(서울: 새물결플러스, 2018), 655f.

수 없다. 자기 입장에만 매여 연합을 나 몰라라 했다는 비난을 루터가 들을 수 있는 대목이기도 하다. 하지만 이 문제는 지금 우리가 생각하는 것처럼 루터에게 결코 지엽적인 문제가 아니었다. "그[츠빙글리]는 우리와 다른 영을 가지고 있다." 그런 의미에서 루터가 결코 츠빙글리의 견해를 수용할 수 없었던 이유에 대해 살펴보는 것은 이후 칼빈이 일정 부분 츠빙글리의 성찬론에 대해 불만족스러워했던 이유에 대한 설명을 제공해 줄 것이다.

루터가 생각할 때 츠빙글리의 상징설은 한마디로 성찬이 은혜로우신 하나님의 행위가 아니라 그리스도의 고난을 기념하는 인간의 행위요 교회 공동체의 고백과 친교의 행위에 불과하게 된다는 것이다. 츠빙글리에게 있어서 루터의 주장은 가톨릭 교회의 화체설의 잔재를 다 내버리지 못한 신비주의적인 것으로 비쳐졌을 것이다. 반면에 루터에게 츠빙글리의 성찬론은 하나님의 은혜가 빠져버리고 별반 의미 없는 인간의 행동이 되고 만다. 이렇듯 서로 다른 성찬에 대한 이해는 두 사람의 배경이 서로 달랐기 때문이라고 할 수 있다. 루터는 수도사 출신이었고 인문주의의 영향이 미진했다. 반면에 츠빙글리의 이력은 루터와 사뭇 다르다. 그에게는 수도사 경력이 전무하였으며 루터보다 인문주의의 영향을 많이 받았다. 이런 개인적인 배경의 차이 때문에 루터와 츠빙글리는 공히 가톨릭의 화체설을 반대하는 점에서는 의견의 일치를 보였지만, 루터가 빵과 포도주 안에 혹은 그것과 함께 그리스도께서 문자적이고 육신적으로 임재하신다고 주장한 반면, 츠빙글리는 이러한 성찬의 요소 안에 그리스도께서 육체적으로 현존하신다는 것을 부정하였다.

츠빙글리와 칼빈

보통 츠빙글리와 칼빈(John Calvin, 1509-1564)은 개혁신학의 원조격으로 인구에 회자되곤 한다. 츠빙글리는 칼빈을 알지 못했다. 1531년 2차 카펠 전투에서 츠빙글리가 사망하고 칼빈이 종교개혁 전면에 등장한 것은 1536년이기에 칼빈 또한 직접적으로 츠빙글리를 만날 기회를 갖지는 못했다. 하지만 이런저런 기회를 통해 칼빈은 츠빙글리에게 영향을 받았을 것이다. 그럼에도 칼빈은 츠빙글리보다 루터와 멜란히톤, 그리고 부처의 영향을 받은 것으로 일반적으로 이해되고 있다.

그러면 칼빈은 츠빙글리에게서 어떤 영향을 받았는가? 칼빈은 한마디로 취리히의 개혁자 츠빙글리보다는 루터나 멜란히톤에게 더 가까움을 느끼고 있었다고 말할 수 있다. 짐짓 츠빙글리와 칼빈은 거의 아무런 영적인 유사점을 가지고 있지 않은 것처럼 보여진다. 칼빈은 츠빙글리가 복음의 전파와 엄격한 지역적인 애국심으로 작용된 선입관을 혼동하고 있었던 것을 이해할 수 없었다. 더욱이 츠빙글리의 성례관이 잘못되어 있으며 츠빙글리가 지나치게 철학자들에게 오염되어 있으며 지나치게 역설을 좋아한다고 칼빈은 생각하였다.[13]

츠빙글리의 성례관이 잘못되었다고 생각한 점에 있어서 칼빈은 루터와 같은 입장이었다고 할 수 있다. 하지만 칼빈은 루터의 영향을 항상 의식하고 있었음에도 루터의 사상을 아무 비판 없이 받아들인 것은 아니었다. 시간이 지날수록 루터와 칼빈의 차이점은 더욱 심해졌고 칼빈은 『기독교 강요』 최종판(1559) IV권 17장에서 화체설의 허구에 대하여 폭로하

---

[13] 신복윤, "기독교 강요: 역사, 저작 목적, 사상적 배경," 칼빈, 『기독교 강요』, 이종성 외 공역 (서울: 생명의말씀사, 1988), 39.

고 공재설의 논리에 대하여 반박하고 있다.

칼빈은 성찬이 "그리스도와 신자가 은밀하게 연합된다는 신비"를 보여주는 가장 적합한 표징이라고 제시하고 있다. "이 신비를 아는 것은 정말 필수적이며, 또한 그 중요성을 볼 때에 그것을 매우 정확하게 해명하는 일이 필수적이다."[14] 이 성례를 통해 측량할 수 없는 자비하심으로 그리스도와 우리 사이에 "놀라운 교환"이 이루어진다. 한마디로 성찬을 통하여 그리스도께서는 자기 자신과 아울러 그의 모든 은택을 우리에게 주시며, 또한 우리는 믿음으로 그를 받아들이게 된다고 칼빈은 주장하고 있다.[15]

그리스도의 육체는 지금 하나님의 보좌 우편에 있다. "우리와 그렇게도 멀리 떨어져 있는 그리스도의 육체가 우리에게 침투하여 우리의 양식이 된다는 사실"은 도저히 믿기지 않는 것처럼 보인다. 하지만 "우리로서는 성령의 그 은밀한 능력이 우리의 모든 지각을 무한히 뛰어넘기 때문에 측량할 길 없는 그의 능력을 우리의 척도로 가늠하기를 바라는 것"은 어리석은 일이다. "그러므로 우리의 지성이 이해하지 못하는 것 즉 공간적으로 서로 떨어져 있는 것을 성령께서 참으로 결합하신다는 것을 우리의 믿음이 생각하도록 해야 한다."[16]

칼빈은 "화체설을 꾸며낸 것은 불과 얼마 전의 일이다"라고 말하고 있다.[17] "베르나르(1090-1153)의 시대에도 비록 무딘 표현들이 만연되어 있기는 했으나, 화체설은 아직 모르고 있었다."[18] 가톨릭의 화체설은 제4차 라테란 공의회(1215)에서 공식화되었다.

---

14 칼빈, 『기독교 강요』, IV.17.1.
15 칼빈, 『기독교 강요』, IV.17.5.
16 칼빈, 『기독교 강요』, IV.17.10.
17 칼빈, 『기독교 강요』, IV.17.14.
18 칼빈, 『기독교 강요』, IV.17.15.

화체설에 이어 칼빈은 그리스도의 몸의 편재성에 근거한 루터파의 공재설에 대한 반론을 제기하고 있다. 공재설은 "그리스도의 몸 그 자체를 떡 속에 있는 것으로 봄으로써 그 몸에다 그 본질과는 상반되는 편재성(ubiquity)을 부여하며, 또한 '떡 밑에'(under the bread)라고 덧붙임으로써 그 몸이 거기에 감추어져 있다"라고 주장한다.[19] 말하자면 이들은 그리스도의 육체의 공간적 임재(local presence)를 주장한다. "이것이 내 몸이니라"는 그리스도의 말씀을 "그리스도의 몸이 떡과 함께, 떡 안에 그리고 떡 밑에 있다"는 의미로 이해하는 것이다.[20] 이 유명한 표현은 후대 루터파 성찬론을 대변하는 문구가 되었는데 루터가 사용한 것이 아니라 인문주의자 빌리발트 퍼크하이머(Willibald Pirckheimer, 1470-1530)가 처음 사용하였다고 알려져 있다.

칼빈의 성찬에 대한 견해는 보통 영적 임재설로 알려져 있다. 하나님 보좌 우편에 계신 그리스도께서 성령을 통해 성찬에 함께 하신다는 것이다. 칼빈은 공간적인 결합이나 접촉 또는 조잡한 형태의 포괄 관계에 집착하는 이들을 비판한다. "그는 비록 그의 살을 우리에게 주시지 않고 몸으로 승천하셨지만 지금은 아버지의 오른편에 앉아 계신다. 즉 아버지의 권능과 존귀와 영광으로 다스리신다. 이 나라는 공간 가운데 위치가 한정되거나 경계로 제한되지 않는다."[21]

칼빈은 성찬에 대한 견해를 살피며 우리가 결코 빼앗겨서는 안되는 두 가지 제한이 있다고 주장한다. "(1) 그리스도의 하늘 영광을 감해서는 안된다-그리스도를 끌어내려 이 세상의 썩을 요소들 밑에 두거나 지상의 피조물에 고착시킨다면 그리스도의 하늘 영광을 감하게 된다. (2) 인성에

---

19 칼빈, 『기독교 강요』, IV.17.16.
20 칼빈, 『기독교 강요』, IV.17.20.
21 칼빈, 『기독교 강요』, IV.17.18.

합당하지 않은 것을 그리스도의 몸에 돌려서는 안 된다. 그리스도의 몸은 무한하다고 하든지 동시에 여러 곳에 계시다고 한다면 이 둘째 제한을 어기게 된다."²² 칼빈은 그리스도가 성찬에 임재하신다고 주장한다. 그러나 그것은 위엄의 임재이지 육체의 임재는 아니다. 칼빈이 인용하고 있는 어거스틴의 말을 살펴보자. "위엄의 임재로 말하자면, 그리스도께서는 우리와 항상 함께 계시다. 그러나 육체의 임재로 말하면, '나는 항상 너희와 함께 있지 아니하리라'(마 26:11)는 말씀이 옳다."²³ 이 부분에서 칼빈은 루터가 아니라 츠빙글리의 손을 들어주고 있음을 확인하게 된다.

이런 루터파와 개혁파 사이의 성찬에 대한 견해 차이에는 기독론이 그 배후에 있다고 할 수 있다. 그 이유는 특별히 승천에 대한 이해가 첨예하게 대조되고 있기 때문이다. 승천을 개혁파에서는 장소적인 이동으로 보는 반면에 루터파에서는 하나의 상징으로 이해하여 그리스도의 몸의 편재를 주장하고 있는 것이다. "그리스도께서는 결코 땅을 떠나신 것이 아니라 여전히 자기 백성 사이에 보이지 않게 계시며, 그때가 되면 보이는 형태로 나타나신다"라고 루터파들은 생각한다. 이에 대해 칼빈을 비롯한 개혁파에서는 "부활하신 때부터 그리스도의 몸이 유한하며 마지막 날까지 하늘에 보관되어 머무신다는 것은(행 3:21 참조) 아리스토텔레스가 아니라 성령께서 가르치신다"라고 주장한다. "참으로 성령의 강림과 그리스도의 승천은 반대 현상이다. 따라서 그리스도께서는 그의 영을 보내시는 것과 같은 방법으로 육으로 우리와 함께 계실 수 없다."²⁴

칼빈은 교부들이 사용하였던 "속성의 교류"를 멸시하는 자들을 비판하고 있다. "영광의 주가 십자가에 못박혔다고(고전 2:8) 한 바울의 말은

---

22 칼빈, 『기독교 강요』, IV.17.19.
23 칼빈, 『기독교 강요』, IV.17.26.
24 칼빈, 『기독교 강요』, IV.17.26.

그리스도의 신성이 수난을 당했다는 뜻이 아니라 배척과 모욕을 당하며 육신으로 수난을 당한 그 그리스도는 하나님이시며 영광의 주시라는 뜻이다." 이 속성의 교류에 의해 "우리의 중보자는 그 전체가 어디든지 계시므로 항상 그의 백성들과 함께 계시며 성찬에서는 특별한 방법으로 자신을 나타내신다." 하지만 "그리스도 전체가 계시지만 완전히 계시는 것이 아니다. 이미 말한 바와 같이 심판하러 나타나실 때까지 그리스도는 육신으로 하늘에 계시기 때문이다."[25] 이런 칼빈의 입장은 전형적인 개혁신학의 견해를 대변한다고 할 수 있다.

칼빈은 "그리스도께서 강림하시지 않으면 그가 임재하시는 것 같지 않다"고 여기는 사람들에 대하여 "그가 우리를 들어 올리셔서 자기에게 나아가게 하셔도 그의 임재를 똑같이 누릴 수 있는 것"이라고 답하며 "구태여 그리스도를 땅으로 끌어내리지 않아도 그가 얼마든지 우리와 함께 하실 수 있다"라고 주장하고 있다.[26]

지금까지 최종판 『기독교 강요』의 설명을 중심으로 칼빈의 성찬론을 살펴보았다. 흥미로운 것은 초기 칼빈이 가졌던 츠빙글리의 성찬론에 대한 불만이나 비판적 언급은 보이지 않는다는 것이다. 도리어 그리스도의 몸의 육체적 현존을 고집스럽게 주장하였던 루터에 대한 분명한 반대를 어렵지 않게 확인하게 된다. 시기적으로 취리히 협약 이후의 일이라는 점이 우리의 관심을 끈다. 이제 칼빈을 잠시 뒤로 물리고 츠빙글리의 성찬론에 대해 본격적으로 살펴보자.

---

25 칼빈, 『기독교 강요』, IV.17.30.
26 칼빈, 『기독교 강요』, IV.17.31.

성찬에 대한 츠빙글리의 견해

츠빙글리가 루터와 벌인 성찬에 대한 논쟁은 이른바 상징설과 공재설로 대변된다. 그리스도의 인성의 임재와 관련하여 츠빙글리는 명확하게 부재(不在)의 입장을 취하였고 루터는 그리스도의 인성의 편재를 통한 공재의 입장을 취하였다. 츠빙글리는 1524년 하반기부터 네덜란드의 법률학자 코르넬리스 호엔(Cornelis Hoen, c. 1440-1524)의 견해를 적극 지지하였는데, 호엔은 성례에 대하여 "순전한 상징적 이해"를 옹호하였다.[27]

1525년 3월 『참된 종교와 거짓 종교에 대한 주해』에서 츠빙글리는 자신의 성찬론을 제시한다. 『주해』에 나오는 다음의 구절은 츠빙글리의 세례와 성찬에 대한 견해를 단적으로 보여준다. "세례는 우리의 할례이며, 성만찬은 우리의 유월절, 곧 구원에 대한 큰 기념제이다. 그러므로 이 상징적인 빵을 다룸이 바로 죄를 소멸시킨다고 가르치는 것은 거짓 종교이다. 왜냐하면 그리스도 한 분만이 죽으시면서 죄를 소멸시키시기 때문이다."[28]

성찬에 대한 루터와 츠빙글리의 논쟁의 배후에는 기독론의 차이가 있다는 것은 잘 알려진 사실이다. 안디옥 학파의 성향을 따라 그리스도의 신성과 인성을 구별하는 이후 개혁신학의 특징이 그대로 츠빙글리에게서 드러나고 있는데 어떤 면에서는 다소 극단적이기까지 하다. "그[그리스도]는 오직 육신을 따라서 희생당하시고, 오직 신적인 본성을 따라서 우리 구원이 될 수 있었다. 그래서 그리스도는 이러한 의미에서 영혼의

---

[27] 에미디오 캄피, 『스위스 종교개혁: 츠빙글리·베르밀리·불링거』, 김병훈 외 4인 공역 (수원: 합신대학원출판부, 2016), 52.
[28] 츠빙글리, "참된 종교와 거짓 종교에 대한 주해," 『츠빙글리 저작 선집 3』, 공성철 역 (서울: 연세대출판문화원, 2017), 280.

양식이다.…그러니까 먹어치워진 그리스도가 아니라 죽임을 당한 그리스도가 우리의 구원"이시다.²⁹

이 성찬에 대한 논의를 진행하는 가운데 츠빙글리가 단골로 인용하고 있는 성경은 요한복음 6:63 "살리는 것은 영이요 육은 무익하니라"이다.³⁰ 특별히 후반절 "육은 무익하니라"는 츠빙글리의 성찬에 대한 견해가 상징설 이상으로 나아갈 수 없었던 이유를 설명해 준다. 츠빙글리에게 "육은 무익하니라"(요 6:63)는 말씀은 "깨뜨려지지 않는 다이아몬드"이다.³¹

루터는 "이것이 내 몸이다"는 그리스도의 말씀을 문자적으로 취하기를 원했다. 하지만 츠빙글리는 루터의 이러한 해석을 "이것이 내 몸이다"는 그리스도의 말씀에 대한 잘못된 이해라고 통박한다. "'이것이 내 몸이다'라는 말씀은 씻지 않은 손으로 다루면 안 되고 오히려 먼저 성경의 구석구석을 살피고 어떤 의미를 가질 수 있고 또 어떤 의미는 안 되는지를 파악해야 한다."³²

츠빙글리는 "이것이 내 몸이다"라는 그리스도의 말씀에서 "이다"(is)는 성경에서 한 군데 이상 "의미한다"(signify)를 뜻하고 있다고 주장하며 그 근거 구절들을 제시하여 설명하고 있다. 창세기 41장에 나오는 요셉이 바로의 꿈을 해몽하는 장면에서 "일곱 좋은 암소는 일곱 해요 일곱 좋은 이삭도 일곱 해를 의미"하는 것으로 이해하는 것이 자연스럽다.³³ 누가복음 8장의 씨 뿌리는 자 비유에서 "씨는 하나님의 말씀이다"라는 말씀의 "이다"는 "의미하다"를 대신하여 사용된 것이다. 마찬가지로 마태복음 13

---

29 츠빙글리, "참된 종교와 거짓 종교에 대한 주해," 247.
30 츠빙글리, "참된 종교와 거짓 종교에 대한 주해," 251, 255, 264, 265, 296, 300.
31 츠빙글리, "참된 종교와 거짓 종교에 대한 주해," 296.
32 츠빙글리, "참된 종교와 거짓 종교에 대한 주해," 263.
33 츠빙글리, "참된 종교와 거짓 종교에 대한 주해," 269.

장의 가라지 비유에서도 "밭은 세상이요"(마 13:38)라는 그리스도의 말씀은 밭이 세상을 의미하는 것으로 이해해야 한다.[34] 이런 맥락에서 츠빙글리는 루터가 말하는 문자적 이해를 거부하고 있다. "육은 무익하니라'[요 6:63]라는 단 하나의 단어에서 정확하고 분명하게 드러난 바와 같이, 우리가 다루는 이 구절에 있는 이 단어 '이다'는 제 아무리 그 무지하고 신앙이 없는 자들이 그토록 심하게 고함을 지른다고 해도 다른 의미가 있을 수밖에 없다."[35]

츠빙글리는 『참된 종교와 거짓 종교에 대한 주해』 이후에 1525년 3월을 전후로 1년 동안 성찬에 관한 논문을 4번이나 저술하였고 그 이후에도 기회가 있을 때마다 자신의 성찬에 대한 견해를 피력하였다.[36] 그 가운데 우리에게 가용한 "주의 만찬론"에서 츠빙글리는 별반 "참된 종교와 거짓 종교에 대한 주해"와 다르지 않은 입장을 개진하고 있다. 아직까지는 큰 맥락에서 전형적인 상징설적인 성찬론에서 벗어나지 못하고 있다고 할 수 있다.

캄피는 츠빙글리가 『참된 종교와 거짓 종교에 대한 주해』에서 성찬이 일종의 은혜의 수단으로서 어떠한 구원론적인 기능을 한다고 보지 않았지만, 그 이후 1529-30년 사이에 저술된 보다 성숙한 저작들 안에서 성례의 영적인 유효성을 기꺼이 주장하게 된다고 말하고 있다.[37]

말하자면 1530년 신성 로마 제국 황제 칼 5세(Karl V, 1500-1558)에게 보

---

34 츠빙글리, "참된 종교와 거짓 종교에 대한 주해," 270.
35 츠빙글리, "참된 종교와 거짓 종교에 대한 주해," 272.
36 츠빙글리, "주의 만찬론," 『츠빙글리와 불링거』, 서원모·김유준 역, (서울: 두란노아카데미, 2011), 212. "주해" 이외에 미주 1에 나와 있는 논문의 목록과 저술 날짜는 다음과 같다. 1. *Ad Matthaeum Alberum de coena domoni, epistola*, 1524년 11월 16일. 2. *Subsidium sive coronis de eucharistia*, 1525년 8월 17일. 3. *Ad. Joannis Bugenhaglii Pomerani epistolam responsio*, 1525년 10월 23일.
37 에미디오 캄피, 『스위스 종교개혁』, 53.

낸 『신앙의 해설』(*Fidei ratio*)에서 츠빙글리는 "나는 '감사'라는 뜻을 가진 거룩한 성찬식(Eucharisite)에 우리 믿음의 눈으로 볼 때 진정한 그리스도의 몸이 현존한다는 것을 믿습니다"라고 말하고 있다.[38]

자신이 죽던 해인 1531년에 프랑수아 I세를 위해 쓴 『그리스도교 신앙 선언』(*Fidei expositio*)에서 츠빙글리는 자신의 기존의 입장에서 더 나아가 실제적인 임재를 주장하기까지 하였으며 영적으로 그리스도의 몸을 먹는다는 말이 의미하는 것을 성령과 연결하여 설명하고 있다.

> 우리는 그리스도가 실제로 임재함을 믿습니다. 그렇습니다. 우리는 그리스도가 현존하지 않는 성찬식이 존재한다는 것을 한 번도 생각한 적이 없습니다.…믿는 사람들은 성례적이며 영적으로 그리스도의 몸을 먹는 것입니다.[39]

> '영적으로 그리스도의 몸을 먹는다'라는 말은 '성령 안에서 그리스도를 통한 하나님의 사랑과 선함을 깊이 느끼고 의지하면서 다시 말하면 하나님은 우리와 같은 사람이 되고 우리를 위해서 희생제물이 된 자신의 아들을 통해서 또한 하나님의 정의를 우리를 위해서 보여 준 그 아들을 통해서 우리의 죄를 용서해 주고 영원한 구원의 축복을 주신다는 믿음을 가지고 먹는다'는 것입니다.…'성례전적으로 그리스도의 몸을 먹는

---

[38] 츠빙글리, "믿음의 내용," 『츠빙글리 저작 선집 4』, 임걸 역 (서울: 연세대출판문화원, 2015), 125. 쿠르브와지에는 "비록 물질적인 측면에서 보면 빵은 그대로 빵이고 포도주는 그대로 포도주로 보이지만 빵과 포도주가 거룩한 식사에 놓여졌을 때 그것들은 더는 '평범한' 빵과 포도주가 아니다"는 것이 츠빙글리의 성찬론의 마지막 측면이라고 언급하면서 프리츠 블랑케가 "칼뱅이 필시 츠빙글리의 『신앙의 해설』(*Fidei ratio*)을 읽지 않았다"고 말한 것이 옳다고 말하고 있다 [자크 쿠르브와지에, 『개혁신학자 츠빙글리』, 이수영 역 (서울: 한국장로교출판사, 2002), 98, 각주 33].

[39] 츠빙글리, "그리스도교 신앙 선언," 『츠빙글리 저작 선집 4』, 316, 318.

다'라는 말에 대해서 정확하게 말한다면 '성례전과 관련하여 성령 안에서 그리스도의 몸을 생각하며 먹는다'라는 뜻입니다.[40]

페터 오피츠가 인용하고 있는 츠빙글리의 글은 츠빙글리를 칼빈과 더욱 가까워지게 한다. "어떤 다른 것에서보다 오히려 어떤 곳에서가 아니라.…하나님이 영으로 진리 가운데 불리어지는 모든 곳에서 이렇게 말씀하신다. '내가 여기에 있다!'고 말이다."[41]

자크 쿠르브와지에는 츠빙글리의 성찬 개념으로부터 다른 종교개혁자들이 말했던 것에 비하여 빈약하고 무미건조한 것을 만들어 내면서 츠빙글리를 비난하는 것은 츠빙글리의 주장에 대한 너무도 피상적인 연구로부터 나온 것이라고 주장하고 있다. 츠빙글리의 성찬에 대한 주장을 단지 개인적인 의미로만 이해하고 그의 견해가 가지는 '교회적인' 차원을 함부로 제거하여 버리는 것은 츠빙글리를 배반하는 짓이다.[42] 쿠르브와지에는 칼빈이 츠빙글리의 교회적인 차원을 완전히 놓쳐버렸다고 주장한다. 그렇기 때문에 칼빈은 츠빙글리와 외콜람파디우스의 성찬에 대한 교리를 단지 "벌거벗고 공허한 모습"의 것으로 이해하였는데 그 이유에 대해 칼빈이 "츠빙글리에 대한 루터의 판단이 나를 츠빙글리부터 벗어나

---

[40] 츠빙글리, "그리스도교 신앙 선언," 354.
[41] Zwingli, *Huldrych Zwingli Schriften*, Bd. II. hrsg. von Thomas Brunnschweiler, Samuel Lutz (Zurich: TVZ, 1995), S. 397. Peter Opitz, 『울리히 츠빙글리』, 정미현 역 (서울: 연세대출판문화원, 2017), 89에서 재인용. 훗날 츠빙글리의 후계자였던 불링거와 칼빈 사이에 이루어진 취리히 합의서(Consensus Tigurinus, 1549년)에 대해서는 에미디오 캄피, 『스위스 종교개혁』, 56-62를 보라. 취리히 합의서에 대한 캄피의 결론적인 언급은 다음과 같다. "오늘날 우리들의 시각에서 볼 때, 『취리히 합의서』의 텍스트는 여러 가지 개념상의 제한들과 모호성을 가지고 있으며 전반적으로는 루터보다 조금 아래에 또한 츠빙글리 보다는 조금 위에 자리매김할 수 있다. 따라서 기본적으로 [합의보다는] 분열의 요소를 가지고 있고 결국 신앙고백의 지위를 얻지는 못했다. 그럼에도, 『취리히 합의서』는 개혁주의 성만찬 교리의 중요한 참고 문헌이 되었다. 그것의 성숙한 표현은 개혁주의 전통에서 가장 널리 수용된 표준 신앙고백서라고 할 수 있는 『하이델베르크 요리문답』과 『제2 스위스 신앙고백서』에서 발견된다"(62f).
[42] 자크 쿠르브와지에, 『개혁신학자 츠빙글리』, 102f.

게 해서 오랫동안 (츠빙글리의) 작품들을 읽지 않았다"라고 고백한 사실을 지적하고 있다.[43]

> 작은 원인이 큰 결과를 낳았다. 루터는 츠빙글리에 대한 거리낌 없는 편견을 가지고 그의 이론을 비난했다. 칼빈은 그 문제를 자세히 연구하는 노력을 기울이지도 않고 루터와 보조를 같이 했다. 그리고 칼빈이 루터를 츠빙글리보다 더 뛰어나다고 생각했다는 단순한 사실 때문에 (Calvin opera XI. 24), 그는 더 깊이 연구하지 않았다.[44]

하지만 그럼에도 쿠르브와지에는 츠빙글리의 유업이 취리히에서는 그의 후계자 불링거에 의해 계승되었고, 보다 먼 곳에서는 부처에 의해, 그리고 결국은 "자신이 생각하기보다는 훨씬 더 츠빙글리의 합류자"였던 칼빈에 의해 계승되었다라고 주장하고 있다.[45]

마치며

지금까지 츠빙글리의 성찬론에 대해 살펴보았다. 츠빙글리는 상징설로 명명되는 자신의 성찬론을 견지하면서 공재설을 주장하는 루터와 치열한 논쟁을 벌였다. 결국 루터와 츠빙글리는 서로의 이견을 좁히지 못했다. 칼빈은 루터의 영향으로 츠빙글리의 성찬론을 싫어했다. 칼빈의 성찬에 대한 견해는 영적 임재설로 알려져 있다. 그리스도의 육체적인 몸은 지금 하나님의 보좌 우편에 있다. 성령을 통해 그리스도는 성찬에

---

43 *Calvin opera* IX. 51. 자크 쿠르브와지에, 『개혁신학자 츠빙글리』, 102, 각주 43에서 재인용.
44 자크 쿠르브와지에, 『개혁신학자 츠빙글리』, 102, 각주 43.
45 자크 쿠르브와지에, 『개혁신학자 츠빙글리』, 31.

영적으로 함께하신다. 이런 칼빈의 영적 임재설은 후대 개혁신학의 표준이 되었다. 츠빙글리는 루터나 칼빈에 비교하면 12년이라는 길지 않은 시간 개혁자로 활동하였다. 체계적으로 자신의 신학 사상을 발전시키고 이전에 했던 이야기를 돌아볼 시간을 갖지 못했다고 할 수 있다. 그런 면에서 츠빙글리의 성찬론은 우리가 지금 이해하는 영적 임재설의 입장에서 보면 부족한 면이 보이는 것이 사실이다. 하지만 그럼에도 칼빈의 성찬에 대한 견해를 예견하는 표현들이 등장하고 있음 또한 사실이기에 개인적인 호불호와 관계없이 츠빙글리와 칼빈은 성찬에 관한 견해에 있어서도 개혁신학이라고 하는 큰 흐름에 함께 합류한 개혁자들이었다라고 말할 수 있을 것이다.

츠빙글리의 신론

이신열

지금까지 스위스 취리히의 종교개혁자 츠빙글리의 '신론(the doctrine of God)'에 대한 고찰은 활발하게 이루어지지 않았다. 이에 대한 예외로는 먼저 로허 (Gottfried Locher)의 『기독론의 빛에 비추어본 츠빙글리의 신학: 신론』을 들 수 있다. 제목이 암시하듯이 이 단행본은 츠빙글리의 신론을 기독론의 관점에서 규명하려는 의도를 가지고 집필되었다. 이를 단적으로 드러내는 표현은 삼위일체론에 대한 다음과 같은 주장에서 발견된다. "삼위일체론은 반드시 그리스도의 신성을 다루는 논의에 두고 이를 설명해야 한다."¹ 신적 속성에 대한 고찰과 삼위일체론에 대한 논의가 이 단행본의 상당한 분량을 차지한다. 그럼에도 불구하고 로허의 접근 방식에 나타난 문제점은 신론이 사실상 기독론 고찰을 위한 일종의 서론 또는 예비 단계에 머무를 가능성이 있다는 점이다. 이 접근 방식은 츠빙글리의 신론이 철학에 의해서 지나치게 통제된 것이라는 선입관에서 탈피하기 위한 접근법이라고 볼 수 있다.

1986년에 작성된 스티븐스 (W. P. Stephens)의 『츠빙글리의 신학』은 제3장에서 신론을 고찰하고 있다.² 이 글의 특징은 『하나님의 섭리』와 『참

---

1   Gottfried W.ocher, *Die Theologie Huldrych Zwinglis im Lichte seiner Christologie, Erster Teil*: *Gotteslehre* (Zürich: Zwingli Verlag, 1952), 106.
2   W. P. Stephens, *The Theology of Huldrych Zwingli* (Oxford: Clarendon, 1986), 80-107. 츠빙

된 종교와 거짓 종교에 대한 주해』를 위시한 츠빙글리의 주요 작품들에 나타난 신론이 분석되었다는 점에서 발견된다. 츠빙글리의 신론에 대한 스티븐스의 구상은 최고선, 하나님의 섭리, 그리고 예정이라는 세 가지 주제로 이루어져 있다. 신적 속성에 대한 고찰은 앞서 언급된 세 가지 주제 가운데 주로 섭리와 예정에서 논의되고 있다. 예를 들면 하나님의 단순성은 예정에 있어서 하나님의 지혜도 그의 의지 못지 않게 반드시 고려의 대상이 되어야 한다는 맥락에서 간략하게 다루어졌다.[3] 그렇다면 하나님의 속성은 그 자체가 아닌 하나님의 사역의 관점에서 접근된 것이라고 볼 수 있다. 사역에서 속성으로의 접근 방식에 나타난 단점 가운데 하나는 삼위일체론적 논의가 거의 불가능하다는 점을 들 수 있다.[4] 그 결과 삼위일체론이 본격적 신론의 논의 대상에서 제외되었다는 점에서 스티븐스의 접근 방식은 로허의 그것과 대조를 이룬다고 볼 수 있다.

이 글에서는 츠빙글리의 신론을 속성론과 삼위일체론을 중심으로 고찰하되 로허에 의해 제시된 기독론 중심의 접근법이 지니고 있는 문제점(예를 들면, 속성론이 실질적으로 기독론적 관점에서 다루어지지 않았다는 점)을 극복하고자 한다. 또한 스티븐스의 접근에 아쉬움으로 남는 속성론과 삼위일체론 자체에 더욱 초점을 맞추고자 한다.

글리의 신론을 그의 『참된 종교와 거짓 종교에 대한 주해』로 제한하여 고찰한 글로는 다음을 참고할 것. Gunter Zimmermann, "Der Artikel 'De Deo in Zwinglis Commentarius de vera et falsa religionis", *Reformiertes Erbe: Festschrift fur Gottfried W. Locher zu seinem 80. Gebeurtstag*, Bd I, hg. Heiko A. Oberman et al (Zürich: Theologischer Verlag, 1992), 445–57.
3 Stephens, *The Theology of Huldrych Zwingli*, 102–3.
4 스티븐스가 신론을 다루는 제3장 보다 그리스도와 성령을 다루는 제4장과 제5장에서 '삼위일체(trinity)'라는 표현이 더 빈번하게 등장한다.

신적 속성

츠빙글리의 생애와 사상에 대한 기본적 지식을 바탕으로 이 단락에서는 신적 속성에 대한 그의 견해를 다음의 4가지 주제에 초점을 맞추어서 살펴보고자 한다. 의, 선, 전능성 그리고 지혜.[5] 신론에 대한 서론적 고찰에 해당하는 하나님에 대한 인식과 신론의 또 다른 주제인 창조와 섭리에 대해서는 다음 기회에 고찰하게 될 것이다.

의(righteousness)

츠빙글리는 1523년 6월 30일에 베른의 수석 사제인 니클라우스 폰 바텐빌(Niklaus von Wattenwyl)을 수신자로 해서 작성된 『하나님의 정의와 사람의 정의』라는 글에서 하나님의 의에 대해서 자신의 견해를 피력했다. 이 글은 하나님의 의를 절대적인 의라는 관점에서 논의한 후에 인간적 의는 인간이 함께 살아감에 있어서 필요한 여러 가지 법이라고 주장한다. 먼저 하나님 자신이 곧 의라는 명제가 천명된다. 하나님에게서 나오는 것은 불의하고 더럽고 악한 것이 전혀 없으며, 그분은 모든 깨끗함, 모든 올바름, 그리고 모든 선의 원천이시다. 그의 의는 모든 인간적인 것을 초월하는 의다. 그의 의는 "근본적으로 순수하고 인간의 욕심을 포함한 어떤 더러움이 전혀 섞이지 아니한 순수한 정의"에 해당된다.[6] 유사한 맥락에서 1530년에 작성된 『하나님의 섭리』에서 하나님은 "본질적으

---

[5] 이 주제에 대해서는 다음을 참고할 것. Locher, *Die Theologie Huldrych Zwinglis im Lichte seiner Christologie*, 71–84.
[6] 츠빙글리, "하나님의 정의와 사람의 정의", 206.

로 폭력과 불의와 악한 것을 혐오하는 분"으로 정의된다.[7] 달리 말하자면, 하나님의 의는 맑고 바르고 순수한 하나님 자신에게서 비롯된다. 하나님은 모든 의의 근원이며 샘에 해당된다. 인간은 자신의 의로 이렇게 순수하고 절대적인 하나님의 의에 도저히 도달할 수 없다. 그런데 인간 구원의 관점에서 하나님의 의가 그분의 아들 예수 그리스도의 은혜와 사랑 가운데서 주어짐으로써 인간에게 이에 접근할 수 있는 길이 열리게 된 것이다. 이제 하나님의 의는 이전에 도저히 상상조차 할 수 없었던 인간의 죄악에 대한 용서로 나타난다. "하나님의 정의란 우리 사람들이 하나님에게 용서받기를 원하는 대로 우리를 용서하는 것"이며 "용서받기를 기대하는 것을 초월하여 용서함으로써 넘치게 완성"된다.[8]

여기에서 주목할 만한 사실은 츠빙글리에게 하나님의 사랑과 의 사이에 반립의 관계가 설정되지 않았다는 점이다. "츠빙글리가 의와 사랑의 관계를 어떻게 이해했는가?"라는 질문이 제기될 수 있다. 어떤 이유에서 하나님의 의가 인간의 죄에 대한 용서를 가능하게 하는 은혜와 사랑과 자연스럽게 연결되어 의가 곧 용서로 파악될 수 있었는가? 의와 사랑은 동일한 것은 아니며 많은 경우에 정반대의 개념으로 묘사된다. 츠빙글리에게 사랑은 의를 초월하는 개념이었다.[9] 사랑은 그 자체로서 의를 포함하고 있으므로, 다른 사람을 사랑하는 사람은 그를 불의하게 대할 수 없음을 뜻한다. 이런 이유에서 츠빙글리는 의와 사랑을 대립적 개념으로 생각하지 않았고 그의 의 개념에는 하나님의 은혜와 사랑에 근거한 용서가 포함될 수 있었다. 『하나님의 섭리』에서도 의와 사랑을 동일시하는 다

---

7 츠빙글리, "하나님의 섭리", 194-95, 198.
8 츠빙글리, "하나님의 정의와 사람의 정의", 211.
9 Huldreich Zwingli, *Huldreich Zwignlis Werke*, Melchior Schuler und Joh. Schulthess (hg.) (Zürich: Friedrich Schulthess, 1828-1842), VI 2, 270, 11; Heinrich Schmid, *Zwinglis Lehre von der göttlichen und menschlichen Gerechtigkeit* (Zürich: Zwingli Verlag, 1959), 47에서 재인용.

음과 같은 표현이 사용된 것을 볼 수 있다.

> 그러나 만약 우리가 정의라는 개념을 선과 같이 최상의 개념으로 사용하기를 원한다면 이때 정의라는 개념은 사랑이라든지 친절이라는 개념을 포함하게 됩니다. 이런 경우가 이미 성서에 나오는데, 시편을 쓴 시인은 "당신의 의로 나를 구원하소서(시 31:1)"라고 고백하고 있습니다. … 이렇게 될 경우 이제 선이란 개념은 정의라는 개념과 같은 개념으로 사용됩니다.[10]

츠빙글리에게 하나님의 의는 선이라는 하나님의 본질과 관련되며 선이라는 개념을 통해서 표현 가능한 것이었다. 하나님의 의는 하나님 자신이므로 그분으로부터 결별될 수 없을 뿐 아니라 더 나아가서 양자는 동일한 개념으로 나타난다. "또한 우리는 얼마나 하나님이 완전하신 선 자체가 되는지, 곧 얼마나 그분이 맑고 순수하고 흠이 없는지를 그분의 말씀을 통해서 배우게 됩니다."[11]

선 (goodness)

하나님의 의에 관한 논의는 자연스럽게 선에 관한 논의로 연결된다. 먼저 『하나님의 섭리』에서 최고선(summun bonum)은 다음과 같이 정의된다.

> 최고의 선이란 모든 선들보다 뛰어난 선이기 때문이 아닙니다. … 최

---

10 츠빙글리, "하나님의 섭리", 214.
11 츠빙글리, "하나님의 정의와 사람의 정의", 214.

고의 선이란 유일하며 상대적이 아니라 본질적으로 선하기 때문입니다.…그리스도는 선하다고 말하는 모든 것에 참여하거나 또는 그런 선을 빌려 오더라도 최고의 선처럼 본질적으로 선한 것은 아니라는 사실을 우리에게 알려 줍니다. 따라서 선이란 최고의 선에서 나왔을 때 한해서 선한 것입니다. 왜냐하면 그 선이 그 최고의 선 안에 존재하기 때문에 그리고 그 선은 최고의 선에 영광을 돌리기 때문입니다.[12]

츠빙글리가 주장하는 선의 특성은 순수하고 정의롭고 투명하며, 온전하고 단순하며 변하지 않는데서 발견된다. 이런 특성을 모두 지닌 자는 최고의 존재이며 이 존재는 전지함(omniscience)과 전능함(omnipotence)을 함께 지닌 존재이다.『참된 종교와 거짓 종교에 대한 주해』(1525)에는 최고선이 하나님과 동일시되는 표현이 발견된다. "완전한 것, 곧 절대적인 것, 결핍이라고는 없고, 최고선에 속한 것은 다 가진 것, 그것만이 하나님이시다."[13]

최고선에는 최고의 진실함, 최고의 능력, 그리고 최고의 신성함이 어우러져 있다는 것이 츠빙글리의 주장의 요지에 해당된다. 이런 최고의 존재는 본질적인 진리에 기초하여 자신이 지닌 최고의 능력을 발휘하여 모든 것을 돌보고 질서를 정하는 기독교의 하나님이라는 견해가 드러나

---

[12] 츠빙글리, "하나님의 섭리", 148-49. Locher, *Die Theologie Huldrych Zwinglis im Lichte seiner Christologie*, 70-71. 로허는 플라톤적이며 어거스틴적 개념으로서 즐거움, 그리고 토마스적 개념으로서 행위로 대표되는 하나님의 선 또는 존재에 대한 견해와 달리 츠빙글리에게 결정적인 것은 하나님이 모든 선의 근원(Quelle)이라고 밝힌다.

[13] 츠빙글리, "참된 종교와 거짓 종교에 대한 주해",『츠빙글리 저작선집 3』, 공성철 옮김 (서울: 연세대학교 대학출판문화원, 2017), 68. 이 글에 대한 해설로는 다음을 참고할 것. Martin Sallmann, *Zwischen Gott und Mensch*: *Huldrych Zwinglis theologischer Denkweg im De vera et falsa religione commentarius* (1525) (Tübingen: J. C. B. Mohr (Paul Siebeck), 1999); 박찬호, "츠빙글리의 개혁신학: "참 종교와 거짓 종교에 대한 주해"를 중심으로",「조직신학연구」27 (2017), 346-77.

는데 여기에 츠빙글리가 주장하는 섭리의 필연성이 해명된다. 하나님은 모든 선의 근원(fons omnis boni)으로서 창조자와 유지자이신데 이는 신자들이 경험의 대상이기도 하다.[14] 신자들이 어떻게 최고선이신 하나님을 경험할 수 있는가? 『참된 종교와 거짓 종교에 대한 주해』에는 하나님의 관대함을 활용하여 이 질문에 대한 답변이 주어진 것을 볼 수 있다. 최고선 하나님은 본질이 자비하고 관대한 분으로서 "값도 없이 그분은 자신을 나누어주시고", "하나님 자신의 관대함을 즐기도록 만들어주신 자들에게 쉬지 않고 관대함을 베푸신다."[15] 인간이 이렇게 하나님의 선을 즐길 수 있는 이유는 그의 선이 충만하여 모든 것을 채우고 흘러넘치기 때문이며 이로 인해 인간의 관심이 집중될 수 있기 때문이다.[16] 츠빙글리는 하나님의 선하심을 통해 지음 받은 신자들이 그분의 선하심을 즐길 수 있다고 주장할 뿐 아니라 지음 받은 모든 것이 선하다는 주장을 다음과 같이 내세운다.

> 그분이 만드신 것은 그분 자신이 판단하는 대로 매우 좋지만, 그럼에도 불구하고 하나님 한 분 외에는 선한 자가 없다면 존재하는 모든 것은 그분 안에 있고 그분으로 말미암아 있다는 사실이 도출된다. 말하자면 존재하는 모든 것은 선하지만, 그래도 하나님 한 분 만이 선하기 때문에 존재하는 모든 것이 하나님이라는 결론이 나온다. 곧 하나님께서 계시고 그분이 만물의 존재이기 때문에 그러하다.[17]

---

14 Zwingli, *Huldreich Zwinglis Sämtliche Werke*, XIII, 99, 21. Locher, *Die Theologie Huldrych Zwinglis im Lichte seiner Christologie*, 73.
15 츠빙글리, "참된 종교와 거짓 종교에 대한 주해", 72. 사람에게 가장 좋은 것을 주시는 하나님의 선은 말씀과 그 선포를 통해서 구체화된다. 츠빙글리, "하나님의 말씀의 명료성과 확실성", 『츠빙글리와 불링거』, 92.
16 츠빙글리, "참된 종교와 거짓 종교에 대한 주해", 65.
17 츠빙글리, "참된 종교와 거짓 종교에 대한 주해", 65.

또한 섭리의 관점에서 하나님의 속성으로서 선은 창조의 내적 원인일 뿐 아니라 창조 자체를 통해 이해될 수 있다는 사실이 강조된다. 특히 인간의 창조를 통해 하나님의 선이 가장 잘 드러난다는 다음과 같은 견해가 주어진다.

> 하나님의 섭리는 자신의 선함을 결코 포기하지 않습니다. 하나님의 섭리가 사람의 타락을 생각하지 않은 것이 아니라, 두 가지 모습으로 자신을 보여 주었습니다. 곧 첫 번째 하나님의 계시는 세계를 창조한 것이고 두 번째 하나님의 계시는 피조된 세계를 치유하는 것입니다. 하나님이 세계를 창조한 가장 자연적이고 내적인 이유는 그의 선함 때문입니다(하나님은 이 선함으로 세계를 창조했고 자신이 창조한 세계를 보고 기뻐했으며, 그것은 창조된 세계가 하나님과 교통하기 위한 것이었습니다). 따라서 하나님의 선함은 사람이 창조될 때 가장 큰 영향력을 발휘했다는 것이 분명합니다.[18]

계속해서 인간의 창조를 통해서 하나님의 선이 가장 잘 드러나게 되었다는 주장에 대한 반론으로서 인간 타락의 문제가 언급된다. 이 반론은 인간의 타락이 어떻게 하나님의 선하심을 보여줄 수 있는가에 관한 것이다. 츠빙글리는 마치 토기장이가 진흙을 가지고 마음대로 조작할 권리를 지니고 있는 것처럼 하나님은 마음대로 피조물을 다루실 수 있다고 주장한다.[19] 그가 이렇게 행하시는 목적은 특별한 선을 이루시기 위한 것이다. 타락한 인간에게 내려지는 죽음이라는 형벌은 하나님의 악을 드러내

---

18 츠빙글리, "하나님의 섭리", 205-6.
19 츠빙글리, "하나님의 섭리", 207-8.

는 것이 아니라 인간이 스스로 범한 죄에 상응하는 마땅한 값을 치르는 것이다. 하나님께서는 인간의 타락을 미리 알고 계셨음에도 불구하고 죄를 짓지 않을 수 없는 가능성(non posse non peccare)과 죄를 짓지 않을 가능성(posse non peccare)을 모두 지니도록 인간을 창조하셔서 자신의 선과 의를 드러내고자 하신다.

> 따라서 하나님은 타락할 수 있는 사람을 창조함으로서 그분의 선함을 보여줍니다. 왜냐하면 피조물의 타락을 통해서 하나님의 정의가 눈부시게 빛나기 때문입니다. 다시 말하자면 그렇게 됨으로써 죄 지은 사람이 하나님에게 영광을 돌립니다.[20]

여기에서 츠빙글리는 사나운 호랑이의 행동이 불의와 폭력이라는 사실을 드러내는 것처럼, 타락한 인간이 행하는 것이 불의와 폭력 밖에 없음이 드러나게 됨으로서 '역설적으로' 하나님의 선하심이 더 용이하게 드러나게 된다고 보았던 것이다.

전능성(omnipotence)

『하나님의 섭리』에서 츠빙글리는 로마서 11:36에 언급된 "모든 것은…그분 안에 있다"라는 통상적인 번역을 취하지 아니하고 헬라어 원어를 따라 "모든 것은…그분을 향하여 있다"로 번역한다.[21] "모든 것은 그분에게서 나왔고 그분을 통해서 생겼으며 그분에게 향하여 있다"로 이해되었

---

20 츠빙글리, "하나님의 섭리", 208-10.
21 츠빙글리, "하나님의 섭리", 171; Stephens, *The Theology of Huldrych Zwingli*, 86.

던 것이다. 그렇다면 하나님의 전능성은 모든 것을 파악하고 포괄하는 능력을 가리킨다. 왜 하나님은 최고의 능력을 지닌 전능한 존재인가? 츠빙글리는 이에 대해서 다음과 같은 철학적 답변을 제공한다. "그 존재가 가장 최고의 그리고 가장 진실한 존재이기 때문에 그 존재는 전능합니다."[22] 이 글의 결론에서 츠빙글리는 하나님의 전능성을 그의 다양한 속성들과 연관 짓는 것으로 섭리에 대한 자신의 논의를 종결한다. 하나님의 전능성은 최고의 힘이며 그분의 정의, 선, 지식, 그리고 진실을 가능하게 하는 힘으로 작용한다. 이런 이유에서 츠빙글리에게 하나님의 섭리란 그의 전능에서 비롯된 정의, 선, 지식, 그리고 진실이 실제로 어우러지는 그의 역사를 가리킨다.

이와 달리 『참된 종교와 거짓 종교에 대한 주해』에서는 인간의 인식이라는 관점에서 하나님의 전능성이 고찰된다. 인간의 힘을 초월하는 무한한 능력의 존재를 인식하는 자들은 한 분 하나님을 인정한 것이다. 그러나 한 분 하나님을 인정하지 않았던 이방인들은 그분의 능력을 파악할 수 없었기 때문에 전능한 하나님을 다수의 신으로 나누어서 섬기기 시작했으며 여기에서 우상숭배가 비롯되었다. 여기에서 신앙인과 불신앙인의 차이가 드러나며 이에 근거해서 참된 종교와 거짓 종교가 분명하게 구별된다고 볼 수 있다.

츠빙글리의 전능성에 대한 논의에는 인식론의 차원에서 철학자들이 하나님을 '엔텔레키', '에너지', 또는 완전하고 활동적이며 완성을 이루는 힘으로 이해한다는 사실이 포함된다.[23] 전능성에 대한 철학적 논의는 그 범주를 존재론과 창조론으로 확대하는 결과를 가져왔다. 먼저 존재론

---

22 츠빙글리, "하나님의 섭리", 150.
23 츠빙글리, "참된 종교와 거짓 종교에 대한 주해", 66: "이 힘은 완전한 자임을 멈춘 적이 없고, 그만 둔 적이 없고 흔들린 적이 없고 오히려 중단없이 모든 것을 유지하고 다스리는 것이다."

적 고찰에 있어서 츠빙글리는 출애굽기 3:14에 언급된 "나는 스스로 있는 자"라는 표현에 주목하면서, 이 표현은 출애굽기 3:16로 미루어 볼 때 "바로 동일하신 분이 자신의 능력과 권세를 근거로 해서 자기가 바로 직전에 자기 존재를 근거로 "나는 스스로 있는 자"라고 칭하셨다는 해설을 내놓는다. 창세기 1:3에 대한 해설에서 하나님의 능력이 얼마나 대단한가에 대한 다음과 같은 설명이 제공된다.

> 하나님께서 빛을 부르시자 빛이 곧 바로 있었을 뿐 아니라 자기의 창조주의 명령에 복종하려고 무로부터 생겨났던 방식을 보라! 그분이 없는 사물을 부르면 이들이 존재하기 전에 무로부터 생겨나지 않으면 안 되는 데도 불구하고 존재하던 것처럼 (롬 4:17 참조) 그분께 복종할 정도로 그분의 능력은 크다.[24]

그 능력의 위대함으로 인해 "하나님을 피할 수 있는 것은 없으며, 그의 계획이나 그의 명령을 회피하거나 꺾을 수 있는 것은 아무 것도 없다."[25] 하나님의 전능은 세상 만물을 명령으로 창조하신 바로 그 능력에서 비롯되는데 이 능력은 완전하고 절대적이며 최고의 능력이다. 사도행전 17:28에 대해 해설하면서 츠빙글리는 피조물이 하나님의 전능에 절대적으로 의존하는 존재임을 다음과 같이 주장한다. "만물이 하나님 안에 있고 하나님으로 말미암아 존재하는 것과 마찬가지로 만물은 또한 그분 안에서 그분으로 인해서 살고 움직이게 된다는 사실이다."[26]

---

[24] 츠빙글리, "참된 종교와 거짓 종교에 대한 주해", 66. 지금까지 츠빙글리의 창조론에 대한 연구는 찾아보기 힘들다.
[25] 츠빙글리, "참된 종교와 거짓 종교에 대한 주해", 68.
[26] 츠빙글리, "참된 종교와 거짓 종교에 대한 주해", 67.

지혜

『하나님의 섭리』 2장과 5장에서는 지혜와 섭리의 관계에 대한 고찰이 각각 주어져 있다. 먼저 츠빙글리는 지혜에 대한 고찰에 있어서 지혜와 섭리를 구분하고자 했다. 그리고 후자에서 사람이 타락할 것을 이미 알았음에도 불구하고 그를 창조하셨다는 사실에서 하나님의 지혜가 발견된다고 주장했다. 지혜는 철학적으로 능력 또는 하나의 가능성으로 이해되었다. 츠빙글리는 일반적인 의미에서 지혜를 사려의 개념과 결합시켜 사물을 파악하는 능력과 이를 실천에 옮기는 행동까지 포함시키고자 했다. 이런 맥락에서 지혜는 자연스럽게 섭리와 관련을 맺게 된다.

> "만약 어떤 사물이 자기 스스로 또는 자기 노력으로 생긴다면 신적인 것의 지혜와 행동은 거기서 멈추어 버립니다. 또한 만약 그러한 것이 실제로 일어난다면, 신적인 것의 지혜는 더 이상 최상의 지혜가 될 수 없습니다. 왜냐하면 모든 것을 파악하지 못하고 포괄하고 있지 않는 것은 신적인 것이 아니기 때문입니다."[27]

단순성의 차원에서 지혜는 전적으로 선으로 정의된다. 하나님의 지혜는 그 자체로서 완전한 것이다. "하나님에게서 나온 이 지혜는 자신 안에 있는 조용한 능력에서 나오는 것이 아닙니다.…만약 하나님이 아무 모자람이 없는 선함이라면, 그의 지혜도 모자람이 없는 지혜입니다."[28] 선함이 없는 지혜는 참된 지혜가 아니며 이는 곧 악한 교활이며 사기에 해당

---

27 츠빙글리, "하나님의 섭리", 157.
28 츠빙글리, "두 개의 베른 설교", 53.

된다. 하나님의 지혜는 이렇게 선한 방식으로 활용된다.

여기에서 츠빙글리는 중세 스콜라주의자들이 내세웠던 하나님의 활동하는 지혜를 언급한다. 이 개념의 배경에는 엔텔레키아, 즉 에너지가 자리잡고 있으므로 지혜를 활동하는 지혜로 이해하는 것은 합리적인 견해였다고 볼 수 있다. 일종의 원리로서 파악되었던 활동하는 지혜는 만물의 발현을 가능하게 하는 것으로 간주되었다. 아리스토텔레스의 주장을 지지했던 이들은 이 활동하는 지혜를 곧 섭리로 파악했다. 츠빙글리도 이 지혜를 하나님의 섭리로 받아들였다.[29] 그런데 양자를 엄격하게 구분하자면, 지혜를 통해서 만물이 이해되며, 섭리를 통해 만물에 질서가 부여된다는 사실이 지적되었던 것이다.

츠빙글리의 목적론적 사고는 그의 섭리론을 이해함에 있어서 결정적인 역할을 차지한다. 유효한 최초의 원인자로서의 하나님이 모든 것을 미리 결정함에 있어서 목적은 간과될 수 없는 중요한 개념으로 작용한다. 이 목적의 성취의 결과로부터 하나님의 지혜가 나오게 된다는 주장이 전개된다. "그러나 이 최초 원인자의 목적 스스로가 무엇인가를 성찰하지 않고는 따라서 이 유효한 목적이 움직이기 전까지는 마지막 과정까지 나타난 하나님 지혜의 목적 그리고 동반 상황들이 예정되거나 결정될 수 없습니다."[30]

츠빙글리는 섭리론 전체의 구도에 있어서 중세 스콜라적 견해를 전반적으로 인정했지만, 토마스 아퀴나스(Thomas Aquinas)의 예정론에 대해서는 부정적 입장을 취했다. 츠빙글리는 토마스의 견해가 하나님께서 자신의 지혜를 따라 모든 것을 알게 되었을 때 비로소 인간의 미래를 예정

---

29 츠빙글리, "두 개의 베른 설교", 53; "참된 종교와 거짓 종교에 대한 주해", 69.
30 츠빙글리, "하나님의 섭리", 246.

했던 것으로 요약될 수 있다고 보았기 때문이었다. "하나님의 지혜는 우리 사람이 어떻게 될 줄 알고 난 후에, 다시 말하면 우리가 나중에 어떻게 행동할 것이며 그리고 우리 사람이 나중에 어떻게 될 것을 알고 난 후에, 우리 사람에 대한 규정을 말하고 결정했다는 것입니다."[31] 츠빙글리는 토마스의 이런 주장은 하나님의 규정을 사람의 규정과 다를 바 없는 것으로 만드는 행위라고 비판한다. 왜냐하면 인간의 범죄 타락을 듣고 난 후에야 비로소 인간의 미래가 결정되었다는 토마스의 주장은 사실상 하나님이 인간 타락의 문제점을 파악하지 못했음을 뜻하게 되기 때문이었다.

삼위일체론적 고찰

츠빙글리의 삼위일체론에 관한 고찰은 거의 논의의 대상이 되지 못했다. 그 이유는 로허가 지적한 바와 같이 츠빙글리가 이에 대해서 거의 다루지 않았기 때문이다. 로허는 츠빙글리에게 삼위일체론은 그의 신학적 사고가 숨쉬는 공기에 해당된다는 표현을 사용하기도 했다. 조용석은 삼위일체론의 전제로서 신성의 단순성(simplicitas)을 언급한다.[32] 삼위의 일체성에 나타난 단순성이 츠빙글리 삼위일체론에 특징에 해당된다는 것이다. 조용석은 츠빙글리의 삼위일체론에 나타난 사변적이며 철학적인 차원을 강조하면서 신적 일체성이 이런 맥락에서 이해되어야 한다고 주장하는 반면, 로허는 삼위일체론의 핵심에 그리스도의 신성이 자리잡고 있으므로 일체성은 구체적으로 기독론적 관점에서 고찰되어야 한다는

---

31 츠빙글리, "하나님의 섭리", 218–19.
32 Yong Seuck Cho, "Zwinglis spekulativer Gottesbegriff", *Neue Zeitschrift für systematische Theologie und Religionsphilosophie* 56 (2014): 123.

견해를 피력한다. 그리스도의 신성을 성부와 성령과의 일체성 속에서 다루는 것이 츠빙글리 삼위일체론에 나타난 중요한 개념으로 간주되었던 것이다.[33] 그의 주장은 기독론적 관점에서 츠빙글리의 신론을 다루는 단행본에 나타난 삼위일체론 해석에서 비롯되었다고 볼 수 있다.

여기에서는 츠빙글리의 삼위일체론에 대해서 역사적 접근을 취하여 그의 삼위일체론적 사고가 어떻게 여러 작품들을 통하여 발전되어 왔는가를 중심으로 고찰하고자 한다. 이를 위해서 츠빙글리의 작품들을 역사적으로 초기 및 후기의 두 단계로 구분하여 살펴보게 될 것이다.

초기 작품에 나타난 삼위일체 이해

첫째 단계에서는 1522년까지 작성된 그의 글들을 다루고자 한다. 초기 삼위일체론에 관한 글들은 주로 두 차례 논쟁이 벌어졌던 1522년에 작성된 그의 몇 가지 작품에 집중된다.

1522년 5월 16일에는 『외국 군주들의 장악에 대한 경고』(*A Warning against the Control of Foreign Lords*)라는 글이 발간되었다. 이 글에서 츠빙글리는 창세기 1:27을 해설하면서 이 구절의 '우리'라는 표현은 하나님이 성부, 성자, 성령의 세 위격으로 존재하지만 한 분 하나님이라는 사실을 보여준다고 주장한다. 이는 삼위가 한 분으로 존재하시므로 이들 사이에는 불일치 또는 다툼이 있을 수 없음을 뜻한다.

같은 해 8월 23일에 발간된 『처음과 끝』(*Archeteles*)은 당시 콘스탄스 (Constance)의 주교가 69개의 조항을 작성하여 개신교의 가르침을 공격했

---

33 Locher, *Die Theologie Hulrych Zwinglis im Lichte seiner Christologie*, 106. 이 단행본에서는 삼위일체론 뿐 아니라 이와 다양한 교리들 (e. g. 기독론, 성령론, 교회론, 구원론 등)과의 관계에 대한 고찰이 함께 시도되었다. Ibid., 112–17.

을 때 츠빙글리가 문항을 따라 답변하는 글이다. 19번째 조항에서 아리우스(Arius)와 마니(Manichaeus), 그리고 마르키온(Marcion)의 오류들이 언급되었지만, 아리우스의 오류가 고대 교회 삼위일체론 형성에 어떤 영향력을 행사했는가에 대해서는 다루지 아니한다.

같은 해 9월 6일에 발간된 『하나님의 말씀의 명료성과 확실성에 대하여』(On the Clarity and Certainty of the Word of God)라는 설교는 초기 작품 중에서 가장 인상적이고 중요한 작품으로 평가받는다. 이 글에서 츠빙글리는 하나님의 형상으로 지음 받은 인간의 영혼에 지성(intellectus), 의지(voluntas), 그리고 기억(memoria)의 세 기관이 존재한다는 어거스틴(Augustinus)의 견해에 반대하지 아니한다. 앞서 『외국 군주들의 장악에 대한 경고』에서 다루어졌던 창세기 1:27에 등장하는 '우리'는 세 위격의 하나님을 가리킨다고 보았다. 인간은 본성상 동물이 아니라 하나님과 더 가까운 존재로서 하나님과 닮았기 때문에, 인간에게 있는 세 가지 기관이 삼위 하나님에게도 적용된다고 간주했던 것으로 볼 수 있다.

결론적으로 1522년에 발간된 세 작품을 놓고 살펴볼 때, 츠빙글리의 삼위일체론은 그의 주된 관심사가 아니었으므로 더는 자세하게 해설하지 않았던 것을 알 수 있다. 로허가 지적한 바와 같이 삼위일체론은 사실상 츠빙글리의 신학적 사고에 일종의 전제조건으로 작용했음이 분명하다.

후기 작품에 나타난 삼위일체 이해

1522년 이후에 작성된 츠빙글리의 다양한 작품들 가운데 특히 『참된 종교와 거짓 종교에 대한 주석』(Commentaries on the True and False Religion,

1525), 『두 편의 베른 설교』(*Two Sermons in Bern*, 1528), 『하나님의 섭리』(*On the Providence of God*, 1530), 그리고 『기독교 신앙 선언』(1531)을 중심으로 그의 삼위일체론에 나타난 특징을 살펴볼 것이다.

앞서 살펴본 바와 같이 1552년에 발간된 세 작품들에서 츠빙글리의 삼위일체론이 거의 개념에 대한 언급에 머물렀고 더 이상 상세한 설명이나 교리적 형태로 발전되지 않았다면, 1525년부터 그가 사망하던 해인 1531년까지 발간된 작품들에서는 여전히 짧지만 더욱 상세한 교리적 논의가 시도되었다.

29장으로 구성된 『참된 종교와 거짓 종교에 대한 주해』에는 복음의 주요한 가르침들이 전개되어 있다. 제6장에서 츠빙글리는 삼위일체의 진리에 대해서 불신자들이 아무런 지식을 지니고 있지 않다고 비판한다. "말하자면 그들은 성부, 성자, 성령에 대해서 아는 바가 없든지 아니면 당신이 한 인격의 존재, 본질, 신성과 권능과 관련해서 말하는 바가 세 인격과 관련된다는 것을 모르고 있다."[34] 그러나 신자들은 삼위일체 하나님을 마땅히 알아야 한다는 취지에서 다음과 같은 해설을 제공하고 있는데 여기에 두드러진 특징은 로허의 주장대로 제2위 하나님이신 성자를 중심으로 삼위가 설명되었다는 점이다.

> 사람이 하나님을 성부, 성자, 또는 성령이라고 부를 때는 언제나, 홀로 선하시고 의로우시고 거룩하시고 자비하신 하나님이라는 분 아래에서 그 이름을 이해하여야 하는 것으로 하나님이라는 말을 받아들여야 한다. 다른 한편으로 우리가 성자에게 모든 것을 돌릴 때 성부가 되는 것과 성령이 되는 것인 그분께 그렇게 하는 것이고, 나라와 권능이 성부

---

34 츠빙글리, "참된 종교와 거짓된 종교에 대한 주해", 104.

와 성령에게와 똑같이 있는 분께 하는 것이다. 왜냐하면 성자는 성부가 되는 것과 성령이 되는 것과 똑같이 되는 분이며 소위 말하는 특성들에서만 차이가 있는 것이기 때문이다."[35]

성자를 중심으로 삼위일체론을 해설하려는 츠빙글리의 시도는 앞서 설명되었던 바와 같이 신론에 대한 철학적 해석에 대한 적절한 보완에 해당된다. 여기에서 하나님이 삼위로 존재하신다는 사실이 그의 존재론적 본성에 어떤 차이를 의미하지 않는다는 사실이 분명하게 해설되었다.

여기에서는 사도신경의 항목을 따라 기독교 신앙의 기본 가르침에 대해서 설파했던 첫 번째 설교(1526.1.19)에 집중해서 그의 삼위일체론을 살펴보고자 한다.

"전능하신 하나님을 믿으며"라는 대목에 관한 설교에서는 한 분 하나님이 지닌 세 인격의 존재에 대한 설명을 위해서 인간 영혼이 소유하는 세 가지 기능, 즉 이성, 의지, 그리고 기억이 언급된다. 이 세 가지 기능은 연관성에도 불구하고 서로 다른 역할을 담당하지만, 이들은 여전히 하나의 영혼을 구성한다. 이와 마찬가지로 한 분 하나님에게도 성부, 성자, 성령의 세 인격이 존재한다는 주장이 제기된다. 츠빙글리는 계속해서 "창조주 하나님을 믿으며"라는 대목과 관련해서 창조주 하나님이 곧 삼위일체 하나님임을 밝히고 있다. 여기서 삼위일체론의 세 가지 중요한 논제가 언급되고 설명된다. 위격적 특성, 신적 본질의 특징, 그리고 세 인격 내의 공통점이 그것이다. 첫째, 위격적 특성에 대해서는 먼저 "아버지는 태어나지 않습니다. 아들은 태어났습니다. 성령은 아버지와 아들로부터 나옵니다"라는 표현은 아타나시우스 신경과 니케아 신경을 연상

---

[35] 츠빙글리, "참된 종교와 거짓된 종교에 대한 주해", 104.

시킨다. 츠빙글리는 다음과 같은 표현으로 성부의 무출생, 성자의 출생(generatio), 그리고 성령의 발출(processio)이라는 세 가지 위격적 특징을 규정했다는 점에 있어서 그의 삼위일체론이 지닌 정통성이 드러난다. "아들은 태어나지 않는 것이 아니라 태어났습니다. 그러나 아버지는 태어나지 않았으며 비출생입니다. 성령은 태어나지 않았으며 그리고 동시에 비출생이지 않으며 아버지와 아들로부터 옵니다."[36] 또한 신적 본질의 특징에 관해서 츠빙글리는 세 위격이 함께 존재하지만 각각 독특한 특성을 지니고 있다고 다음과 같이 주장한다.

> "전능함은 아버지의 특성입니다.…그러나 아들과 성령도 아버지와 함께 전능합니다. 아들의 특성은 지혜입니다(고전 1:24). 그러나 아버지와 성령도 지혜를 가집니다(롬 16:27; 골 1:9). 성령의 특성은 위로와 능력 그리고 사랑하는 것이며 그 밖의 다른 특성도 지니고 있습니다(요 16:4 아래 롬 5:5). 그러나 아버지와 아들도 서로 위로합니다(고후 1:4; 살후 2:17). 왜냐하면 그것은 신성의 본질이기 때문입니다."[37]

위 인용문과 유사한 표현은 『하나님의 섭리』에서도 발견된다. 여기에서는 삼위 각위의 특성이 하나님의 전능, 은혜와 선함, 그리고 진리에 기인해 있음이 드러난다.

> … 전능한 것은 아버지에게 속한 특성이고 은혜와 선함은 아들에게 속한 것이며 그리고 진리는 성령에게 속한 특성이기 때문입니다.…곧 그

---

[36] 츠빙글리, "두 개의 베른 설교", 61.
[37] 츠빙글리, "두 개의 베른 설교", 62.

들이 가진 권능과 선함과 진리가 각각 자신의 영역과 특징을 통하여 구별되지만 그들은 모두 하나이고 같은 최상의 선함에 속합니다.…정확하게 말해서 전능한 하나님은 본질적으로 선하고 진실합니다.[38]

그런데 이 인용문에 나타난 흥미로운 사실은 삼위일체론의 원리에서부터 하나님의 속성으로서 단순성(simplicitas)이 설명되었다는 점이다.

프랑소아 1세에게 헌정된 『기독교 신앙 선언』에서 츠빙글리는 아버지, 아들, 그리고 성령의 삼위는 피조물이 아니며 또한 서로 다른 신들도 아니라고 주장한다. 여기에서 삼신론이 전적으로 배격되었음이 파악될 수 있다. 삼위는 하나의 본질, 하나의 우시아(ousia), 하나의 힘과 능력을 지니는 한 분 하나님이며 동일한 하나님이시다. 또한 츠빙글리는 삼위의 각위에 대한 구체적 견해를 표명하고 있다. 먼저 아버지 하나님은 창조주이시며 유일하게 피조되지 않은 창조주이시다. 그는 우리 신앙의 궁극적 대상일 뿐 아니라 모든 존재들 가운데 피조되지 않은 유일한 존재이시다. 만약 우리가 피조물을 믿는다면 이는 피조물을 창조주로 만드는 것이다. 따라서 피조물인 마리아가 하나님의 어머니로 불린다고 하더라도 그는 하나님과 같은 숭배의 대상이 될 수 없다는 점에 있어서 로마가톨릭의 오류가 지적된다. 그리스도에 대한 논의에서 그리스도가 영원 전부터 주님이며 하나님 되심이 논의의 전제이었다. 그는 "영원한 신적 본질"을 소유한 신적 존재이며 하나님과 "동일 형상"을 지닌 하나님이시다. 츠빙글리는 성자가 성부와 동일한 본질을 지닌 신적 존재임을 나타나고자 했다. 그리스도는 "어머니 없이 아버지에게서" 태어났는데 이 표현에서 츠빙글리는 성부에서 비롯되는 성자의 영원한 출생

---

[38] 츠빙글리, "하나님의 섭리", 153.

(generatio)을 의도했던 것으로 보인다. 그러나 육신에 관해서는 마리아를 '테오토코스(theotokos)', 즉 하나님의 어머니로 부르는 것은 정당화된다. 왜냐하면 그리스도께서 하나님이심과 동시에 사람으로서 처녀의 몸에서 태어났음이 인정되어야하기 때문이다.[39] 그리스도는 삼위 중의 한 위격이며 다른 위격들과 함께 하는 하나님이시다. "그는 완전히 아버지와 성령과 함께 있는 하나님입니다."[40]

후기 작품 세계에 나타난 츠빙글리의 삼위일체론은 다음과 같이 요약 정리될 수 있을 것이다. 첫째, 『참된 종교와 거짓 종교에 대한 주해』에서 츠빙글리는 성자를 중심으로 삼위일체론을 해설하려는 시도를 제공한다. 둘째, 『두 편의 베른 설교』에는 본격적인 삼위일체에 대한 논의가 전개되었다. 예를 들면, 인간의 이성, 의지, 기억이라는 세 가지 요소로서 유비적으로 삼위일체를 설명하려 했다. 또한 위격적 특성, 신적 본질의 특징, 그리고 세 위격내의 공통점에 대한 해설도 주어졌다. 셋째, 『하나님의 섭리』에서는 삼위일체론에서부터 신적 속성 가운데 하나인 단순성에 관한 가르침을 이해하려 했다. 넷째, 『기독교 신앙 선언』에서는 삼신론이 배격되었을 뿐 아니라 삼위 하나님이 하나의 본질뿐 아니라 힘과 능력을 지닌 한 분 하나님이라는 사실이 강조되었다.

마치며

지금까지 츠빙글리의 신론을 신적 속성과 삼위일체의 관점에서 살펴보았다. 본 논문의 출발점은, 먼저 스티븐스가 채택한 사역에서 속성으

---

39 츠빙글리, "그리스도교 신앙선언", 316.
40 츠빙글리, "그리스도교 신앙선언", 299.

로의 접근 방법은 삼위일체론이 신론에서 간과될 수 있다는 단점을 지니고 있다는 점이다. 로허의 접근 방법은 속성론과 삼위일체론을 포함한 신론이 기독론의 예비 작업에 그칠 수 있다는 가능성이 제기된다. 본 논문은 신적 속성론과 삼위일체론을 논문의 주요 논제로 삼고 츠빙글리의 신론에 접근했다. 의, 선, 전능성, 그리고 지혜라는 4가지 속성을 중심으로 신적 속성을 고찰하되 츠빙글리의 주요 작품을 중심으로 살펴보았다. 이런 속성에 대한 고찰에 있어서 인문주의자로서 츠빙글리는 고대 그리스 철학자들의 견해들을 자신의 논제의 중요한 부분으로 삼고 있음이 사실이다. 그러나 더욱 중요한 것은 성경의 가르침이었고 성경적 견해들을 뒷받침하기 위해 교부들의 견해에도 주목하였던 것을 발견할 수 있었다. 1522년까지의 초기 작품에는 삼위일체론에 대한 구체적 설명이나 해명이 주어지지 않았지만, 1525년 이후의 후기 작품에는 위격과 본질을 위시한 삼위일체론의 중요한 명제들에 대한 해명이 아울러 주어졌다고 볼 수 있다.

이 글은 다음에 실린 저자의 글을 축약 수정한 것임을 밝혀 둔다. 이신열, "츠빙글리의 신론", 『종교개혁자들의 신론』 (부산: 고신대학교 개혁주의학술원, 2018), 45-84.

하나님의 섭리가 교회와 성도에게 주는 위로:

츠빙글리의 "하나님의 섭리에 대한 설교"

김지훈

교회와 성도의 질문

성경과 신학의 많은 난제들은 하나님의 섭리와 연결되어 있다. '하나님은 왜 에덴동산에 선악을 알게 하는 나무(혹은 악)를 허락하셨을까?', '하나님은 아담이 타락할 줄 아셨다면 왜 말리지 않으셨을까?' 이러한 질문은 교회의 역사만큼이나 오래된 것이다. 이뿐만 아니라 섭리가 성도의 삶에 직접적으로 연결된 질문도 가득하다. '왜 하나님은 성도(혹은 교회)에게 고난(혹은 범죄)을 허락하시는가?', '하나님은 나를 위하여 어떤 계획이 있으신가?' 성도들은 세상과 인류를 창조하신 하나님께서 지금 어떻게 교회와 자신을 돌보고 계시며, 인도하시는가를 묻는다. 성도의 삶이 세상에서 평탄치 만은 않기에, 그들이 인생의 고비를 만날 때마다 하나님의 섭리에 대해서 묻고는 한다. 그리고 교회사 속에는 이 신학적이며 실천적인 질문에 대답하고자 한 신실한 신학자들이 있었는데, 스위스의 종교개혁자 츠빙글리도 그들 중에 한 명이었다. 그는 이 문제를 작품 『하나님의 섭리에 대해서 했던 설교에 대한 회고』(*Ad illustrissimum Cattorum principem Philippum Sermonis de Providentia Dei anamnema*)에서 다루고 있다. 이 작품에서 츠빙글리는 하나님의 섭리와 그 섭리에 포함된 구원의 내용,

그리고 성도의 위로에 대해서 담고 있다. 이 작품은 츠빙글리의 신학을 이해하는 데 중요하다. 왜냐하면 그의 신학에서 하나님의 주권이 중요한 위치를 차지하고 있기 때문이다(*The Theology*, 86).

이 작품은 제목에서 이미 나타난 바와 같이 츠빙글리가 과거에 했던 설교를 다시 기억하여 정리한 것이다. 츠빙글리는 1529년 9월 29일 독일의 도시인 마르부르크(Marburg)에서 헤센(Hessen)의 제후인 필립과 귀족들 앞에서 '하나님의 섭리'라는 주제로 설교를 하였다. 이 당시 츠빙글리는 스위스 종교개혁의 대표자로서 독일 종교개혁의 대표자인 루터와 멜란히톤과 신학적 연합을 위한 회담에 참여하고자 독일 마르부르크에 와 있었다. 그가 한 이 설교는 제후 필립을 감동시켰고, 후에 그는 츠빙글리에게 그 설교 원고를 보내주기를 부탁하였다. 츠빙글리는 원고 없이 설교를 했기 때문에 기억에 의존하여 다시 한번 설교를 재구성하여 보낼 수밖에 없었는데, 설교 이듬해인 1530년에 짧은 설교가 아니라, 일곱 장으로 된 본론과 나가는 말까지 구성된 한 편의 논문으로 보냈다(섭리, 143).

이제 살펴보게 될 이 작품에서 츠빙글리가 섭리론을 다루면서 제시하려고 한 내용은 세 가지로 요약될 수 있다. 첫 번째는 하나님의 섭리가 과연 있는가 하는 것과 그 섭리의 특성이다. 두 번째는 섭리와 사람의 의지, 혹은 죄와의 관계이다. 세 번째는 섭리와 선택, 그리고 믿음과의 관계이다. 여기서 가장 많은 분량을 차지하는 것은 선택에 대한 문제이다(*Dogmatics*, 80). 이 작품은 내용 서술이 매끄럽지는 않다. 섭리론 외에도 다른 주제들을 다루고 있기 때문이다. 그럼에도 불구하고 츠빙글리가 주장하고자 하는 내용이 명확하게 드러나 있다. 그러면 내용을 살펴보자.

하나님의 섭리

츠빙글리는 섭리를 설명하는 데 있어서, 하나님께 섭리가 있다는 것을 증명하는 것으로 시작한다. 그것을 위해서 먼저 하나님 그분에 대해서 설명한다. 츠빙글리에 따르면 하나님은 '최고선'(*Summum Bonum*)이시다. '최고선'이란 유일하며 본질적으로 선한 지고의 존재이다. 츠빙글리는 이 '최고선'은 하나님 한분뿐이시라고 말한다(마19:17). 이 최상의 존재는 진실하고 단순하며 순수하고 완전하셔야 한다. 이러한 속성이 없다면 그는 최상의 존재가 되실 수 없다. 그리고 이 존재가 최상의 존재이며 완전하시다면 여기에서 두 가지가 나와야 한다. 첫째로는 그분은 자신뿐만 아니라, 피조물에 대한 모든 것을 알고 이해하셔야 한다. 즉 전지하셔야 한다. 둘째로 그 존재는 전능하셔야 한다. 이 두 가지를 다 가지고 있지 않는다면 그 존재는 최상의 존재가 될 수 없다. 츠빙글리는 이렇게 '최고선'에 대한 속성을 설명한 후에, 이러한 모든 속성들을 신앙의 내용으로 하나로 묶는다면, 최상의 존재는 자연스럽게 피조물을 향한 섭리가 있어야 하며, 그들에게 질서와 목적을 주고 계신다는 결론에 이르게 된다고 한다(섭리, 151). 그러므로 하나님이 계시다면, 반드시 섭리가 있어야 한다. 여기서 츠빙글리는 하나님의 단순성을 강조한다(*The Theology*, 102).

여기서 츠빙글리가 섭리를 증명하기 위해서 출발하는 방식은 플라톤 철학적이며 존재론적이다(RGG, 8, 1949). 그는 최고선이신 하나님께서 가져야 하는 속성들을 논리적으로 끌어내서, 하나님께는 피조물을 향한 섭리가 필연적으로 있어야 한다는 결론을 낸다. 이러한 전개 방식은 성경적이기 보다는 철학적이다. 그럼에도 불구하고 그가 성경을 도외시하고 철학적인 방법으로만 섭리를 규명한 것은 아니었다. 그는 이 작품의 마지막 장에서 성경에서 나오는 많은 예들을 들어 하나님의 섭리를 증명한다(섭리, 248-270). 작품 초기에 나오는 철학적 내용들은 성경이 허락하는 한도 내에서 사용된다(Ulrich, 92). 동시에 섭리에 대한 그의 변증적 성격을 보여주는 것이다. 츠빙글리는 철학과 신학이라는 양 측면에서 섭리를 변증하기를 원한다.

그렇다면 섭리는 무엇인가? 츠빙글리에 따르면 '섭리는 모든 사물에 대한 영원한, 그리고 절대 변함이 없는 통치와 돌봄'이다(섭리, 155). 하나님은 모든 사물을 알며 통치하고 돌보신다. 여기에서 츠빙글리는 이 섭리의 손길은 단순한 피조물에 대한 보전이 아니라, 부성애가 넘치는 사랑의 손길이라고 한다. 하나님은 피조물에게 풍성하게 베풀어 주신다. 그리고 이로 인해서 하나님의 선하심이 피조물에게 선포된다. 또한 이 섭리에서 중요한 이해는 하나님의 손길에서 벗어나는 피조물은 존재하지 않는다는 점이다. 모든 것이 하나님의 창조로부터 나왔기 때문이다. 만약 하나님의 손길이 미치지 않는 영역이나 대상이 있다면 하나님은 전능하지 않으신 것이며, 또 다른 신적인 존재가 있다는 것을 증명하는 것이다. 그러므로 하나님께는 '우연'도 존재하지 않는다. 츠빙글리는 사람뿐만 아니라, 그 외의 모든 사건과 자연의 변화도 우연이 아니라, 하나님의 섭리에 의해서 일어난 일이라고 한다. 창조, 노아의 홍수, 족장들과 이스라엘 안에 일어난 모든 일들이 하나님의 섭리 안에서 이루어진 것이다. 만약 하나님의 섭리가 없다면 그분의 존재도 없어진다(섭리, 251). 그렇다면 이 섭리의 구성 요소는 무엇인가? 여기에서 츠빙글리는 세 가지를 말한다. '지혜', '선함', 그리고 '권세'이다. 그리고 이 세 가지는 츠빙글리의 섭리론을 이해하는 중요한 세 개의 기둥이 된다. 동시에 하나님의 섭리의 특징은 항상 이 세 가지의 특성으로 규명된다. 그리고 이 특성들은 작품이 진행되면서 섭리의 성격으로 계속 언급된다.

츠빙글리는 세상에 대한 섭리를 세우기 위해서 유한한 세상이 무한한 분으로부터 시작되었음을 설명한다. 그는 먼저 물질이 영원하다는 철학자들의 생각을 반박한다. 피조물이 영원하다는 것은 모순적이다. 그렇다면 세계는 어떻게 시작되었는가? 그것은 유일하며 영원한 무한자로부터 시작된 것이다(섭리, 163). 그리고 이러한 '무한자로부터 나온 유한한 세상'이라는 내용은 성경으로부터 나온 것이라고 설명한다. 츠빙글리는 출애굽기에서 말씀한 하나님의 이름 '여호와'로부터 모든 피조물의 존재가 하나님을 근거하며, 그분의 섭리 안에 있다는 것을 증명하고자 한다. 여호와께서는 자신을 '스스로 있는 자'라고 말씀하셨다. 이것은 두 가지를 의미하는 것이다. 하나는 여호와는 본질적으로 스스로 존재하시는 분이라는 것이다. 또 다른 하나는 모든 존재의 근거이시며, 사물에 존재를 주는 분이라는 것이다. 여호와께서는 모든 피조물들의 터전이 되시는 분이시다. 모든 피조물이 하나님 안에서 존재한다(섭리, 171).

이 만물에 미치는 하나님의 섭리에서 츠빙글리는 성도를 향한 교훈을 꺼낸다. 그것은 하나님의 작품인 사람이 그분이 만드신 모든 피조물에게서 그분의 영광을 보며 체험할 수 있다는 것이다. 이것이 하나님의 섭리의 중요한 목적이다. 사람이 누리는 모든 것들은 세상이 주는 것이 아니라, 창조자이신 하나님이 주시는 것이다. 그뿐만 아니라 구원의 은혜, 즉 죄사함과 은혜는 오직 한분 하나님으로부터 나온다. 사도들이 선포한 말씀과 사역은 수단들에 불과하다. 그러므로 사람은 모든 것을 시작하시고 결과가 되시는 하나님께 돌아가며, 그분의 섭리를 인정해야 한다. 여기서 츠빙글리는 철학이 아닌 성경과 신앙 위에 그의 섭리론을 둔다(*The*

Theology, 89).

섭리와 율법

하나님의 섭리를 말할 때 그다음에 자연스럽게 나오는 주제는 '사람의 자유의지'이다. 왜냐하면 하나님께서 모든 것을 그분의 뜻대로 끌어가신다면 사람의 의지, 혹은 책임의 자리는 어디인가 라는 질문이 당연히 나오기 때문이다. 이것은 모든 것을 하나님의 주권과 섭리로 푸는 츠빙글리가 반드시 해결해야 하는 문제였다. 이 사람의 책임을 논하는데 있어서 먼저 다뤄야 하는 것은 성경의 율법이다. 츠빙글리는 질문을 던진다. 하나님께서 사람을 그분의 뜻대로 끌어가신다면 왜 그에게 율법을 주신 것일까?(섭리, 185)

이 질문에 대답하기 위해서 츠빙글리는 사람이 하나님을 경험하며, 그분과 소통하고 사귀는 고귀한 존재로 창조되었음을 상기시킨다. 사람은 아름다움에 있어서 천사보다도 나은 데, 그 이유는 사람이 이성을 소유했기 때문이다. 사람은 동물들 중에서도 최고인데 하나님과 닮은 점이 있고 그분과 교제할 수 있으며 영적인 요소들이 있기 때문이다(섭리, 187). 여기서 츠빙글리는 중세의 이원론적인 인간론에 대한 이해를 보인다. 인간의 영혼만을 본다면 영혼은 거룩하고 아름답다. 그러나 진흙으로 된 육체는 영혼을 방해하며 어둠과 둔감함을 좋아하기에, 영혼과 육체가 서로 갈등을 일으키고 있다. 그러나 이 갈등은 단순히 영혼과 육체의 본질적인 차이에서 온 것은 아니다. 츠빙글리는 여기서 성경이 말하는 죄와 부패를 말한다. 죄로부터 이러한 영혼과 육체의 갈등이 온 것이다. 그렇다면 왜 하나님은 사람이 지킬 수 없는 율법을 주셨는가?

츠빙글리는 율법이 거룩한 하나님의 뜻이기에, 그 명령은 주신 분의 특성과 뜻을 알려준다고 말한다(섭리, 194). 츠빙글리는 율법의 계시적 용도를 강조한다. 율법 안에는 그분의 존재와 뜻과 본성의 특징들이 있기에, 율법이 선포되는 곳에서는 하나님을 아는 지혜가 일어난다(섭리, 199). 이것은 앞에서 사람이 하나님을 알며 경험하도록 창조되었다는 인간론과 연결된다. 하나님이 창조하신 사람에게 가장 중요한 것은 그분을 알고 경험하는 것이다. 하나님은 사람을 제외하고는 어떤 존재에게도 그분을 알만한 능력을 주지 않으셨다. 그러므로 사람이 하나님을 알지 못하는 것은 동물의 수준으로 내려가는 것이다. 하나님은 율법을 통하여 자신의 뜻과 특성을 알려 주심으로 사람에게 다가오셨다. 츠빙글리는 율법 자체가 사람에게 하나님을 알려주는 길이라고 한다(섭리, 204).

이러한 가르침은 개혁교회가 가지고 있는 율법관을 잘 보여준다. 율법은 단순히 죄인을 정죄하기 위한 것만은 아니다. 성도는 율법을 통하여 하나님을 알게 되며 하나님과 더 깊이 교제하게 된다. 그러므로 구원받은 자에게도 율법은 하나님을 알려주는 소중한 말씀이며 복음이다. 이 가르침은 한국 교회가 귀담아 들을 만하다. 한국 교회에 있는 많은 오해 중에 하나가 구원과 복음에 대한 강조 속에서 율법의 용도, 혹은 성도에게 주신 율법의 의의가 잘 드러나지 않는 것이다. 복음으로 인하여 구원을 받았다면 율법은 더이상 살펴보지 않아도 되는 것으로 오해된다. 이렇게 율법을 죄사함에 한정시켜 놓기에, 율법이 보여주는 하나님의 풍성한 모습과 성도들이 지향해 가야 할 거룩한 삶에 대해서는 잘 드러나지 않는다. 칭의 만큼이나 성화, 즉 거룩한 삶도 중요하다. 츠빙글리는 이 율법이 하나님의 뜻과 그분이 어떠한 분이신지를 알려주며, 그분과 교제하기 위한 길이라고 생각했다. 이것을 통하여 교회와 성도의 거룩한 삶에 구체적인 내용을 풍성하게 얻을 수 있을 것이다.

섭리와 인류의 타락

하나님의 섭리를 이해할 때 또 하나의 큰 난제는 '사람의 타락'이다. 이에 대해서 츠빙글리는 다음과 같은 질문으로 시작한다. '왜 하나님의 지혜는 사람이 타락하기 전에 그렇게 될 것을 미리 주의하지 않으셨을까?'(섭리, 205) 다시 말하면 하나님이 사람의 타락을 아셨다면 왜 아무런 조치를 취하지 않으셨는가 하는 문제이다. 츠빙글리는 이 질문이 하나님의 섭리의 특성인 '지혜와 선함과 전능함'이라는 것을 위협하기 때문에 반드시 풀어야 한다고 한다.

이 문제를 다루는 데 있어서 먼저 제거해야 할 걸림돌이 있다. 그것은 '과연 사람의 타락을 허락하신 하나님이 선하신가?' 하는 질문이다. 이러한 질문에 대해서 츠빙글리는 하나님의 선하심을 굳건하게 한다. 하나님은 선하심을 포기하신 적이 없다. 그분의 선함은 두 가지로 나타난다(*The Theology*, 94). 먼저는 사람이 창조될 때 드러났다. 하나님은 피조물과 사람을 선하게 창조하셨다. 그러면 왜 선한 인류의 타락을 허락하셨을까? 피조된 세계를 치유하심으로 선함을 드러내시기 위한 것이다. 타락한 인류를 구원하심으로 하나님의 선하심이 드러난다(섭리, 205). 그러므로 츠빙글리는 인간의 타락이라고 할지라도 하나님의 선함이 나타나는 수단이라는 것을 강조한다.

하나님께서는 타락한 인간의 창조주로서 홀로 구원자가 되시는 방법을 찾으셨다. 이러한 구원 사역을 통하여 하나님은 사람에게 죄가 얼마나 크고 무서운 것인가를 보이시며, 또한 오직 유일하게 하나님만이 구원자시라는 것을 보여주신다. 츠빙글리는 하나님께서 이러한 목적으로 타락을 이루셨기에, 그분의 영원하신 지혜는 당연히 사람의 타락을 미리 아셨다고 말한다. 그뿐만 아니라 그분의 지혜는 사람을 구원할 방법을 이미 알고 계셨다. 하나님은 자신의 의와 선을 드러내시려는 지혜로운 섭리 속에서 타락을 이루셨다. 따라서 츠빙글리는 하나님께서 행하신 이 일 ―타락과 구원― 에 대해서 의문을 제기해서는 안 된다고 한다(섭리,211). 사람은 하나님의 창조와 구원을 보면서 하나님의 선하심과 지혜, 그리고 그분의 능력과 섭리를 찬양해야 한다.

그렇다면 타락에서부터 구원하시는 사역뿐만이 아니라, 타락 자체에도 선한 것이 있을까? 츠빙글리는 그렇다고 한다. 그에 따르면 사람의 타락 조차도 하나님의 의를 드러내시기 위한 것이었다. 죄와 불의함이 나타남으로서 의가 무엇인지를 상대적으로 드러나게 하셨다는 것이다 (섭리, 207). 사람은 하나님을 알도록 창조된 만큼 진리와 의를 알 수 있다. 여기서 츠빙글리는 역설을 주장한다. 피조물의 타락과 죄를 통해서 하나님의 의와 선하심이 드러나기 때문에, 천사와 사람이 타락할 수 있도록 창조된 것이 오히려 그들의 안녕과 구원을 위한 것이 된다(섭리, 208). 이로서 타락 사건이 하나님의 선하심을 보여주는 계시 역사가 된다.

그러나 이러한 츠빙글리의 이해는 한편 우려를 일으킬 수도 있다. 그것은 타락과 죄의 파괴성과 죄에 대한 하나님의 분노와 미움을 너무 간단하게 넘기고 있는 것처럼 보이는 것이다. 하나님은 죄를 미워하시며 반드시 심판하셔야 한다. 혹 죄가 하나님의 섭리 안에 있다고 하여서 그것의 파괴성과 부패성이 축소되어서는 안 된다. 죄는 반드시 멀리해야 할 대상이다. 이런 면에서 츠빙글리의 설명은 죄에 반역성을 축소시키는 것처럼 보일 수도 있다. 죄의 파괴성은 아무리 강조해도 부족함이 없다. 그럼에도 불구하고 다른 한편 츠빙글리의 이러한 이해는 성경적이며 성도에게 큰 위로를 줄 수 있다는 것 또한 잊지 말아야 한다. 세상이, 또는 성도라고 할지라도 죄의 부패성의 영향 안에 있는 것이 현실이다. 성도조차도 죄에 걸려 넘어지며 부패로 인하여 한탄한다. 그러나 하나님은 이 죄를 이용하여 그분의 지혜와 영광을 드러내시며, 죄로부터 성도를 구원하실 수 있다. 죄는 파괴적인 것이며, 하나님께 반대되는 것임에도 불구하고, 종교개혁자들이 이 죄를 그분의 섭리 안에 두려고 한 것은 그것을 넘어서는 하나님의 구원과 영광을 드러내기 위해서이다. 하나님은 죄와 사망에 지지 않으시며, 오히려 자신의 뜻대로 이용하신다. 그것을 통하여 영광을 받으실 것이다. 이러한 츠빙글리의 이해는 부패한 현실을 사는 성도에게 위로가 될 것이다.

여기서 츠빙글리는 한 가지 질문을 더 다루고 있다. 모든 것을 섭리하시는 하나님께서 죄를 발생하게 하셨다면 그분이 불의하신가 하는 것이다. 이에 대해서 츠빙글리는 하나님께서는 율법에 종속되어 있지 않기 때문에, 그분의 통치 하에서 천사와 사람이 타락했음에도 불구하고 그분은 불의하지 않으시다고 한다. 하나님은 죄를 만들지 않으셨다. 율법을 깨뜨리는 것은 사람과 천사의 죄이다. 그렇다면 그들의 행동에 하나님은 아무런 관계가 없으신 것인가? 여기서 츠빙글리는 하나님의 절대주권을 강조한다. 옹기장이가 진흙을 가지고 마음대로 그릇을 만들듯이, 하나님은 마음대로 피조물을 다루실 수 있으시다. 그리고 그분이 피조물을 이리저리 몰아간다고 하셔도 죄를 범하시는 것은 아닌데, 하나님께서는 그것을 통하여 선을 이루시기 때문이다(섭리, 207). 여기서 츠빙글리는 율법을 하나님의 뜻과 그분 자신을 보여주는 것으로 말하는 동시에, 하나님을 율법에 종속되지 않으며 능가하시는 분으로 설명한다. 하나님께서 사람을 통하여 죄가 발생하게 하신다고 할 때, 사람에게는 죄가 되지만 하나님께는 죄가 되지 않는다. 그렇기에 하나님의 섭리가 사람들의 범죄를 만들었다고 말하는 것은 틀린 말이다(섭리, 214). 모든 일이 하나님으로부터 나왔으나 하나님은 범죄자가 되지 않으신다. 그러나 사람이 그 일을 할 때는 범죄자가 되는데, 자신의 충동에 이끌려 죄를 범하기 때문이다(섭리, 216).

츠빙글리는 죄를 범한 사람과 죄를 하나님의 섭리 속에 두지만, 죄가 하나님과는 상관이 없다고 말한다. 이 설명은 이해하기가 쉽지 않으며 모순적으로 보이기도 한다. 그러나 성경이 말하는 하나님의 모습이 이렇다. 그분은 빛과 어두움을 창조하시나, 의롭고 선한 하나님이시고 죄를 용납하지 않으시는 분이시다. 사탄을 이용하여 성도를 시험하시지만, 그분은 아무도 시험하지 않으시는 분이시다. 이렇게 하나님께서 피조물을 초월하시며, 동시에 그들 가운데 내재하시는 양립성은 신비 속에 있다.

선택

츠빙글리의 섭리에 대한 설명은 '선택'에 대한 주제로 넘어간다. 그는 선택에 대하여 많은 분량을 할애하여 설명한다. 이것은 그가 '선택'에 대하여 많은 관심을 가지고 있었음을 보여준다(Ulrich, 93). 그는 '선택'을 다음과 같이 정의한다. '하나님이 구원하기를 원하는 사람들에 대한 그분의 의지의 자유로운 결정'이다(섭리, 218). 츠빙글리는 이 선택이 하나님의 '자유로운 결정'이라는 것을 강조한다(RGG8, 1950). '자유롭다'는 것은 일반적인 법질서나 법률과는 전적으로 다르다는 의미이다. 츠빙글리가 이러한 말을 하는 이유는 중세 로마교회의 학자들은 하나님께서 사람을 택하실 때, '사람의 규정'을 따르신다고 말했기 때문이다. 토마스 아퀴나스는 하나님의 예정이 나중에 이루어질 인간의 행위와 됨됨이를 알고 나서 결정하신 것이라고 주장했다(섭리, 218). 하나님이 인간이 어떻게 할지를 미리 보시고 그 후에 구원을 결정하셨다는 것이다. 츠빙글리에 따르면 이러한 선택은 하나님의 자유로운 결정이 아니며, 하나님의 결정 방법을 사람의 방식에 끼워 넣는 것이다.

그러면 츠빙글리가 이렇게 선택에 대해서 '자유로운 의지'를 강조하는 이유가 무엇일까? 위에서 언급한 중세 신학자들의 주장인 '하나님의 선택은 사람의 행위를 보고 결정된다'는 것으로 인하여 발생하는 공로주의를 배격하기 위해서이다. 공로주의란 하나님께서 사람의 공로가 되는 행위를 미리 보고 선택하셨다고 생각하는 것이다. 그러므로 선택의 원인이 하나님의 의지가 아니라, 사람의 공로가 되는 것이다. 그러나 츠빙글리는 하나님의 선택에 있어서 사람의 공로가 끼어들 여지가 없다고 주장한다(섭리, 224). 하나님께서 '자유로운 의지'로 선택하시기 때문이다. 그분이 사람에게 주신 구원은 공로로 인한 것이 아니라, 은혜로 인한 것이다. 사람이 은혜로 구원받는다는 것을 분명하게 드러내 주는 것이 '하나님의 자유로운 선택'이다(The Theology, 106).

그러나 여기서 츠빙글리는 한 가지 질문을 던진다. 모든 은혜가 하나님의 자유로운 선택에 의해서 주시는 것이라면, 성경이 우리의 행위(공로)에 대한 보상을 약속하는 것에 대해서는 어떻게 보아야 하겠는가? 우리가 선행을 할 때 보상을 해주시겠다고 하는 성경의 약속은 헛된 것인가?(섭리, 225) 이 질문에 대해서 츠빙글리는 명쾌하게 설명한다. 오직 하나님은 장인으로서 모든 일을 이루시지만, 그 업적을 장인이 사용한 도구의 몫으로 돌리기도 한다는 것이다. 하나님만이 죄를 용서하실 수 있지만 그 죄 사함의 선포를 사역자가 하는 것과 같다. 츠빙글리는 이 원인과 수단을 구별하기 위해서 성례전을 예로 든다. 그에 따르면 '성례전에서 받는 은혜와 성례의 상징물'은 구별해야 한다. 성찬식에서 하나님으로부터 은혜가 임하고, 그 은혜와 선물이 성찬식의 상징(빵과 포도주)에서 나오지 않는 것과 같다. 이러한 예를 통하여 츠빙글리는 하나님의 은혜가 우리의 공로에 대한 보상이라고 하는 것에 대해서 논박한다. 왜냐하면 보상은 행동이나 사물에서 나오는 것이 아니라, 하나님의 선하심에서 나오는 것이기 때문이다. 츠빙글리는 이것을 뒤섞는 사람을 하나님께 속한 일을 사람에게 돌리는 것이라고 비난한다(섭리, 228).

선택과 믿음

선택은 믿음과 연결된다. 그 연결성을 츠빙글리는 다음과 같이 설명한다. 그는 먼저 믿음을 '하나님에 대한 완전하고도 확고한 인식이며 소망'이라고 정의한다. 이 믿음으로 인하여 성도는 하나님을 경외하면서 모든 어려움을 이길 수 있다. 잊지 말아야 할 것은 이 믿음이 오직 하나님에게서만 나온다는 것이다. 이 믿음은 하나님의 자유로운 선물인데, 츠빙글리는 이 믿음을 영원한 생명으로 선택받은 사람들과 선별된 사람들에게만 주시는 것이라고 한다. 선택은 이미 영원 전에 시작된 것이고, 믿음은 선택에 수반되어 따라오는 것이다(섭리, 235). 츠빙글리는 로마서 8:30의 말씀을 인용하여 믿음을 포함한 모든 구원의 내용이 하나님의 작정과 선택이라는 원인에서 나온다고 한다. 그리고 이것이 왜 우리가 하나님께만 영광을 돌려야 하는지를 보여준다. 그러나 믿음을 이해하는 데 있어서 기억해야 할 것은 믿음이 업적이라던가, 혹은 믿음에서 죄의 용서가 나온다는 것은 아니라는 점이다. 하나님만이 구원의 은혜를 주시기 때문이다. 츠빙글리는 하나님의 은혜라는 본질과 그것을 담는 형식을 구별하기 위해서 노력한다. 이것을 구별하지 못할 때에는 로마교회의 공로주의, 혹은 기계적 성례론에 빠질 수 있다. 아울러 이 선택에 대한 이해는 츠빙글리가 재침례파와 논쟁하는 데 있어서 중요한 무기가 된다(*The Theology*, 100)

츠빙글리는 계속하여 택함 받은 사람이 가지게 되는 선택의 확신에 대해서 논한다. 하나님의 선택을 받은 사람은 믿음의 보물을 빼앗길 수 없을 뿐만 아니라, 자신들이 선택받은 것을 알 수 있다. 그러면 어떻게 이것을 알 수 있는가? 이것은 '선택과 믿음의 관계'를 이해한다면 어렵지 않다. 하나님의 선택을 받은 자는 빼앗길 수 없는 믿음을 가지게 되고, 반대로 믿음을 가졌다는 것은 선택을 받았다는 증거가 된다(섭리, 238). 믿는 자는 선택받은 사람이고, 믿음은 선택의 증거이다. 이와 함께 츠빙글리는 불신앙이 심판의 표시라고 한다(섭리, 238). 선택과 믿음에 대한 이러한 설명은 후에 나타나는 개혁파 스콜라들의 '실천적 삼단논법'(*Syllogismus practicus*)이 이미 츠빙글리에게서 나타나고 있음을 보여준다.

그러나 여기서 질문이 발생한다. 그렇다면 모든 불신자들이 다 하나님께서 택하지 않으신 자들인가? 츠빙글리에 따르면 이러한 기준으로 택자와 그렇지 못한 자를 분류할 수는 없다고 한다. 왜냐하면 하나님께서 택한 자에게 믿음을 주시는 시기를 사람이 알거나 예측할 수 없기 때문이다. 지금은 믿음을 선물로 받지 못했다고 할지라도 훗날 받을 수도 있다. 그러므로 츠빙글리는 이 선택을 확신하거나, 버림받은 자를 구별하는 데 있어서 한 가지 당부를 한다. 복음을 들은 사람이 믿음을 '거부하고 죽었다면' 우리는 그를 잃어버린 자로 생각할 수 있다. 그러나 하나님께서 그가 죽기 직전에라도 믿음을 주시고, 택자라는 것을 보여주실 수도 있다. 가장 악한 사람들 조차도 종종 회개하여 하나님께 돌아오는 경우가 있기 때문이다. 그러므로 츠빙글리는 심판 받는 사람들에 대해서 섣불리 판단히는 것을 주의시킨다.

이와 함께 츠빙글리는 당시에 있던 몇 가지 문제를 다룬다. 먼저 다루는 것은 믿음과 선행이 '공로'인가 하는 것이다. 여기서 츠빙글리는 다시 한번 공로주의의 문제를 다룬다. 종교개혁 당시에 '공로'는 로마교회와의 논쟁점으로서 중요한 주제였기 때문이다. 그는 믿음이 하나님의 선택 후에 나오는 것이며, 믿음을 가진 사람은 '하늘의 도장과 보상으로 선택받'은 것이라고 한다. 다시 말하면 그들이 보상받을 만한 행동을 하는 것은 그들이 믿음을 가지고 있다는 것을 증명하는 것이고, 그 믿음은 선택의 결과이다. 우리가 한 것처럼 보이는 모든 선한 행위와 결과들이 오직 하나님으로부터 나온 것이다(섭리, 241). 그렇기에 사도들이 우리의 선행에 마치 어떤 보상이 따르는 것처럼 약속하는 것도 놀랄 일은 아니다. 보상이라는 것은 이름일 뿐 모든 것이 하나님으로부터 나오기 때문이다. 여기에서 츠빙글리는 선행에 대해서 적절한 정의를 내린다. '하나님의 뜻을 실천하는 사람은 이미 자신의 행동을 통해서, 다시 말하면 행위의 열매를 통해서 그가 완전히 하나님 안에 있다는 것을 이미 보여주는 것'이다(섭리, 242).

다음에 나오는 문제는 유아들의 구원이다. 츠빙글리는 먼저 자녀를 둔 부모된 성도들에게 위로를 준다. 부모된 성도들은 아무도 자기 자녀들의 신앙문제에 대해서 불안해 할 필요가 없다. 왜냐하면 선택된 모든 사람은 이미 창조 전에 선택받은 사람들이고, 또한 믿는 자의 자녀들은 이미 교회에 속한 사람들이기 때문이다(섭리, 244). 그러므로 유아세례가 가능하다. 아이가 선택을 받지 못했다면 교회 안에 있다고 할지라도, 혹은 아직 어리기 때문에 큰 죄를 범하지 않았다고 할지라도 심판을 받게 된다. 왜냐하면 어렸을 때 죽는 아이라고 할지라도 이미 그의 운명이 결정되어 있기 때문이다. 이에 대해서는 에서가 좋은 예이다. 그러나 반대로 야곱처럼 믿음을 가지고 하나님을 경외하는 삶을 사는 사람들도 있다. 그렇다면 어린아이들에 대해서 어떻게 판단해야 하는가? 두 가지로 생각해야 한다. 믿지 않은 가정에 태어났으나 죽은 경우에는 그의 선택에 대해서는 확정할 수가 없다(섭리, 247). 그러나 아이가 믿음의 가정에 태어난 아이는 그렇지 않다. 그들은 하나님의 자녀로 인정받는다. 그리고 오히려 그들이 어렸을 때 죽는 것이 선택받은 자의 증거라고 할 수 있다(섭리, 247). 왜냐하면 믿는 집 안에서 태어난 어린이들이 아직 율법의 지배 아래 있기 전에 하나님께 갔기 때문이다. 성인에게는 믿음이 선택의 표지이지만 어린아이에게는 그렇지 않다(*The Theology*, 100). 이러한 츠빙글리의 이해는 어린 자녀를 잃은 믿는 부모들에게 큰 위로가 될 수 있을 것이다.

츠빙글리의 선택에 대한 가르침에서 세 가지를 기억할 만하다. 첫 번째로 그가 하나님의 선택을 강조하는 이유는 공로주의를 배격하고, 모든 구원의 은혜를 하나님께만 돌리기 위한 것이다. 이 작품에서는 이중예정론보다는 선택론이 강조된다(*Dogmatics*, II.2., 17). 이 선택은 사람의 행위가 아닌 하나님의 자유로운 의지에서 나오는 것이고, 또한 믿음은 하나님의 자유로운 선택으로부터만 나온다. 이로 말미암아서 믿음과 믿음으로 인하여 누리는 은혜에서 사람의 공로와 보상에 대한 사상은 배제된다. 이런 면에서 그의 선택론은 '오직 하나님께만 영광'을 돌리는 종교개혁의 정신에 충실하며, 성경적이고 구원론적이다. 츠빙글리는 성도에게 있는 믿음과 선행을 그분의 주권적인 은혜 안에 두고자 한다. 두 번째로 츠빙글리는 이 작품에서 선택만을 말하고, 대립되는 개념인 유기에 대해서는 언급하지 않는다. 이 역시 그가 하나님의 섭리와 선택을 통해서 교회와 성도를 위로하고자 하였음을 보여준다. 그리고 마지막으로 츠빙글리는 선택의 확신에 대한 부분과 유아의 선택에 대해서도 역시 목회적인 입장을 보여준다. 유아의 선택에 대해서 논할 때에는 언약에 의지하여 성도에게 확신을 주며 부모를 위로한다. 그가 보여준 선택에 대한 이해는 교회와 성도를 위한 실천적인 유익이 있다.

성도들에게 주는 위로

츠빙글리는 작품의 마지막 부분에서 지금까지 주장한 내용들을 성경의 풍성한 사건과 구절들로 증거한다. 이것은 앞에서 언급한 바와 같이 그의 신학이 성경에 근거한 것임을 보여준다. 그는 철학적인 이해를 소개하지만, 성경의 근거를 통해서 자신의 신학적 내용을 확보하려고 한다.

여기서 그는 하나님의 섭리의 지혜를 강조하며, 그 작정의 확고함을 설명한다. 동시에 하나님께서 성경의 역사 속에서 나타난 악을 통해서도 그분의 선하심과 영광을 드러냈다는 것을 강조한다. 사람의 타락도 하나님의 선하심을 드러낼 수 있다면, 다른 것은 더 말할 것도 없을 것이다(섭리, 267). 오히려 사람의 타락이 성자의 성육신을 이루었고, 구원의 영광을 나타냈다. 이 하나님의 섭리 속에서 악한 자들의 발악은 아무런 소용이 없을 것이다(섭리, 268). 그들 모두 하나님의 섭리 속에서 굴복될 것이다. 츠빙글리는 하나님께서 섭리 속에서 성도들에게 다음과 같이 말씀하신다고 한다. "너는 이것이 우연히 일어났다고 믿어서는 안된다. 그것은 내 명령에 따라 일어난 일이다…만약 네가 이 시련을 잘 견디면 너는 훌륭한 승리를 얻게 될 것이다."(섭리, 277) 성도가 당하는 사건 가운데 필요 없는 것이거나, 하나님의 섭리가 없는 것은 없다. 모두가 성도를 승리로 이끌기 위한 하나님의 손길이다. 하나님께서 모든 피조물을 그분의 뜻대로 이끌고 계신다. 츠빙글리는 이러한 가르침 속에서 그리스도인인 영주들과 성도들에게 하나님의 섭리를 주목하라고 촉구한다. 섭리를 주목한다면 그들은 인생의 홍수와 폭풍우 앞에서도 진정한 회복과 쉼을 찾을 수 있을 것이다. 이 논문을 요청한 백작 필립에게도 개혁의 길을 걸으라고 촉구한다(섭리, 283).

이 마지막 부분에 있는 촉구는 츠빙글리가 이 작품을 보내면서 독자들에게 무엇을 기대하는지를 잘 보여준다. 하나님의 섭리에 대한 믿음 안에서 진리와 개혁의 길을 걷는 것이다. 로마교회의 세력이, 혹은 재침례파와 같은 잘못된 교회가 진리와 교회를 탄압하고 있지만 그들은 승리하지 못할 것이다. 선하시고 지혜로우신 하나님은 이 어려운 상황을 그분의 영광과 교회의 유익으로 바꾸실 것이다. 그러므로 개혁의 횃불을 든 성도들은 두려워하지 말고 믿음의 길을 걸으라고 촉구한다.

마치며

섭리론은 이해가 쉽지 않다. 하나님과 사람이 어떻게 역사 속에서 함께 일하는지, 그리고 어디까지가 하나님의 역사이며 어디까지가 사람의 책임인지, 아직도 다양한 주장들 가운데서 신학적인 논쟁을 거듭하고 있다. 이 주제는 교회사 속에서 기독교 교파를 특정짓는 기준이 되기도 한다. 그러나 성경은 아주 단순하고 분명하게 선포한다. 하나님께서는 세상의 주인이시기에, 세상을 통치하시며 그분의 영광으로 이끌어 가신다. 그리고 그 하나님의 통치는 그분의 영광을 드러내실뿐만 아니라, 백성들을 돌보며 악을 물리치시는 자비롭고 의로운 통치이다. 하나님은 지혜롭고 전능하시기에 죄악마저도 그분의 뜻대로 사용하신다. 츠빙글리는 이 분명하고 위로가 가득한 섭리론을 우리에게 제시하고 있다. 그의 섭리론은 때로는 철학적이고 사변적으로 보일 때도 있으나, 성경을 근거로 하지 않는 것은 말하지 않으며, 성도를 위로하려는 목회적인 의도가 다분하다(Ulrich, 92). 그는 인문주의자이지만 동시에 성경적 신학자이다. 그리고 교회와 성도들로 하여금 하나님께서 말씀하신 길을 걷도록 격려하는 목회자이다. 츠빙글리가 밝힌 섭리의 위로가 한국 교회와 성도들에게도 풍성하기를 기대한다.

본문에 언급된 참고서적

K. Barth, *Church Dogmatics* II.2, T. & T. Clark, 1978.

P. Opitz, *Ulrich Zwingli*, TVZ, 2015.

W. P. Stephens, *The Theology of Huldrych Zwingli*, Oxford University Press, 1986.

U. Zwingli, *Ad illustrissimun Cattorum principem Philippum, sermonis De providentia Dei anamema*, Tiguri, 1530.

울드리히 츠빙글리, 『츠빙글리 저작선집 4』(연세대출판문화원, 2017) 중에서 "하나님의 섭리", 142-283.